PAINTED EDGES

BUCHSCHNITT GESTALTEN MIT WATERCOLOR

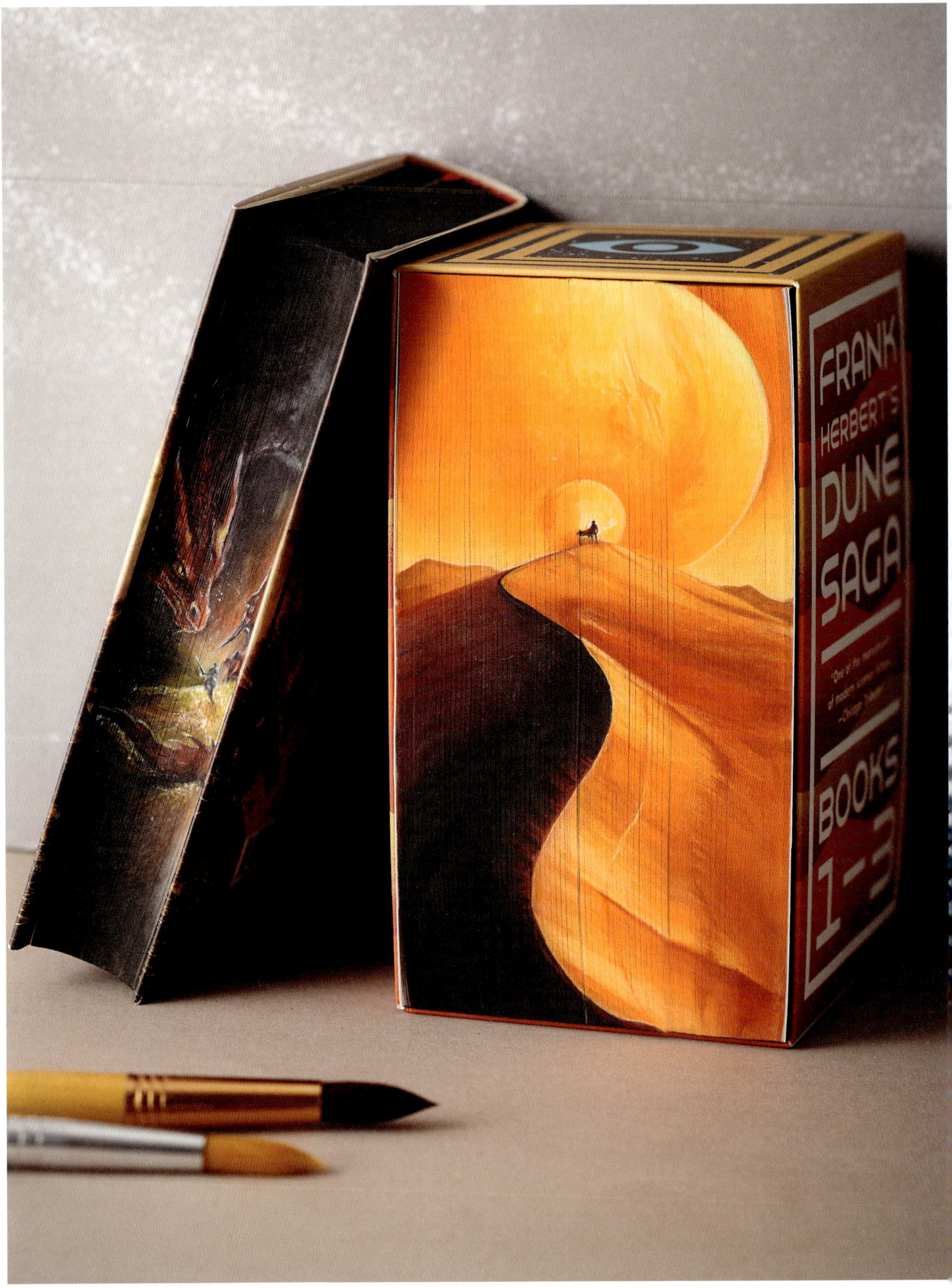
FRANK
HERBERT'S
DUNE
SAGA
BOOKS
1–3

HANNA KIEL

PAINTED EDGES

BUCHSCHNITT GESTALTEN MIT WATERCOLOR

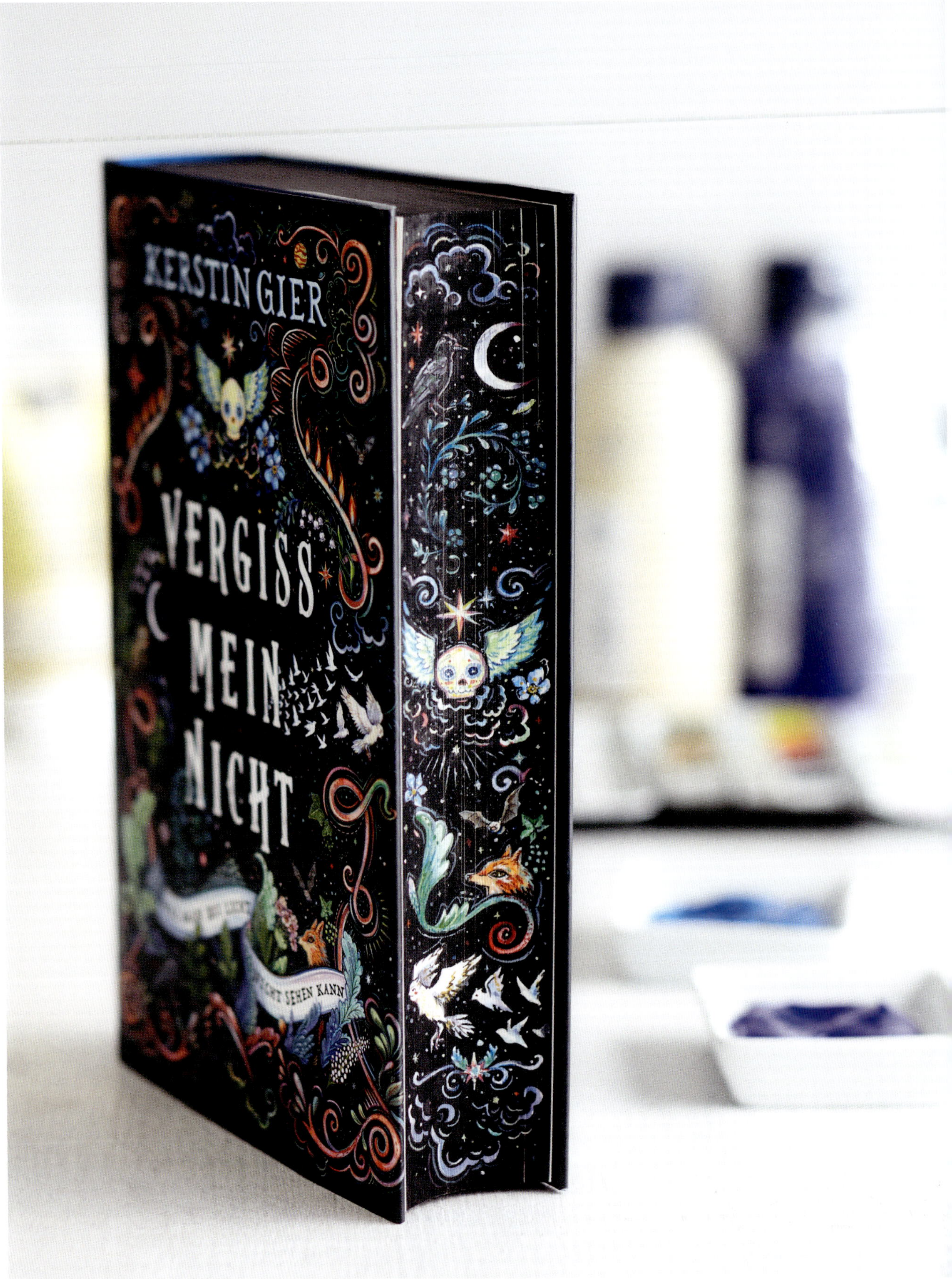
KERSTIN GIER
VERGISS MEIN NICHT

HALLO,

schön, dass du dich dazu entschlossen hast, näher in die Welt der Buchschnitt-Malerei einzutauchen. Damit bezeichnet man die Bemalung der drei Kanten eines Buchs, die aus den Papierseiten entstehen, wenn das Buch geschlossen ist. Diese Art der Kunst gibt es schon seit hunderten von Jahren. Früher war es sogar üblich, dass Bücher eine Malerei auf der Buchkante hatten. Im Englischen ist diese Kunstform unter der Bezeichnung „Fore-Edge Painting" bekannt. Hierbei unterscheidet man zwischen dem Bild, das sich bei einem geschlossenen Buch direkt auf der Vorderkante befindet und dem sogenannten „Hidden Fore-Edge Painting", bei dem die Malerei unter einer Vergoldung der Buchkanten versteckt ist. Erst, wenn man die Buchseiten in einem bestimmten Winkel hält, erscheint das versteckte Gemälde.

In diesem Buch lernst du die erste und direkte Form der Buchkanten-Bemalung kennen, die du selbst auf deinen eigenen Büchern anwenden kannst. Du erfährst, welche Vorbereitungen von der Ideenfindung bis zur eigenen Buchpresse zu treffen sind und wie du dein Buch am Ende aufbereiten kannst, damit dein Werk geschützt ist.

Außerdem hast du die Möglichkeit, in mehreren Projekten mit verschiedenen Schwierigkeitsstufen gemeinsam mit mir den gesamten Prozess einer Buchschnitt-Malerei Schritt für Schritt zu durchlaufen.

Für mich ist die Kunst des Fore-Edge-Paintings etwas ganz Besonderes, weil es meine beiden Leidenschaften, das Lesen und das Malen, perfekt miteinander verbindet. Darum freue ich mich sehr, mein Wissen hier mit dir teilen zu können.

Ganz viel Spaß beim Lesen und Malen!
Hanna

Instagram: @hanna.bookpaintings

Hanna

INHALT

Vorwort 5

Grundlagen 9

Materialien 10

- Deine Grundausstattung 10
- Optionale Ausstattung 11
- Farben 12
- Pinsel 15
- Bücher als Malgrund 16

Ideenfindung 17

- Moodboard 17
- Skizzen und Entwürfe 17

Bevor du beginnst 18

- Einen Schutzumschlag herstellen 18
- Markierungen anlegen 21
- Die Buchpresse 22
- Eine Buchpresse selber bauen 24
- Buchkanten abschleifen 27

Der Malprozess 28

- Tipps und Tricks 28

Wenn (fast) alles fertig ist 30
Fixativ auftragen 30
Buch aus der Presse entfernen 31
Seiten trennen 31

Die Projekte 32
Projekte für Anfänger 34
Projekt 1: Sternenhimmel 36
Projekt 2: Florale Elemente 42
Projekte für fortgeschrittene Anfänger 52
Projekt 3: Vampirschloss 54
Projekt 4: Goldschimmer 60
Projekte für Fortgeschrittene 70
Projekt 5: Wandelnde Wälder 72
Projekt 6: Ornamente 82
Projekte für Experten 92
Projekt 7: Wüstenlandschaft 94
Projekt 8: Die Drachenhöhle 104

Register 118
Vorlagen 122
Autorin 128

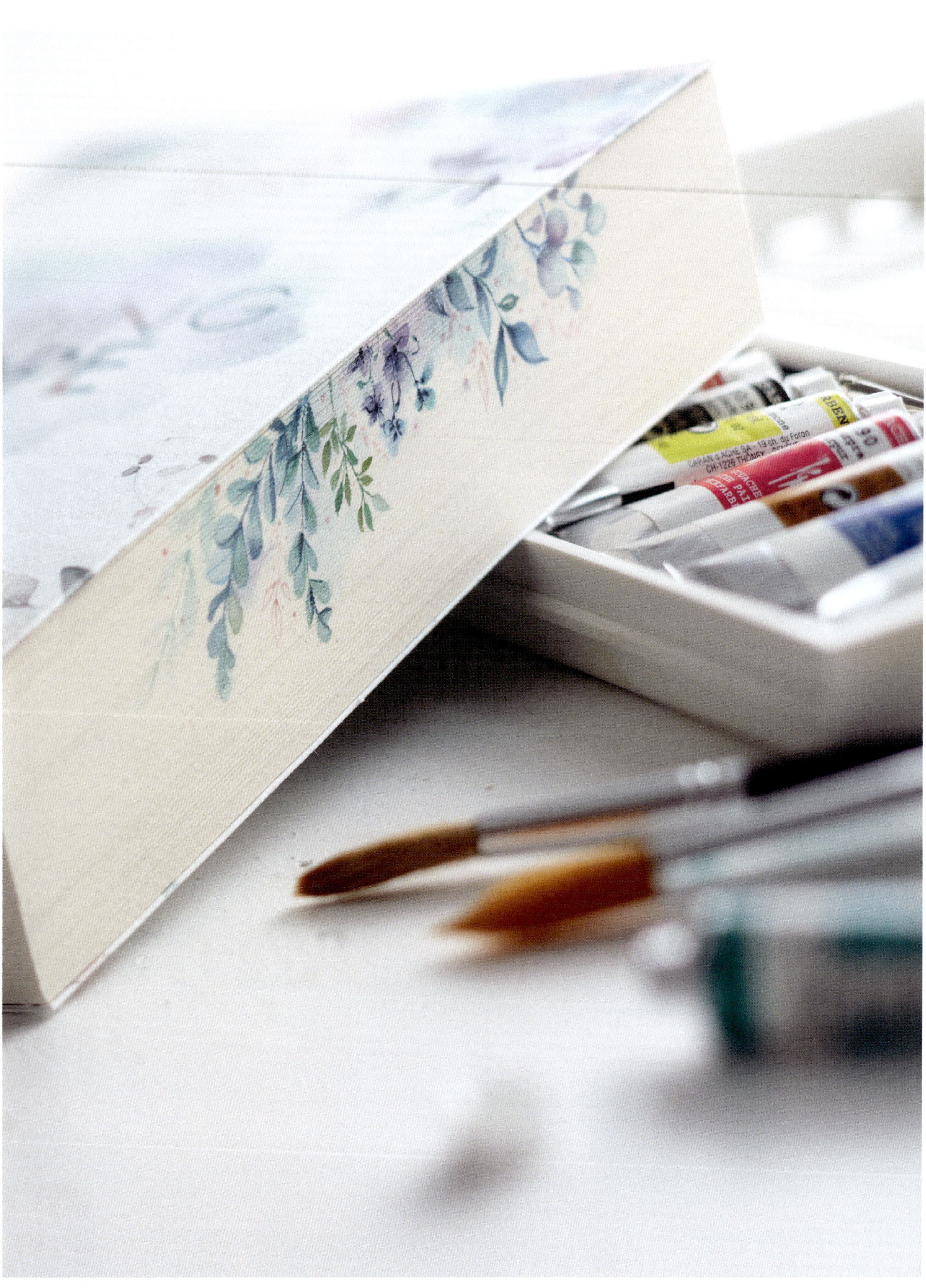
CARAN d'ACHE SA - 19 ch. du Foron
CH-1226 THONEX

GRUNDLAGEN

Im ersten Teil dieses Buches erwartet dich Wissenswertes zu den Grundlagen der Buchschnitt-Bemalung. Du erfährst, welche Materialien du in jedem Fall benötigst und welche du optional verwenden kannst. Auch die Unterschiede zwischen der Malerei auf dem Buchschnitt und der klassischen Aquarellmalerei werden ein Thema sein. Du lernst, welche Vorbereitungen zu treffen sind, um dein eigenes Buchprojekt zu starten und wie du dein Buch am Ende aufbereiten kannst, damit dein Gemälde dauerhaft vor äußeren Einflüssen geschützt bleibt.

Die Vorlagen zu diesem Buch stehen in deiner Digitalen Bibliothek unter **www.topp-kreativ.de/digibib** nach erfolgter Registrierung zum Ausdrucken bereit. Den Freischaltcode findest du im Impressum.

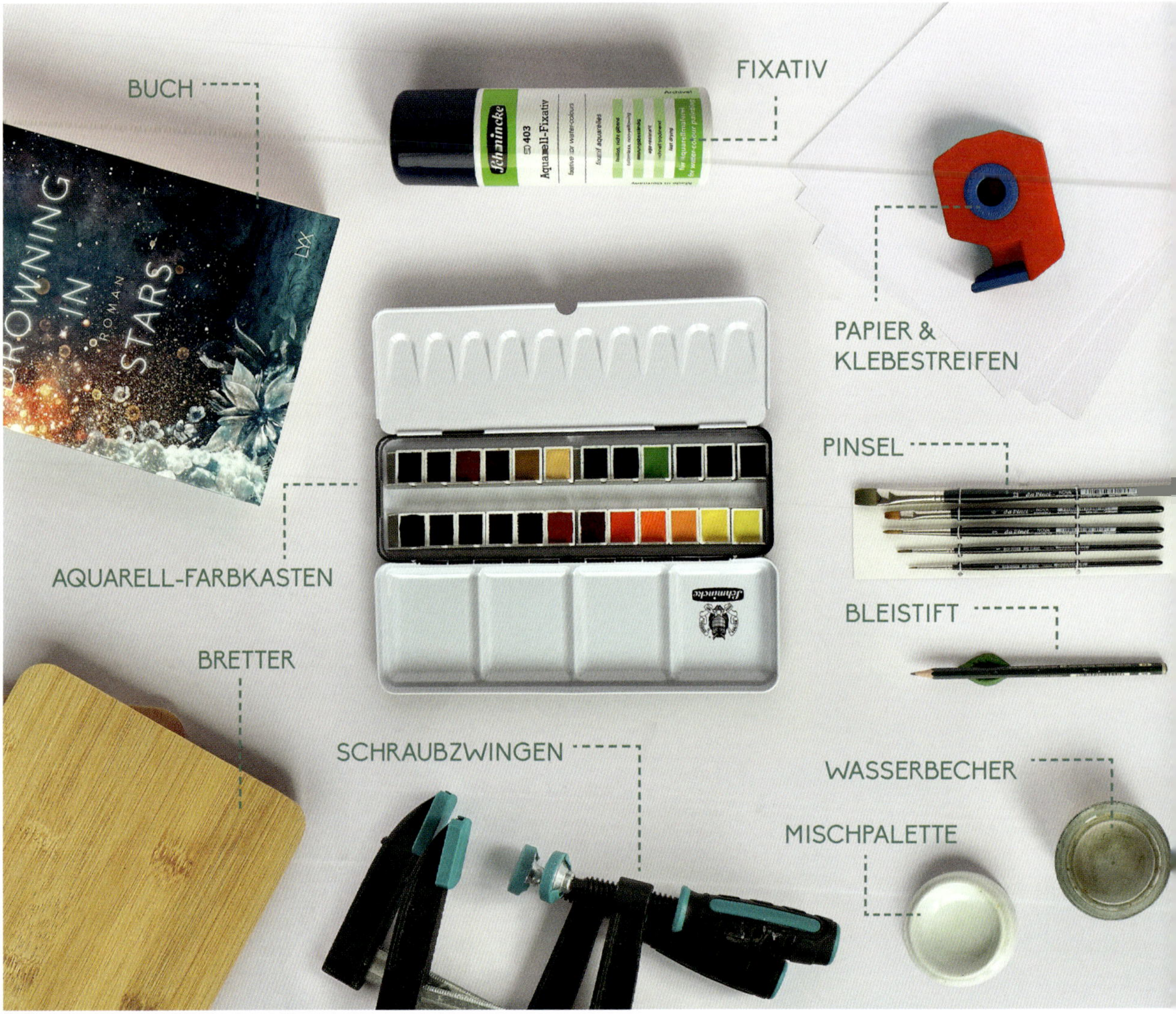

MATERIALIEN

DEINE GRUND-AUSSTATTUNG

Für die Buchschnitt-Malerei benötigst du nicht viel – eines der wichtigsten Dinge ist eine Buchpresse, die die Seiten deines Buchs fest zusammendrückt.
Du kannst sie selbst herstellen. Wie das geht, erfährst du auf Seite 22.

In deine Grundausstattung gehören
- Wasserfarben
- Pinsel in verschiedenen Größen
- Wasserbehälter
- Palette
- eine Buchpresse – das können entweder Holzbretter und Schraubzwingen oder eine selbstgebaute Presse sein
- Fixativ
- Papierumschlag, selbst hergestellt aus Papier und Klebeband
- Bleistift für Markierungen

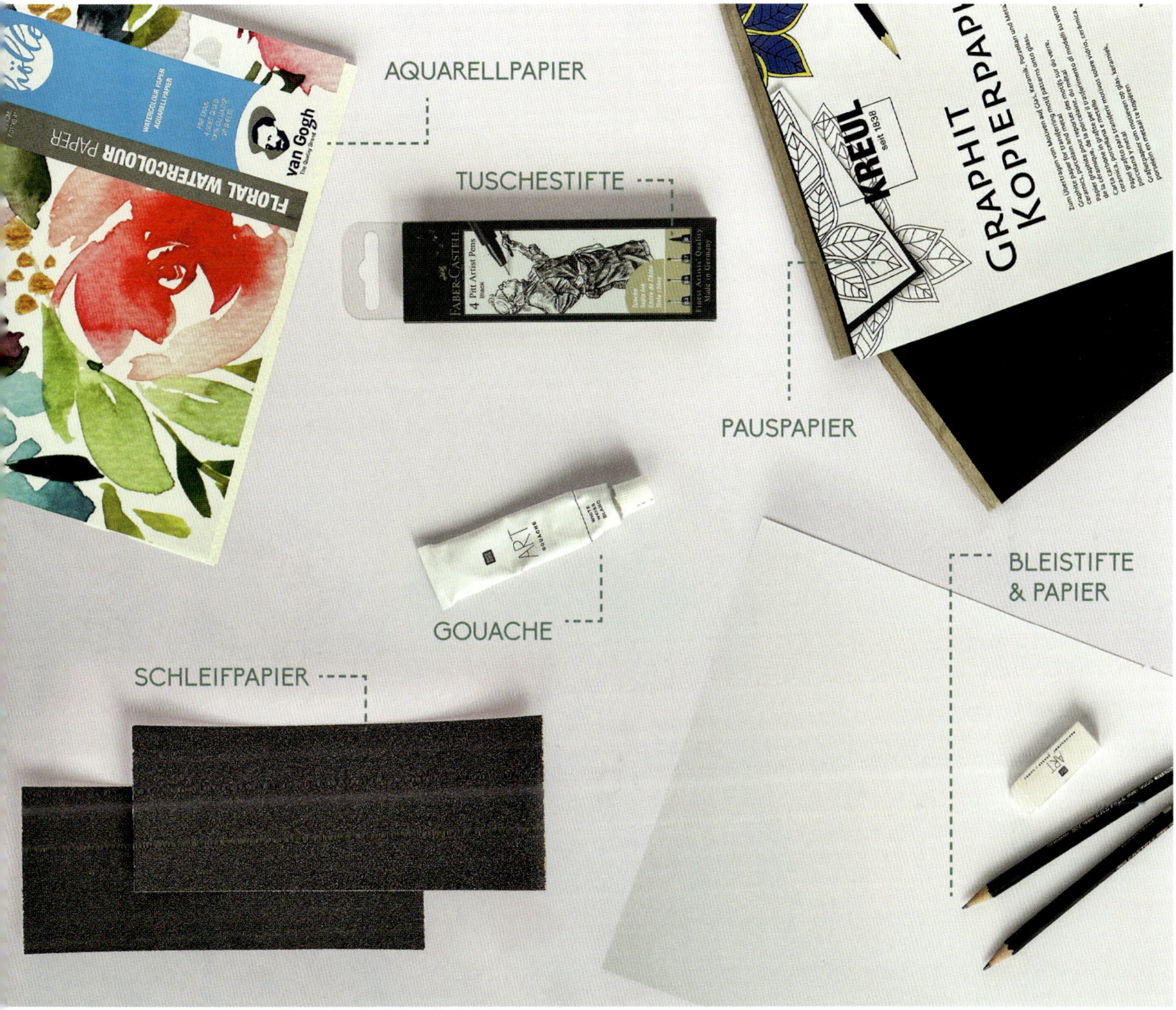

OPTIONALE AUSSTATTUNG

Das ist außerdem hilfreich

- Schleifpapier
- Papier für Skizzen
- Bleistifte
- Radiergummi
- Aquarellpapier für einen vorherigen Entwurf
- schwarze Tuschestifte / Fineliner
- Pauspapier
- Weiße Gouachefarbe

FARBEN

Wasserfarben oder Acrylfarben?

Beim Bemalen eines Buchschnitts hast du die Möglichkeit, entweder Wasserfarben oder Acrylfarben zu verwenden. Beide Malmaterialien haben ihre Vor- und Nachteile.

Die Vorteile von Wasser- bzw. Aquarellfarben

- Wasserfarben legen sich im Gegensatz zu Acrylfarben in einer sehr viel dünneren Schicht auf den Malgrund. Dadurch verkleben die Blätter weniger und du kannst sie nach dem Bemalen und Trocknen der Farbe leichter voneinander trennen.
- Wasserfarben kann man während des Malprozesses auf der Buchkante sehr viel besser miteinander verblenden – auch noch, wenn die Farben bereits getrocknet sind.
- Je nach Verhältnis von Farbe zu Wasser kannst du hellere und dunklere Töne einer Farbe erzeugen. Dadurch hast du bei Wasserfarben mehr Kontrolle über die Deckkraft.
- Mit Wasserfarben lassen sich hellere Gemälde auf der Buchkante kreieren. Acrylfarben sind von Natur aus schon sehr viel kräftiger und dunkler.
- Bei Wasser- oder Aquarellfarben in Näpfchen ist es nicht schlimm, wenn sie wieder antrocknen. Man läuft also nicht Gefahr, Farbe nicht mehr verwerten zu können – im Gegensatz zu bereits angerührter und dann getrockneter Acrylfarbe aus der Tube. Bei Acrylfarben ist es ratsam, mit zusätzlichen Hilfsmitteln zu arbeiten, um die Farben länger feucht zu halten.
- Bei der Verwendung von Acrylfarben können nach dem Trocknen kleine, weiße Fusseln auf der Buchkante entstehen. Das lässt sich aber beheben, indem man noch eine zusätzliche Schicht Farbe auf den Buchkanten aufträgt.

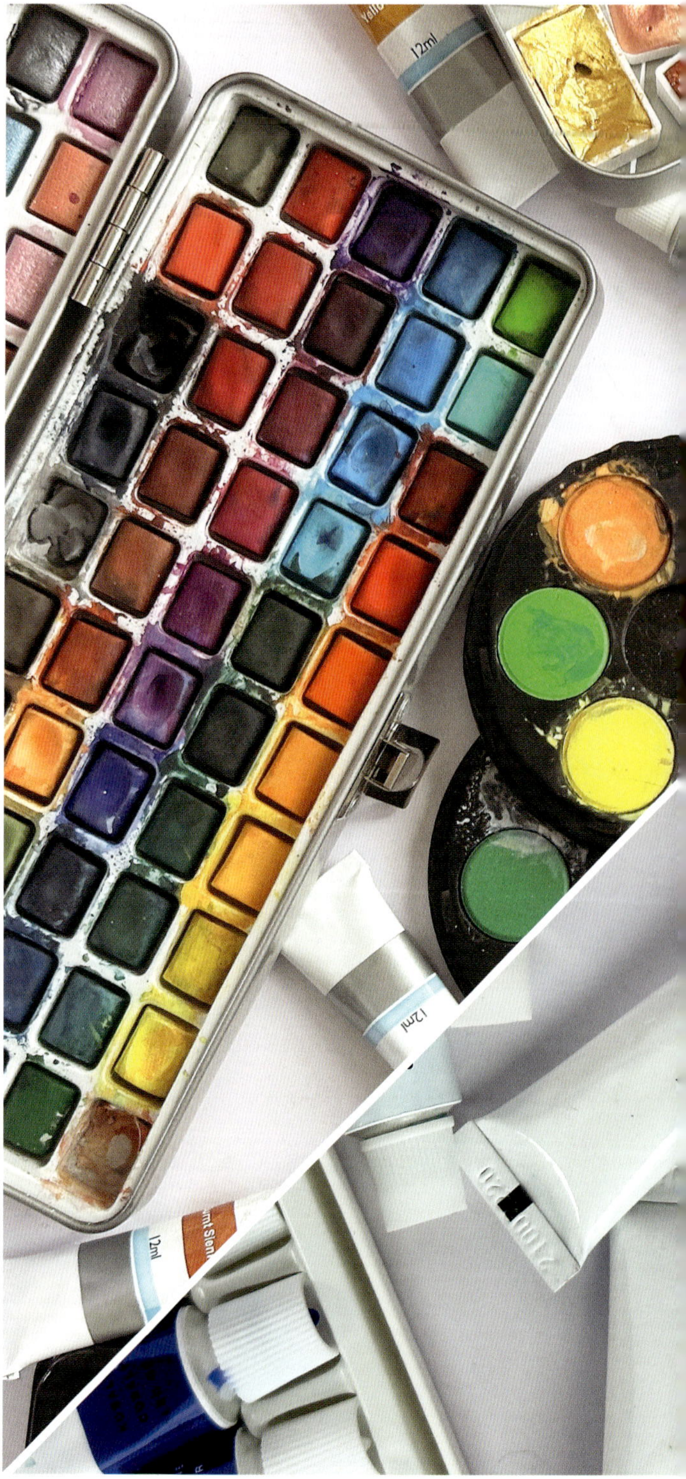

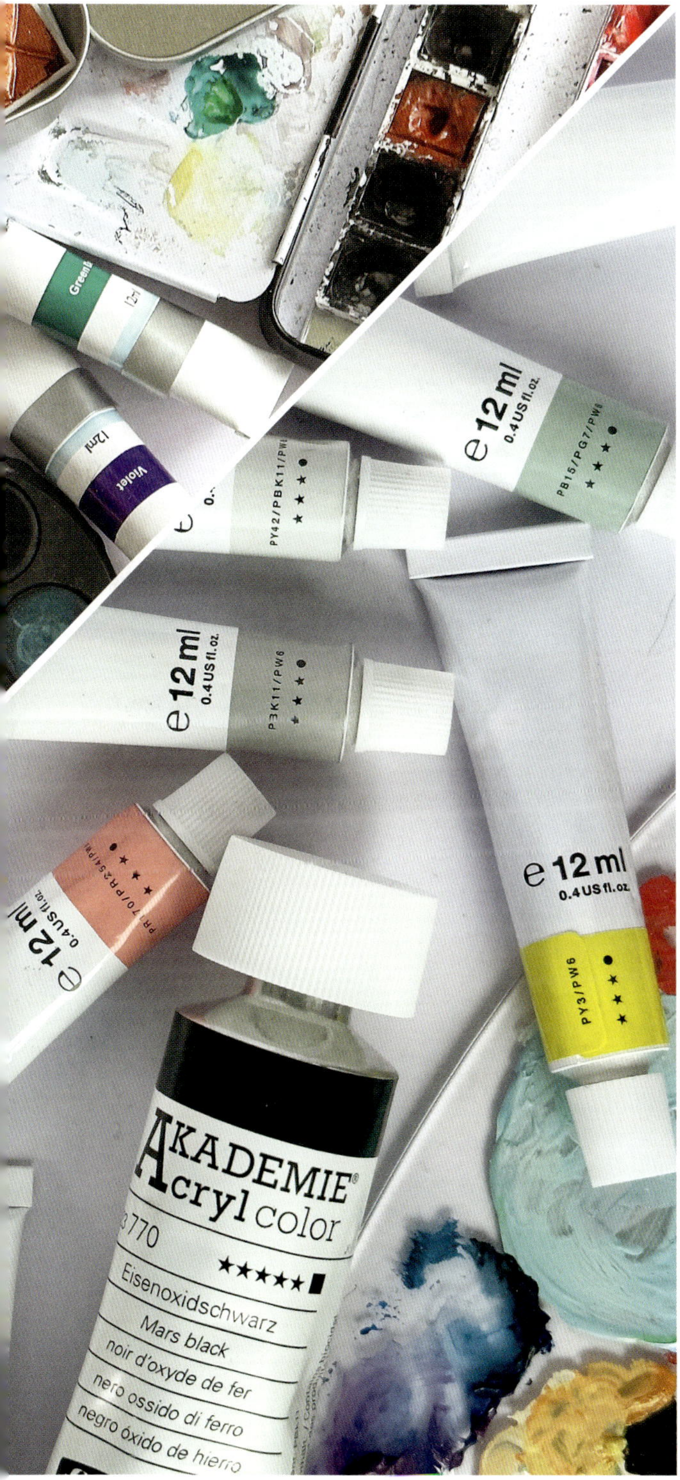

Die Vorteile von Acrylfarben

- Acrylfarben legen sich nach dem Trocknen wisch- und wasserfest auf den Malgrund. Es ist kein Fixativ mehr nötig, um den Farbauftrag zu schützen.
- Acrylfarben sind sehr viel deckender – dadurch sind nicht so viele Farbschichten nötig.
- Die entstehenden Farbflächen sind sehr viel gleichmäßiger.
- Acrylfarben verändern sich nach dem Trocknen kaum noch. Im Zweifelsfall werden sie eher kräftiger und nicht matter und heller, wie es bei Wasserfarben der Fall ist.
- Acrylfarben sind schnelltrocknend. Du brauchst also nicht sehr lange zu warten, um eine neue Schicht Farbe aufzutragen. Auch besteht keine Gefahr, dass Farben unerwünscht ineinander verlaufen.
- Acrylfarben besitzen nur geringe Wasseranteile. Du brauchst also nicht zu befürchten, dass Farbe in die Seiten laufen kann.

Meine Wahl:
Da ich es sehr schätze, während des Malprozesses viel Kontrolle über die Deckkraft und das Verblenden der Farben zu haben, sind Wasser- bzw. Aquarellfarben bei der Buchschnitt-Malerei meine erste Wahl. Das ist aber nur meine subjektive Meinung. Alle in diesem Buch aufgeführten Projekte sind ebenso mit Acrylfarben und Gouache möglich.

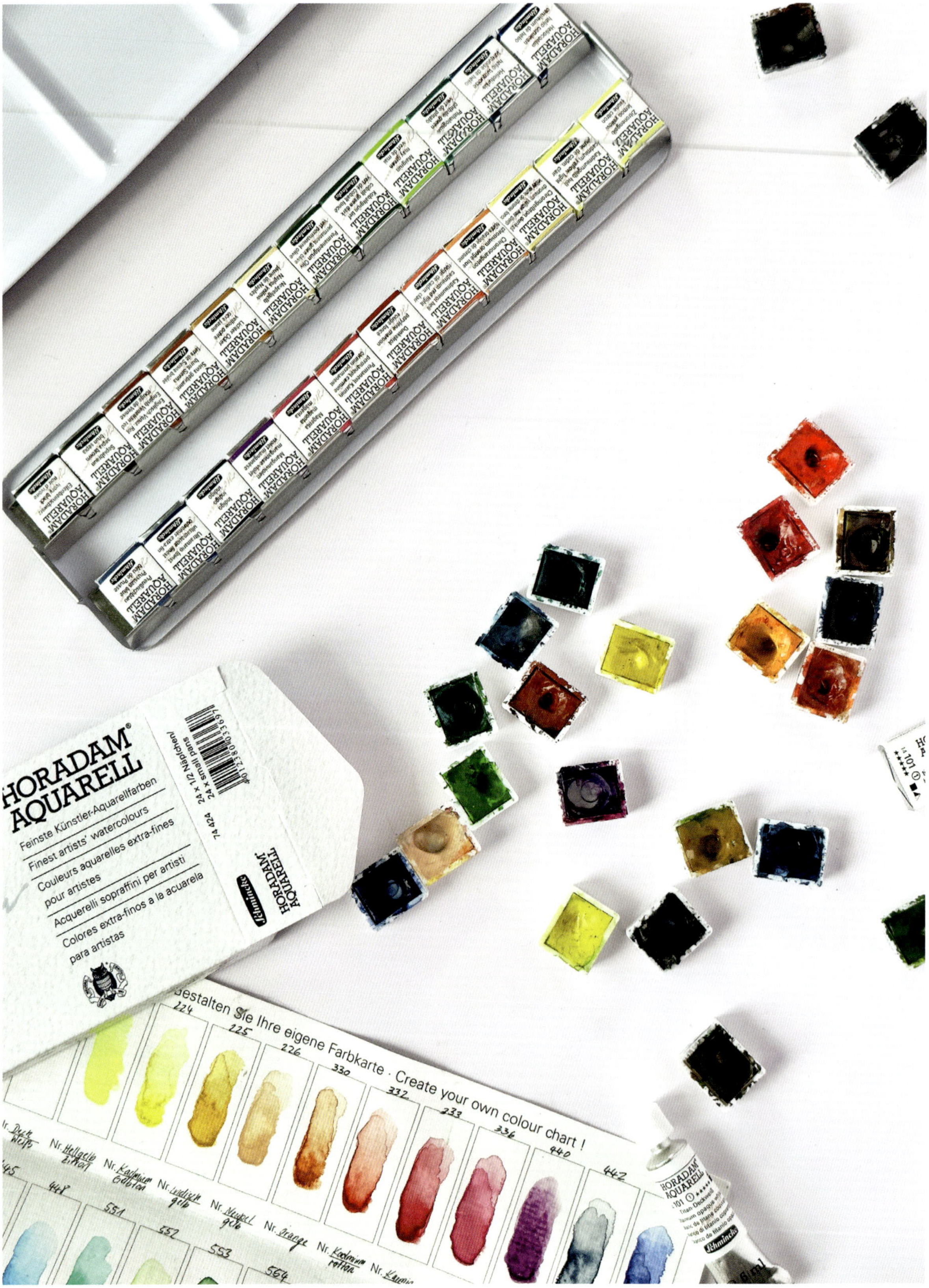
HORADAM AQUARELL
Feinste Künstler-Aquarellfarben
Finest artists' watercolours
Couleurs aquarelles extra-fines pour artistes
Acquerelli sopraffini per artisti
Colores extra-finos a la acuarela para artistas
74 424
24 × 1/2 Näpfchen/
24 × small pans
HORADAM AQUARELL
Gestalten Sie Ihre eigene Farbkarte · Create your own colour chart !

PINSEL

Für die Buchschnitt-Malerei sind nicht viele Pinsel nötig. Ich selbst verwende pro Buchschnitt etwa drei bis fünf verschiedene Rund- und Flachpinsel. Den Rundpinsel in Stärke 3 benutze ich am häufigsten, da er genug Farbe aufnehmen kann, aber dennoch spitz genug zuläuft, um auch kleinere Details zu malen.
Für sehr große Flächen und Untergründe setze ich einen Flachpinsel in Größe 12 ein. Mit ihm lassen sich auch sehr schöne Texturen auf der Buchkante erzeugen. Für ähnliche, aber kleinere Texturen – und daher besser für kleinere Flächen geeignet – bietet sich ein Flachpinsel in Größe 6 an. Gegen Ende meines Malprozesses ist der Detailpinsel in Größe 0 mein wichtigstes Malwerkzeug. Mit ihm kreiere ich die Details und gebe dem Gemälde den letzten Schliff.

Im Gegensatz zu den Farben empfehle ich, beim Pinselkauf schon von Beginn an auf qualitativ hochwertige Pinsel zu achten. Sehr günstige Pinsel tendieren dazu, während des Malprozesses ihre Haare zu verlieren. Wenn diese dann auf der Buchkante in der Farbe antrocknen, ist es schwer, sie wieder zu lösen, ohne die Farbschicht zu beschädigen. Außerdem verlieren günstige Pinsel schon nach kurzer Benutzung ihre ursprüngliche Form und sind somit nicht mehr sehr präzise. Ich arbeite sehr gern mit einem Pinselsortiment der Firma da Vinci.

Teure Farben – muss das sein?

Als ich begonnen habe, mich mit der Buchschnitt-Malerei näher zu befassen, habe ich meinen alten Schulfarbkasten ausgepackt und hatte damit bereits meine ersten Erfolge. Darum bin ich davon überzeugt, dass man keine teuren Farben braucht, um mit dieser Kunstform zu beginnen. Vor allem, wenn du die Aquarellmalerei oder die Buchschnitt-Malerei erst einmal testen möchtest, macht es Sinn, auf bereits vorhandene Farben oder einen günstigen Farbkasten zurückzugreifen. Im Laufe der Zeit habe ich Wasserfarben von vielen verschiedenen Anbietern ausprobiert. Inzwischen benutze ich überwiegend Aquarellfarben der Firma Schmincke.
Warum ich auf höherpreisige Farben umgestiegen bin: Aquarellfarben von Schmincke, aber auch von anderen namhaften Herstellern wie Winsor & Newton oder Royal Talens sind sehr ergiebig, und durch die hohe Pigmentierung der Farben erzeugen sie eine gute Deckkraft. Damit bieten sie für mich den Vorteil einer höheren Effizienz und Zeitersparnis bei meiner Arbeit. Außerdem ist es leichter, Fehler mit gut deckenden Farben auszubessern. Wenn du also genauso viel Freude an der Buchschnitt-Bemalung entwickelst wie ich, empfehle ich dir langfristig eine Investition in hochwertigere Farben. Aber auch mit günstigen Farben kannst du tolle Ergebnisse erzielen.

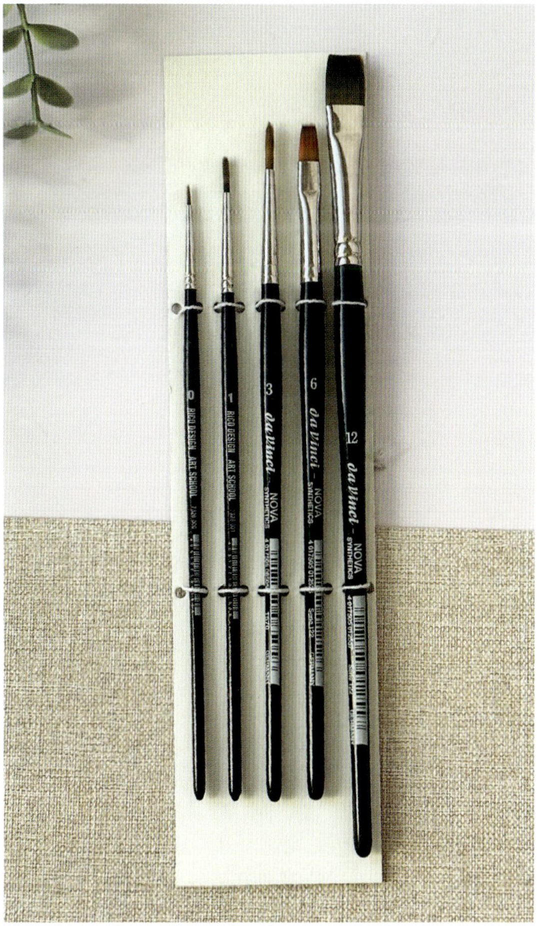

TIPP

Wasche deine Pinsel nach jedem Gebrauch immer gut aus. Das trifft besonders bei der Verwendung von Acrylfarbe zu. Wenn die Farbe auf dem Pinsel antrocknet, kann er sich schneller abnutzen und verbiegen.

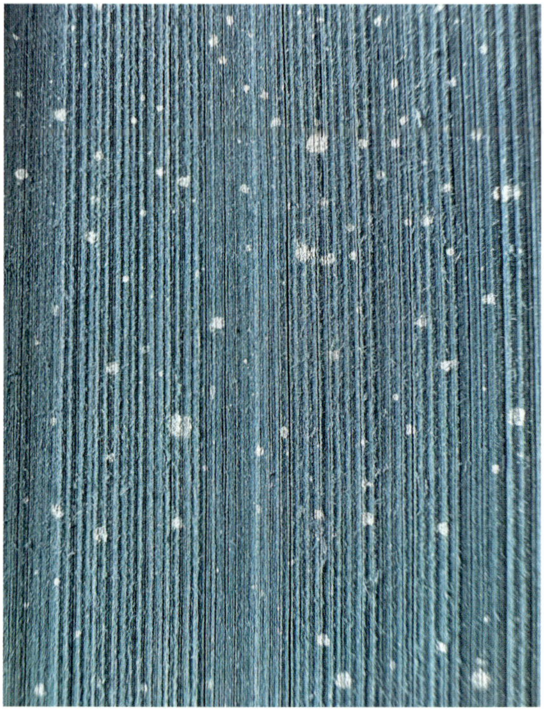

Charakteristischer Farbauftrag auf einer Buchkante

BÜCHER ALS MALGRUND

So unterschiedlich Bücher sind, so verschieden sind auch ihre Buchkanten. Beim Bemalen gleicht kein Untergrund dem anderen. Konsistenz, Dicke und Alter der Seiten bestimmen die Saugfähigkeit des Papiers, die Struktur und die Farbe. Je nach Bindung sind manche Buchkanten glatter, andere haben tiefere Rillen oder Wölbungen zwischen den Seiten. Darum solltest du dich bei jedem neuen Buch immer wieder neu auf die verschiedenen Reaktionen zwischen Malgrund und Farbe einstellen.

Auch wenn es sich bei einer Buchkante ebenfalls um einen Papieruntergrund handelt, gibt es trotzdem wesentliche Unterschiede zum üblichen Aquarellpapier. Durch das Zusammenpressen der Buchseiten entsteht ein deutlich festerer und weniger saugfähiger Untergrund. Er gleicht eigentlich eher einer Holzfläche als einem Blatt Papier. Das hat zur Folge, dass beim Einsatz von viel Wasser nicht der typische Look zerlaufener Wasserfarbtexturen entsteht.

Bei einer Buchkante solltest du daher sorgsamer mit dem Verhältnis zwischen Wasser und Farbe umgehen. Der große Vorteil ist hingegen, dass die Farben nicht so schnell und so tief ins Papier ziehen. Dadurch hast du auch noch nach einer Weile die Möglichkeit, Farben auf der Buchkante mit ein wenig Wasser wieder anzufeuchten und miteinander zu verblenden.

Während Aquarellpapier eine grobkörnige, strukturierte Oberfläche aufweist, entsteht auf einer Buchkante bei näherer Betrachtung ein stark von Linien durchzogener Untergrund. Damit hat ein Gemälde auf dem Buchschnitt seine ganz eigene, besondere Charakteristik.

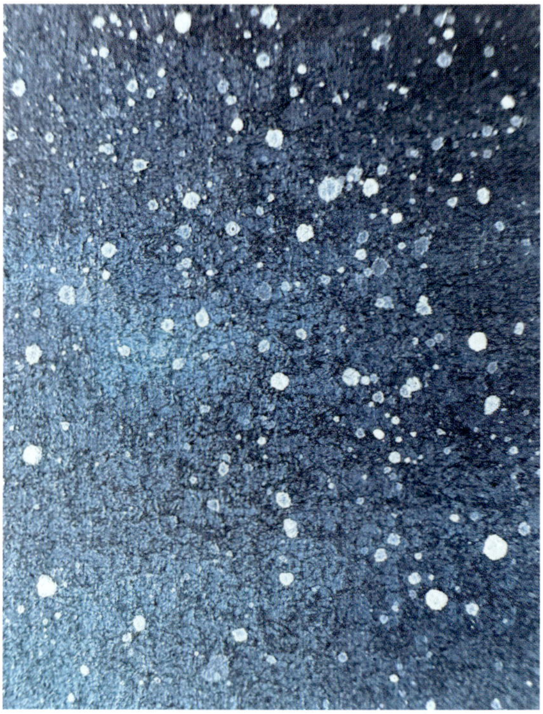

Farbauftrag auf Aquarellpapier

IDEEN-FINDUNG

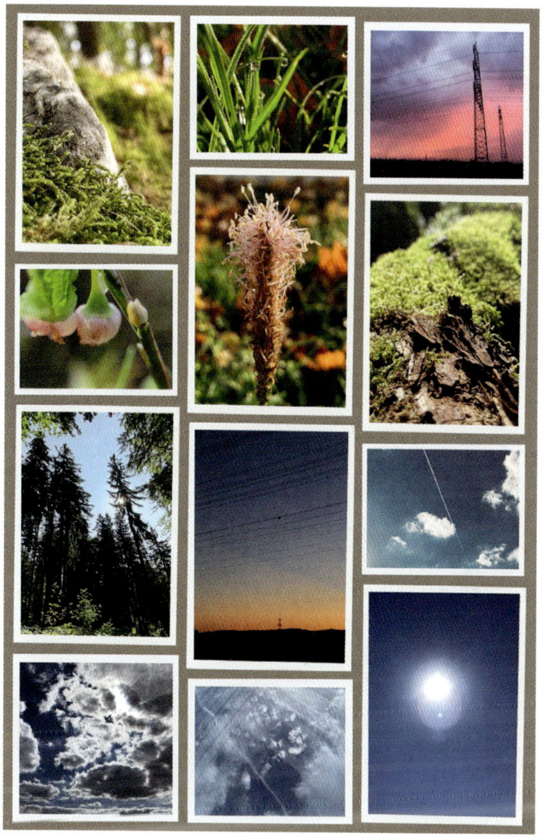

MOODBOARD

Du hast dir ein Buch zur Bemalung ausgewählt, bist aber noch unschlüssig bei der Motivwahl? Dann ist dein erster Schritt, erst einmal das Cover genauer anzuschauen. Welche Elemente befinden sich darauf? Welche Hauptfarben hat das Buch? Ist der Stil grafisch, abstrakt oder sehr detailreich?

Lies dir außerdem den Klappentext deines Buchs durch. Schreibe Schlüsselwörter auf, die den Inhalt gut beschreiben. Mit diesen gesammelten Informationen kannst du nun nach Inspiration im Internet suchen. Meine erste Anlaufstelle ist dafür meistens Pinterest, weil die Seite zum einen eine große Auswahl hochwertiger Fotos und Kunstwerke bereithält und dir zum anderen ähnliche Bilder zu den Favoriten vorgeschlagen werden. Zu vielen Büchern gibt es sogar schon eine Zusammenstellung von Stimmungsbildern. Gib dazu den Titel deines Buchs ein und ergänze das Wort „...aesthetic".
Mit deiner getroffenen Auswahl hast du nun die Möglichkeit, ein Moodboard zu erstellen. Es kann dir als Basis für dein Konzept und deine Motivskizzen dienen, aber auch im späteren Prozess als Inspiration für deine Farbwahl sehr hilfreich sein.
Versuche dabei, ein Bild nicht exakt zu kopieren. Nimm lieber unterschiedliche, kleine Elemente aus verschiedenen Bildern – das können bestimmte Farben oder die Lichtsetzung sein – und kreiere daraus dein eigenes Kunstwerk.

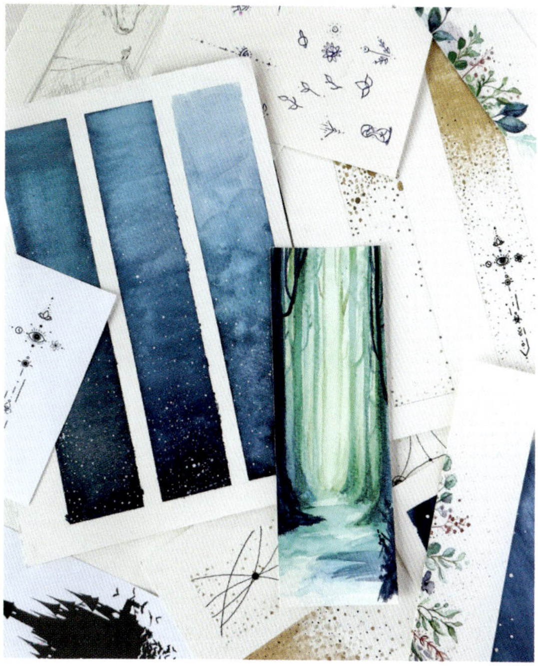

SKIZZEN UND ENTWÜRFE

Deine gesammelten Ideen kannst du nun aufs Papier bringen. Ob du dafür Bleistiftskizzen anfertigst oder direkt mit einem groben Farbkonzept auf Aquarellpapier beginnst, bleibt ganz dir überlassen. Dieser Schritt hilft dir im Vorhinein, deine Komposition festzulegen. Wenn du sichergehen möchtest, dass dein Entwurf zum Cover passt, kannst du ihn bereits auf die entsprechenden Maße zuschneiden und an dein Buch halten.

BEVOR DU BEGINNST

EINEN SCHUTZUMSCHLAG HERSTELLEN

Bevor du mit der Bemalung deines Buchschnitts beginnst, solltest du deinen Bucheinband vor der Farbe schützen. Hierfür eignet sich ein selbsterstellter Papierumschlag am besten. Wenn du ein Hardcover-Buch verwendest, das bereits einen Papierumschlag hat, nimm diesen vorher ab, um ihn nicht zu beschädigen.
Für deinen selbst hergestellten Schutzumschlag benötigst du drei DIN-A4-Blätter und Klebestreifen.

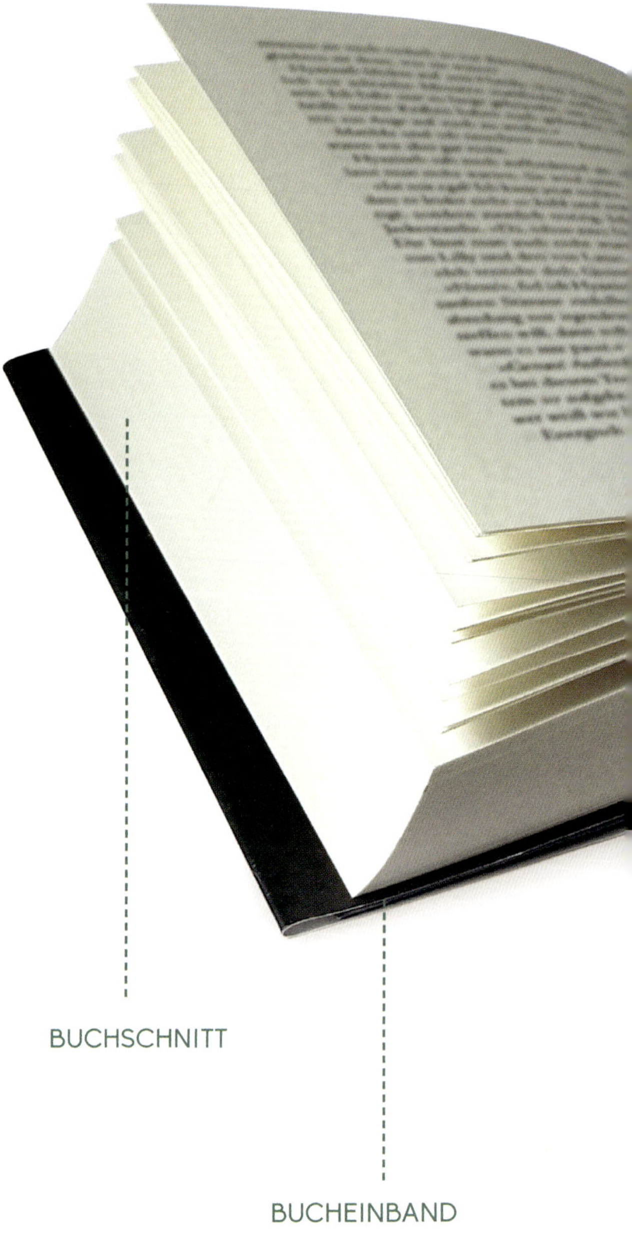

TIPP

Ein Hardcover-Buchumschlag kann später auch noch sehr nützlich sein, um die Farben deines Buchschnitts mit dem Cover abzustimmen. Sollte dein Buch keinen abnehmbaren Umschlag haben, kannst du vorher von deinem Cover bei gutem Licht einige Fotos machen. Dann hast du eine gute Referenz für für deine Buchschnitt-Bemalung.

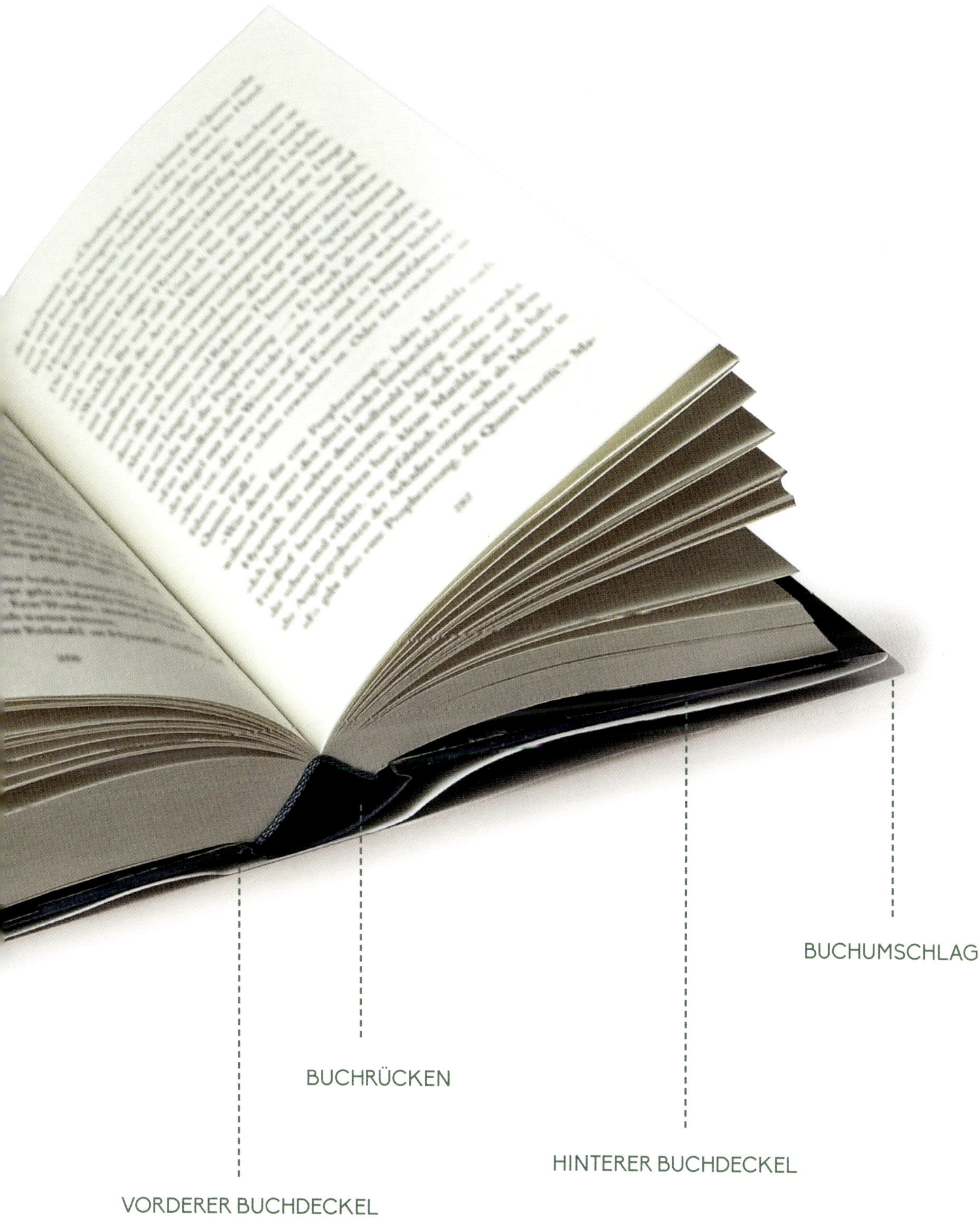
BUCHUMSCHLAG
BUCHRÜCKEN
HINTERER BUCHDECKEL
VORDERER BUCHDECKEL

SCHUTZUMSCHLAG

Schritt 1

Lege das erste Blatt hochkant in den Buchdeckel und schlage es an drei Seiten um. Klebe die überlappenden Seiten mit Klebestreifen fest. Achte darauf, dass der Umschlag so eng wie möglich am Bucheinband anliegt. Wenn er später stark herausragt, kann er dich beim Malen stören. Achte bei einem Paperback-Buch darauf, dass du die Ecken des Covers beim Umschlagen des Papiers nicht verbiegst.

Schritt 2

Verfahre mit der Unterseite des Buchdeckels auf die gleiche Weise. Wenn du möchtest, kannst du sowohl das erste als auch das letzte Blatt des Buchs mit in den Umschlag nehmen. Meine Erfahrung hat gezeigt, dass der Buchschnitt dadurch am Ende sauberer aussieht.

Schritt 3

Verbinde mit dem dritten Blatt die beiden Schutzhüllen, damit sie später nicht verrutschen können und um den Buchrücken ebenfalls vor Farbe zu schützen.

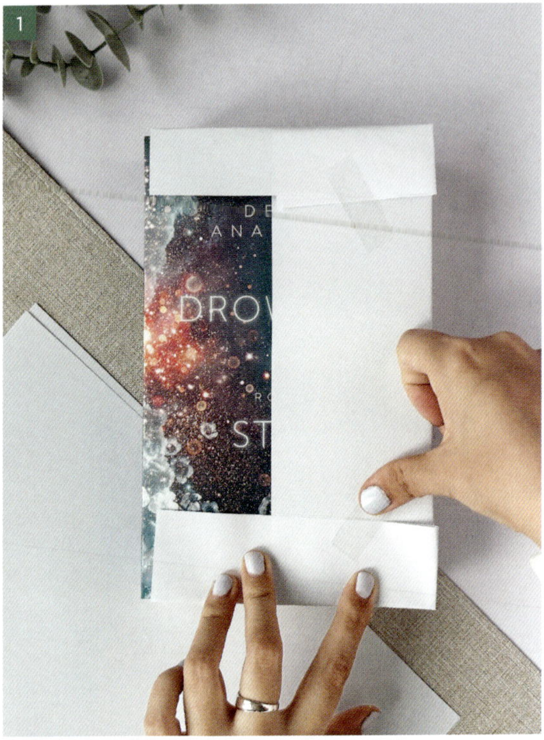

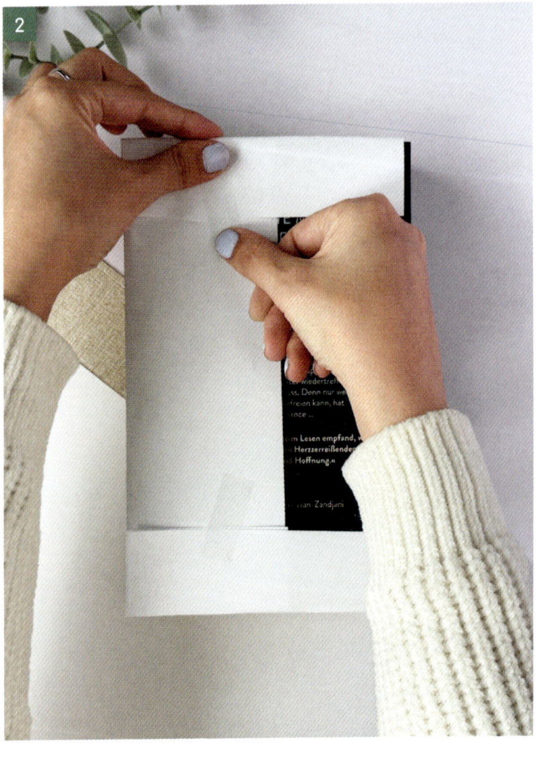

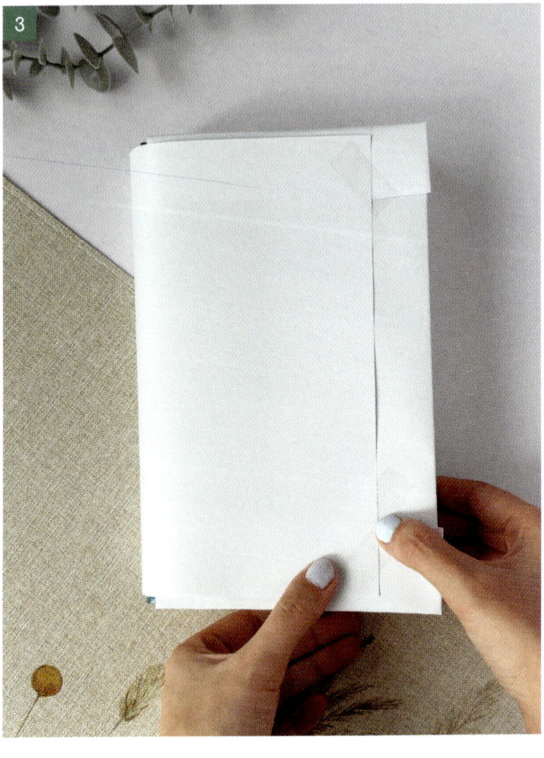

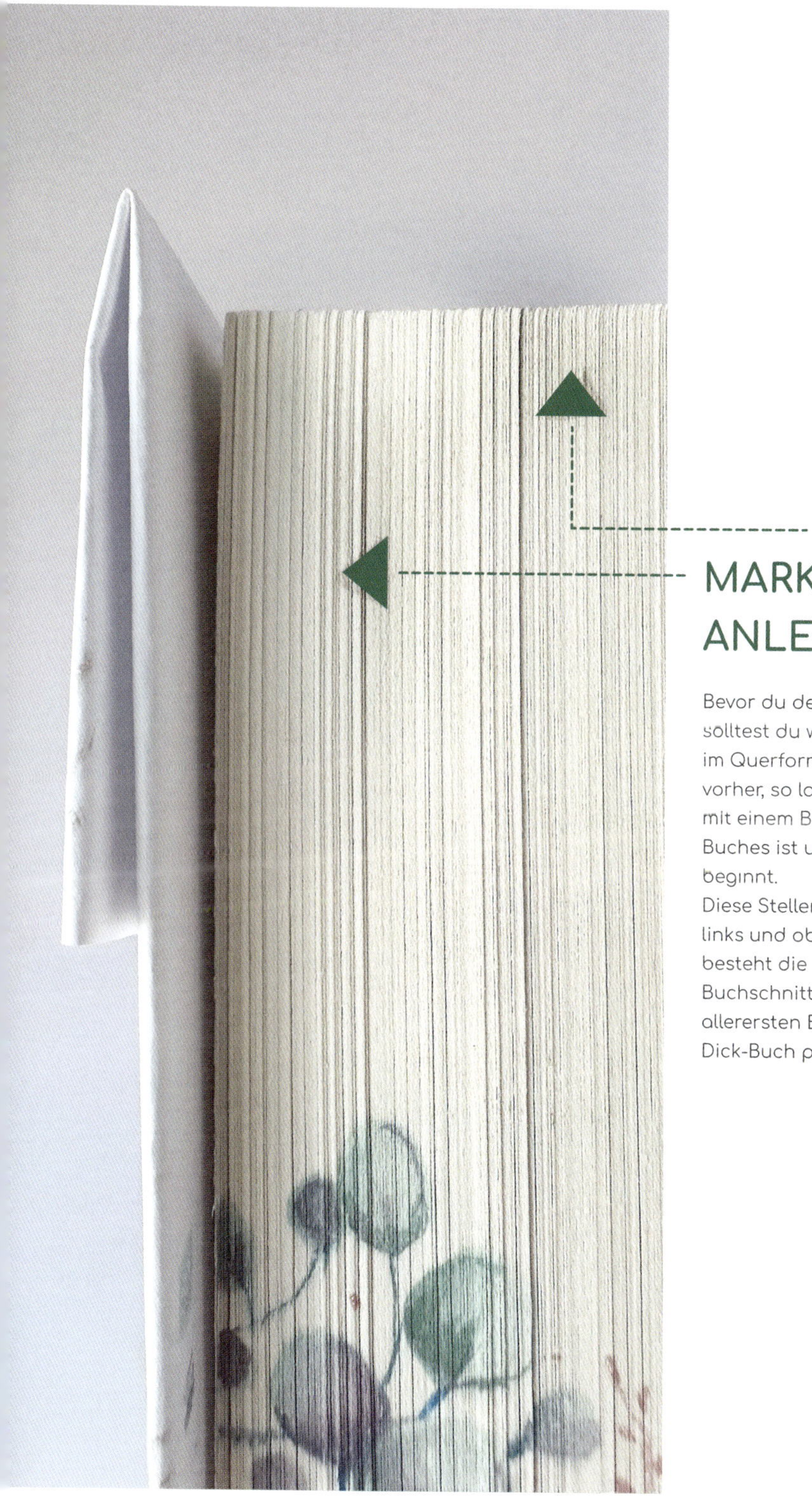

MARKIERUNGEN ANLEGEN

Bevor du dein Buch in die Buchpresse einspannst, solltest du wissen, ob du dein Motiv im Hochformat oder im Querformat malen möchtest. Markiere dir zudem vorher, so lange du dein Buch noch aufklappen kannst, mit einem Bleistift, auf welcher Seite – der Titel deines Buches ist und wo der Fließtext deiner Buch-Innenseiten beginnt.
Diese Stellen markiere ich mir immer mit einem Dreieck links und oben auf der Vorderkante. Ohne diese Pfeile besteht die Gefahr, dein Motiv falsch herum auf den Buchschnitt zu platzieren. Mir selbst ist das bei meiner allerersten Buchschnitt-Bemalung auf einem Moby-Dick-Buch passiert.

DIE BUCHPRESSE

Damit während des Malprozesses keine Farbe hineinläuft, müssen deine Seiten stark genug zusammengepresst werden. Hierfür benötigst du zwei Holzbretter. Wenn du magst, kannst du sogar deine Frühstücks-Brettchen benutzen. Sie sollten allerdings mindestens einen Zentimeter dick sein und sich nicht biegen lassen. Außerdem benötigst du mindestens zwei Schraubzwingen, die genug Spannweite haben, um dein Buch inklusive Bretter einspannen zu können.

Positionierung der Schraubzwinge

Lege dein Buch wie bei einem Sandwich zwischen die Holzbretter. Am besten machst du das am Rand einer Tischkante, damit du anschließend alles gut mit den Schraubzwingen umschließen kannst. Lege die Druckplatten der Schraubzwingen dabei eher mittig auf der Vorderseite an. Wenn du sie ganz außen am Rand ansetzt, läufst du Gefahr, dass in der Mitte nicht genug Druck ausgeübt wird und Farbe in die Seiten hineinläuft. Nun schraubst du die Zwingen so weit fest, bis du sie kaum noch drehen kannst.

Positionierung für horizontale Bemalung

Möchtest du ein horizontales Motiv malen und hast eher kleinere Schraubzwingen, legst du die Metallschiene mit der Gewindespindel am besten nach unten. Dann kann sie gleichzeitig als Stütze dienen, um den Buchschnitt im richtigen Winkel nach oben zu verlagern. Sind deine Schraubzwingen zu groß dafür, kannst du dir eine alternative Unterlage suchen, beispielsweise eine Federmappe oder ein dreieckiges Brillenetui.

Positionierung für vertikale Bemalung

Bei einem hochformatigen Motiv eignen sich die Schraubzwingen ebenfalls als Stützen. Schraube zuerst den oberen Teil der Presse fest. Lege dann die andere Schraubzwinge in einem Winkel unter die Presse, in dem dein Buch ein wenig nach hinten verlagert ist.

Möchtest du auf Nummer sicher gehen und hast genug Schraubzwingen, kannst du auch noch zwei davon an den Seiten anbringen.

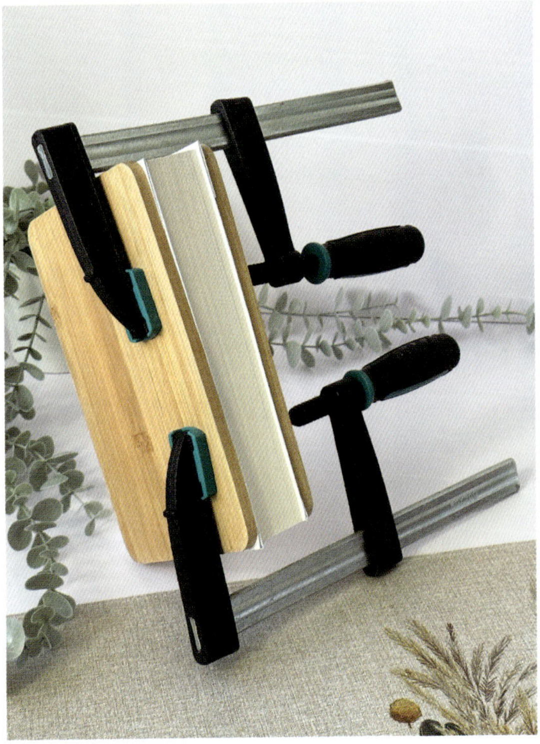

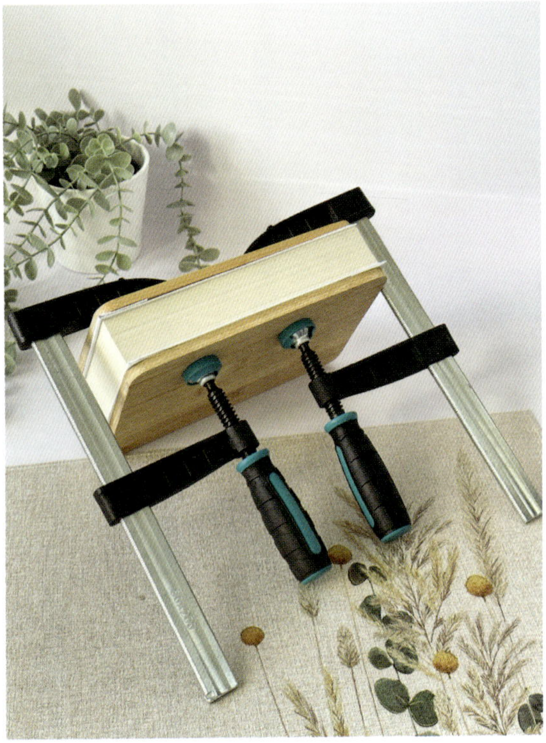

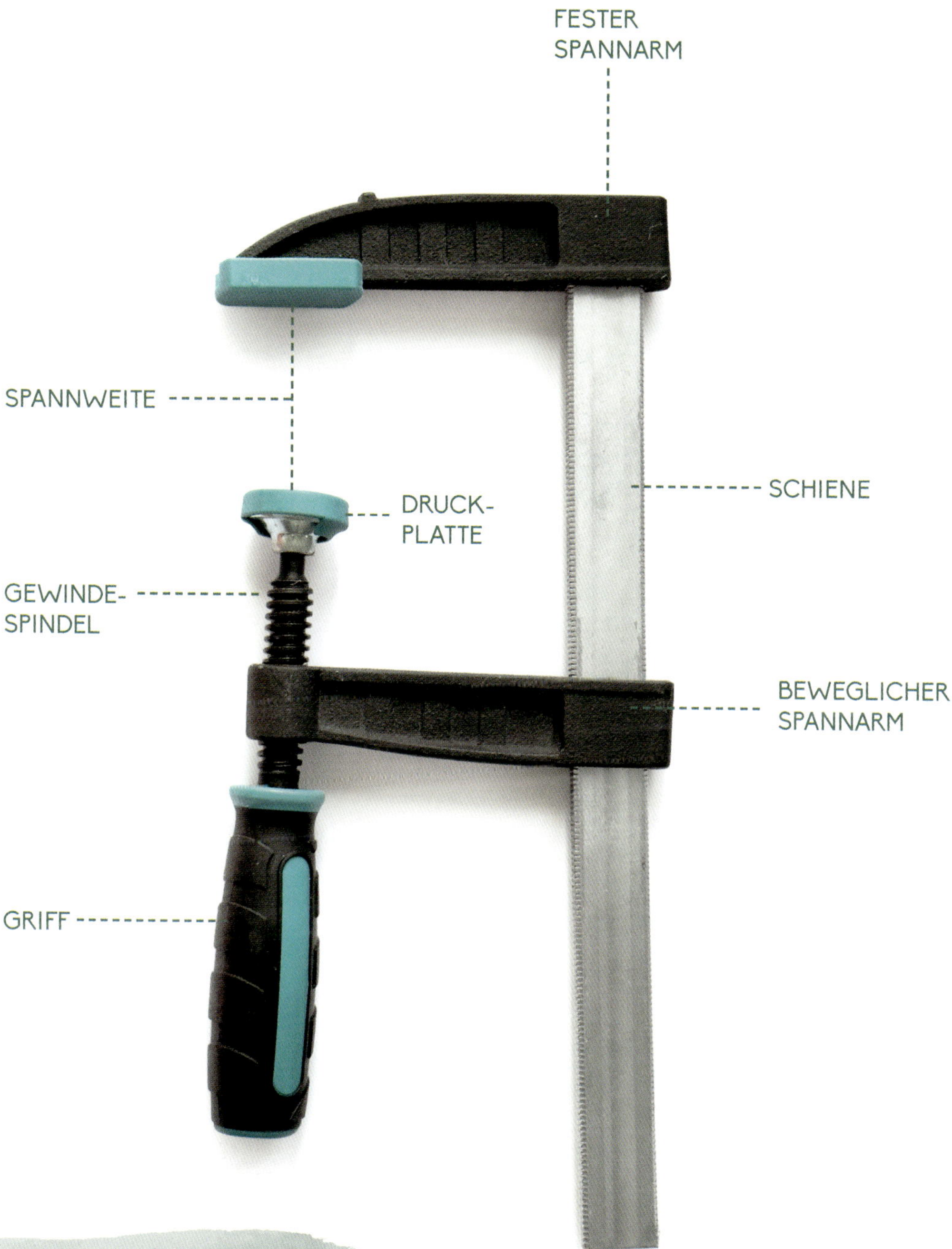

TIPP

Um zu testen, ob bestimmt keine Farbe mehr zwischen die Seiten laufen kann, nimm deinen Fingernagel und versuche, ihn ganz vorsichtig zwischen zwei Seiten zu stecken. Passt er nicht hinein, hast du deine Presse fest genug geschraubt.

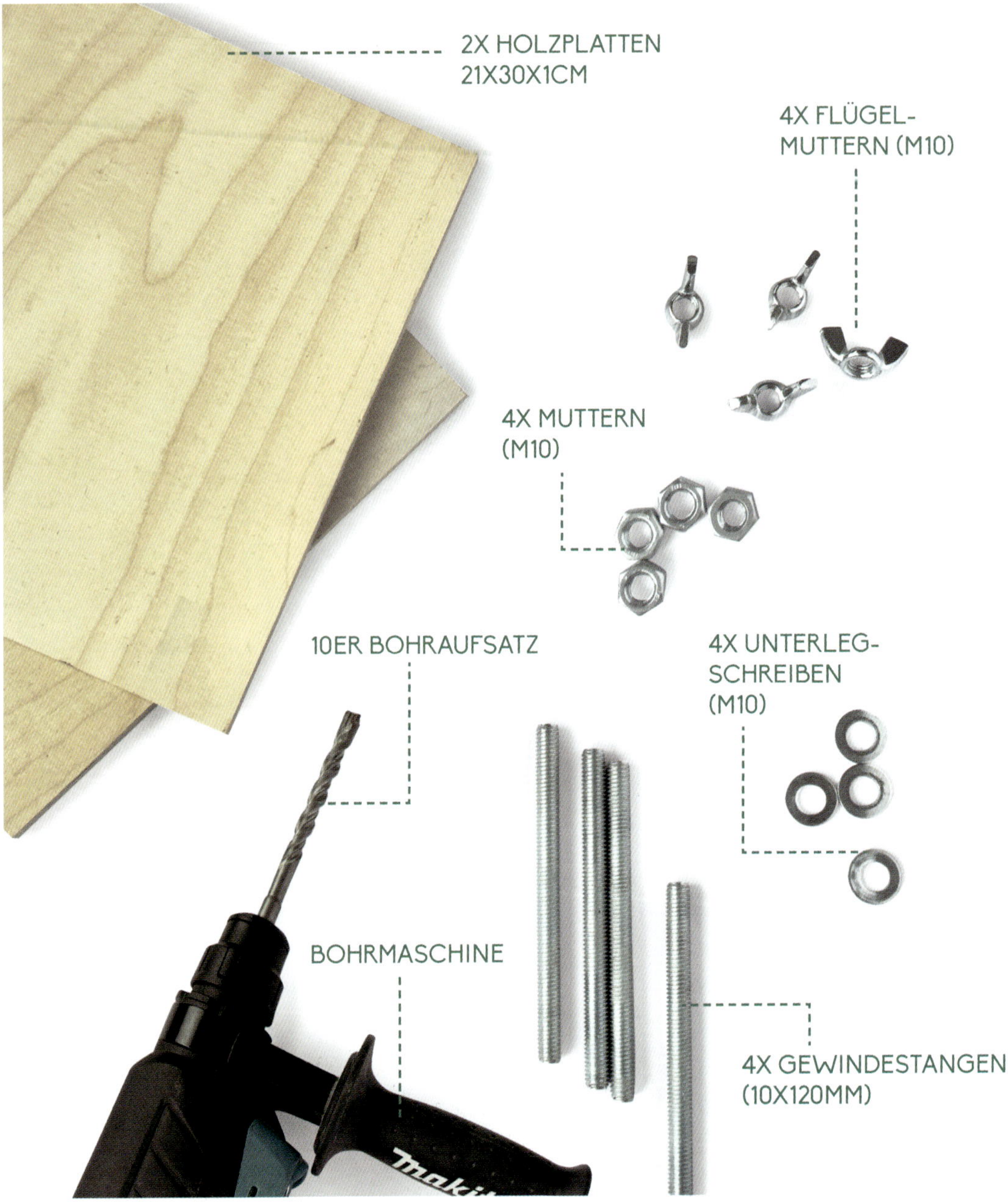

EINE BUCHPRESSE SELBER BAUEN

Mit relativ einfachen Mitteln kannst du eine dauerhafte Buchpresse selber bauen.
Das ist alles, was du dafür benötigst:

- 4 Gewindestangen (10 x 120 mm)
- 4 Flügelmuttern (M10)
- 2 Holzplatten (21 x 30 x 1 cm)
- 4 Unterlegscheiben (M10)
- 4 Sechskantmuttern
- Bohrmaschine
- 8er- und 10er Bohraufsatz

Schritt 1

Markiere zuerst mit einem Bleistift vier Punkte jeweils in einer Ecke deiner Holzplatten. Halte dabei genug Abstand zum Rand, damit dieser beim Bohren nicht bricht. Merke dir diesen Abstand für die anderen drei Markierungen. Das ist entscheidend für dein Endergebnis, damit du die Platten später so parallel wie möglich übereinandersetzen kannst.

Schritt 2

Bohre an den Stellen, an denen du die Markierungen gesetzt hast, mit einem 8er-Aufsatz Löcher in deine Holzplatten. Du kannst auch beide Bretter direkt übereinanderlegen und die vier Löcher gleichzeitig in beide Platten bohren. Stelle aber sicher, dass die Bretter dabei nicht verrutschen können.

Schritt 3

Lege deine Bretter übereinander und schiebe durch jedes Loch jeweils eine Gewindestange. Solltest du merken, dass sie schwer durchpassen, kannst du entweder die Löcher abschleifen oder mit einem größeren Bohraufsatz nachbohren, um sie zu erweitern. Schraube dann jeweils eine Unterlegscheibe und eine Flügelmutter von oben und eine Sechskantmutter von unten auf die Gewindestangen.

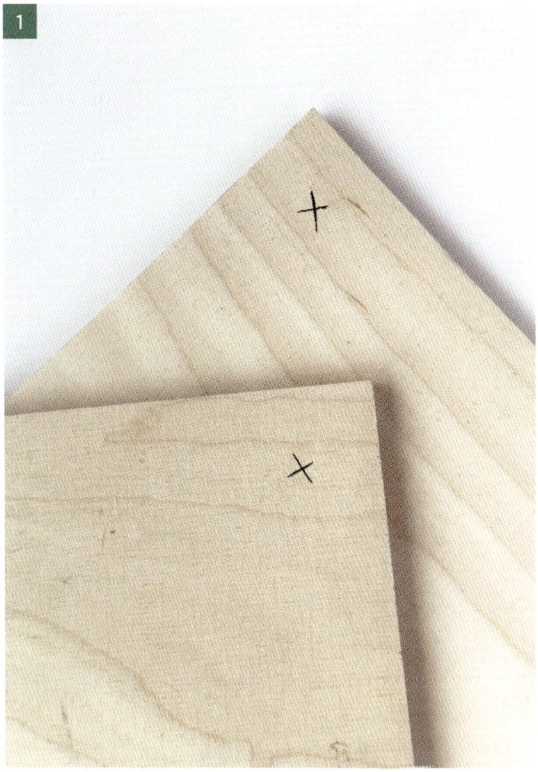

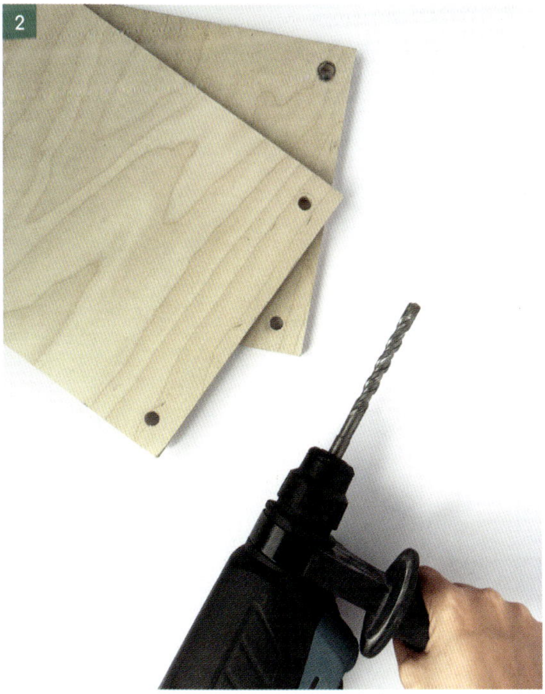

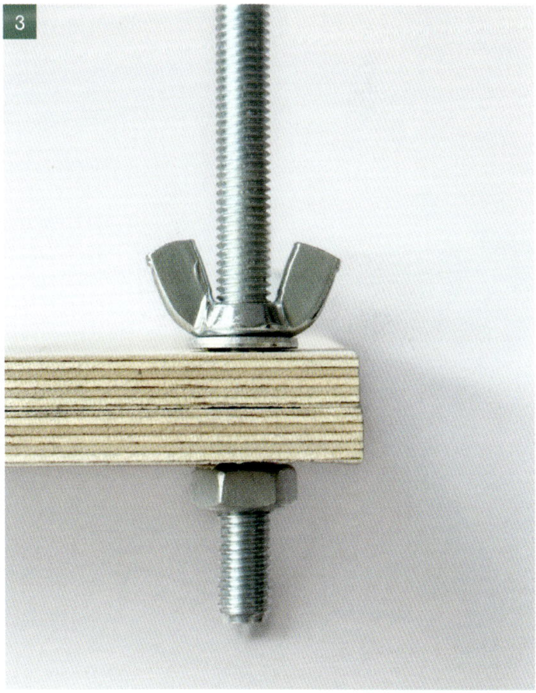

Schritt 4

Lege zum Testen ein Buch in deine selbstgebaute Presse, schiebe das obere Brett auf dein Buch und drehe die Flügelmuttern von oben zu. Achte darauf, ob sich die Außenseiten deiner Holzplatten an den Seiten beim Zuschrauben sehr nach innen verbiegen. Das könnte bedeuten, dass deine Bretter nicht stabil genug sind, wodurch kein gleichmäßiger Druck auf deinen Buchschnitt ausgeübt wird und Farbe in die Kanten laufen könnte. In diesem Fall sollten sie besser durch dickere Holzplatten ausgetauscht werden.

Wenn dein Buch in der Presse nicht mehr verrutscht und die Bretter relativ gerade bleiben, hast du es geschafft. Sehr gut, nun kann deine eigene Buchpresse zum Einsatz kommen!

TIPP

Statt Holz ist es auch möglich, transparente Plexiglasplatten zu benutzen, damit du dein Buch-Cover bei der Bemalung noch sehen kannst. Allerdings solltest du den Bucheinband dann nicht mit einem Papierumschlag schützen, sondern auf ein durchsichtiges Material zurückgreifen.

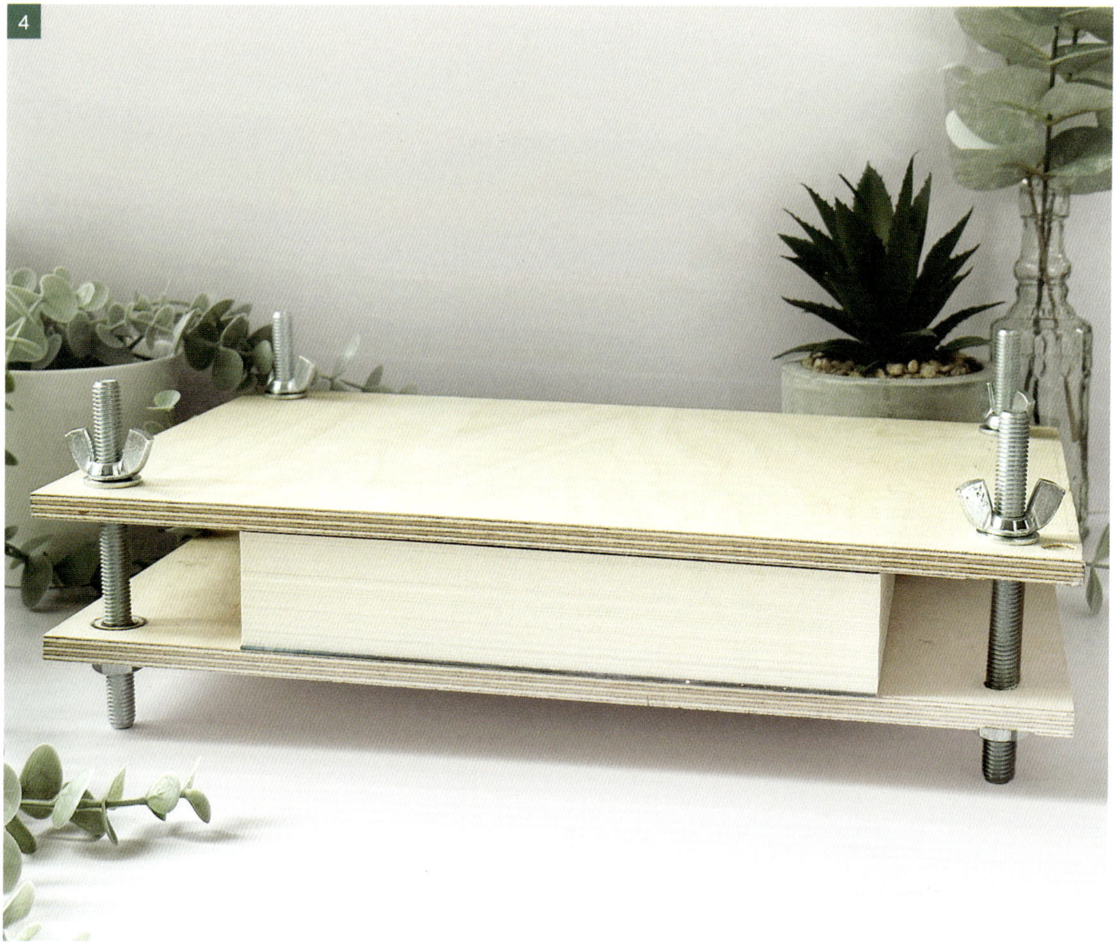

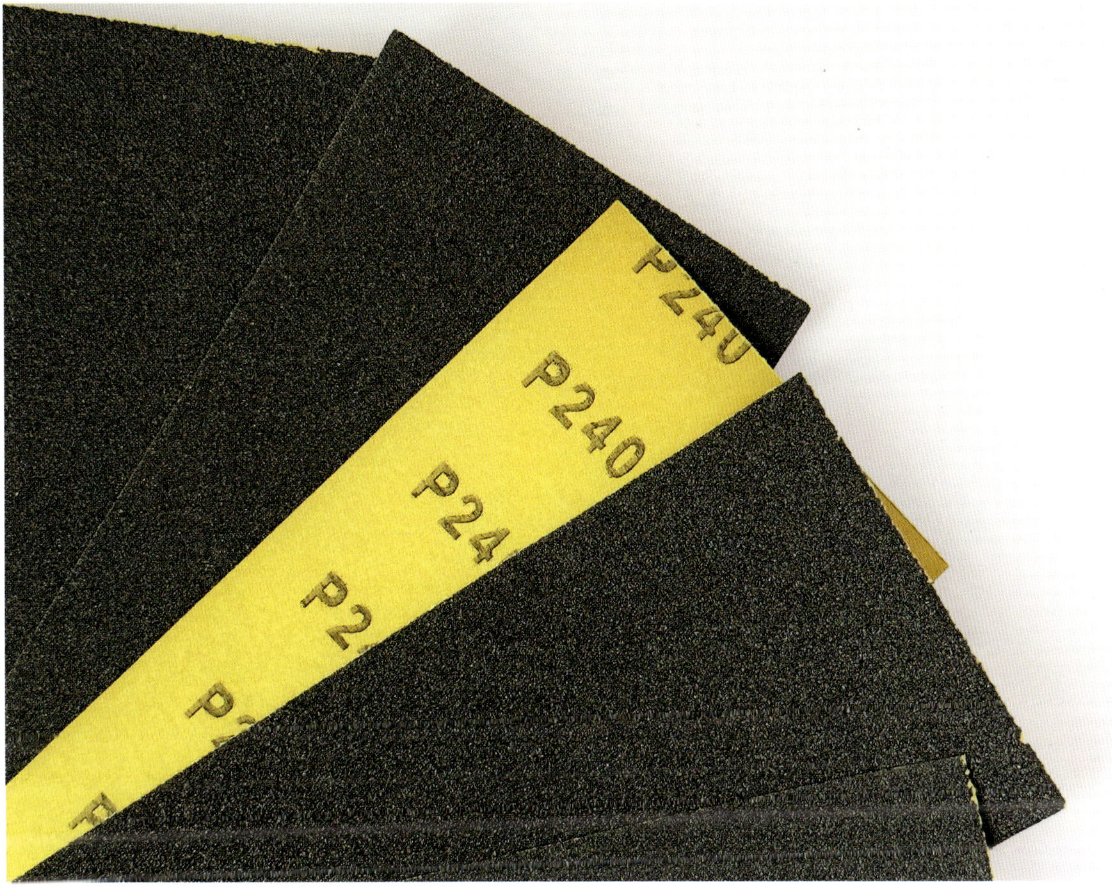

BUCHKANTEN ABSCHLEIFEN

Das Abschleifen der Buchkanten kann eine sinnvolle Maßnahme sein, um größere Mängel wie beispielsweise Rillen auf dem Buchschnitt zu beseitigen. Diese Mängel können dazu führen, dass die Farbe sich in die Rillen hineinsetzt und es schwerer ist, dein Motiv nach deinen Vorstellungen umzusetzen.
Bei einem neuen Buch ist es meistens nicht nötig, die Buchkanten vorher abzuschleifen. Möchtest du jedoch ein altes Buch bemalen, das du zum Beispiel aus einem Bücherschrank oder Secondhand ergattern konntest, empfiehlt es sich, vorab zu schauen, ob deine Buchkanten glatt genug sind.
Um die Buchkanten abzuschleifen, solltest du auf Schleifpapier in verschiedenen Stärken zurückgreifen. Du kannst es häufig direkt als Set kaufen.

Spanne dein Buch in deine Buchpresse ein. Beginne mit dem Schleifpapier mit der niedrigsten Nummer. Es hat die gröbste Körnung (80) und ist dazu da, um die Buchseiten zu einer einheitlichen Fläche abzuschleifen. Den entstandenen Staub kannst du mit einem Stück Stoff oder einem Microfasertuch abwischen.
Nimm im nächsten Schritt Schleifpapier mit einer größeren Einheit, zum Beispiel 240. Dieses ist weniger grobkörnig und sorgt dafür, dass das Papier noch feiner abgeschliffen wird.
Nimm dann ein noch feineres Schleifpapier, zum Beispiel 520. Das machst du dann so lange, bis du mit deinen Buchkanten zufrieden bist. Pass aber auf, dass du die Buchkante nicht zu glatt schleifst, weil sonst die Gefahr besteht, dass die Farbe davon abperlt.
Übrig gebliebenen Feinstaub kannst du mit einem Staubsauger wegsaugen.

DER MALPROZESS

Nun hast du alle Vorbereitungen getroffen und kannst beginnen, dein erstes Buch zu bemalen. Beispiele mit Schritt-für-Schritt-Anleitungen findest du im zweiten Teil dieses Buchs. Vom einfachen Sternenhimmel bis zu einer aufwendigen, magischen Fantasy-Welt ist jedes Motiv möglich. Vorab findest du hier noch einige Tipps und Tricks, die dir die Gestaltung deiner Buchschnitte erleichtern können.

TIPPS UND TRICKS

Fehler ausbessern

Hab keine Angst, dich zu vermalen. Es gibt kaum einen Fehler, den du nicht wieder ausbessern kannst. Solltest du Farbe an einer Stelle auf den Buchschnitt gemalt haben, an der sie nicht geplant war oder hast du zu viel Wasser benutzt und die Farbe verläuft, tupfe schnell mit einem Stück Papiertuch darüber. Wenn die Farbe oder das Wasser noch nicht eingezogen sind, kannst du dadurch meistens das Schlimmste verhindern und den Fleck entweder ganz korrigieren oder ihn zumindest ausbleichen, um die Stelle später leichter zu übermalen.

Farben verblenden

Wenn du Farben miteinander verblenden möchtest, die bereits auf dem Buchschnitt vorhanden sind, wasche deinen Pinsel gründlich aus, nimm ein bisschen Wasser damit auf und wische mit dem Pinsel sanft zwischen beiden Farben hin und her, um sie erneut zu aktivieren und einen Verlauf zu erzeugen.

Der Farbauftrag

Je mehr Farbe und je weniger Wasser du benutzt, desto höher ist die Pigmentierung der Wasserfarbe an deiner Pinselspitze und desto deckender und satter wird dein Farbergebnis. Wenn du viel Wasser verwendest, wird dein Farbauftrag transparenter und blasser.

Mitteltöne zuerst

Beginne am besten mit den mittleren Farbtönen deines Motivs. Dann ist es später einfacher, dunklere und hellere Töne zu ergänzen und dadurch mehr Tiefe und Dreidimensionalität zu erzeugen.

Aus der Entfernung betrachten

Mache zwischendurch Pausen. Schaue dir deine Gestaltung genau an, auch mal mit etwas Abstand. Manchmal hilft es, dadurch das große Ganze zu sehen und mit neuem Blick zurück ans Werk zu gehen.

Kleine Konzepte vorab

Wenn du noch nicht sicher bist, welche Farben du miteinander kombinieren und wie du den Bildaufbau gestalten möchtest, kannst du in ganz kleinem Format ein paar minimalistische und grobe Konzepte auf Aquarellpapier aufmalen. Dadurch kannst du eine Auswahl treffen, ohne viel Zeit investieren zu müssen.

Das erste Mal

Nimm bei deinem allerersten Versuch nicht direkt dein Lieblingsbuch als Malgrund, sondern eher ein Secondhand-Buch oder ein Buch aus dem Bücherschrank. Dann kannst du mit weniger Druck und mehr Spaß an die Bemalung gehen und dich langsam herantasten, wie es sich anfühlt, auf einen Buchschnitt zu malen.

Einfach beginnen

Starte nicht direkt mit einem aufwendigen Motiv. Du kannst zum Beispiel erst einmal damit beginnen, die gesamte Fläche deiner Buchkanten auszumalen. Dadurch bekommst du ein Gefühl dafür, wie sich die Farbe auf dem Buchschnitt verhält, wie das richtige Verhältnis von Wasser zu Farbe ist und wie die Farbe nach dem Trocknen aussieht.

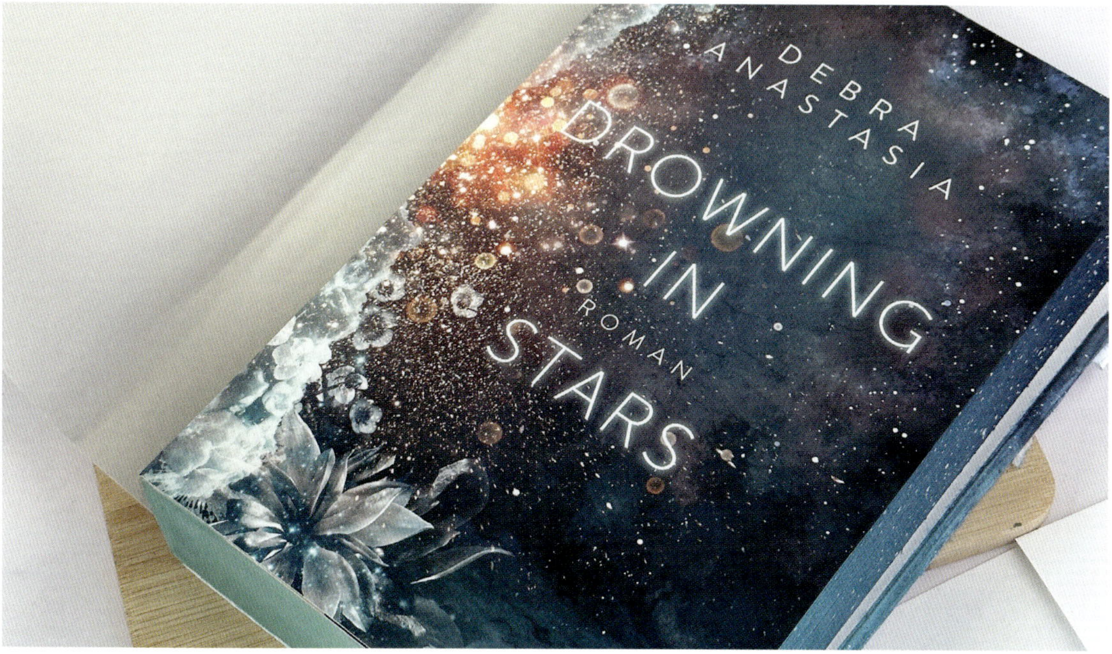

Textur erzeugen

Mit einem kleinen Tüpfelchen Wasser, etwas Farbe und einem Flachpinsel kannst du durch Tupfen eine Textur erzeugen. Je trockener dabei die Farbe ist, desto mehr überträgt sich die Struktur deines Pinsels auf den Buchschnitt. Mit dieser Trockentechnik kannst du zum Beispiel Blätter in Baumkronen simulieren.

Endkontrolle

Kontrolliere immer, bevor du das Buch aus der Presse nimmst, ob du die äußeren Ränder des Buchschnitts nicht vergessen hast. Es passiert schnell, dass man durch einen geknickten Papierumschlag oder dessen Schatten einige Stellen bei der Bemalung übersieht und weiße Blitzer zurückbleiben.

Farbe und Wasser kontrollieren

Lege immer ein paar Papiertücher in der Nähe deines Wasserbechers bereit. Indem du deine Pinsel immer wieder am Tuch abtupfst, kannst du die Menge der Farbe und des Wassers kontrollieren, die du auf deinem Buchschnitt auftragen möchtest.

Weiße Highlights

Es gibt verschiedene Methoden, weiße Highlights auf deinem Buchschnitt zu erzeugen. Weiße Aquarellfarbe aus dem Näpfchen erzeugt nur mit viel Farbe und wenig Wasser ein deckendes Ergebnis. Manchmal ist es erforderlich, mehrere Schichten weißer Farbe aufzutragen. Alternativ kannst du Gouachefarbe aus der Tube benutzen. Das Weiß ist gut deckend und lässt sich auch mit Wasser und Wasserfarben vermischen. Eine weitere Möglichkeit ist es, Masking Fluid zu benutzen. Du trägst die Maskierflüssigkeit vorher an den Stellen deines Buchschnittes auf, die weiß bleiben sollen und malst dann mit deinen anderen Farben darüber. Nach dem Trocknen rubbelst du die Maskierflüssigkeit wieder ab und deine hellen Bereiche kommen zum Vorschein.

Rückstände von Kleber

Manchmal befinden sich auf den Seitenkanten eines Buchs noch Kleberrückstände von der Bindung. Diese lassen sich mit Wasserfarben nicht übermalen. Nimm ein kleines Stück Schleifpapier und schleife diese Stellen ab. Danach kannst du wie gewohnt darübermalen.

Ausreichende Trocknungszeit

Lasse deinen Buchschnitt nach der Bemalung ausreichend lange trocknen, damit sich die Seiten nicht wölben. Solltest du das Buch doch zu früh aus der Presse genommen haben und bemerken, dass sich das Papier wellt, kannst du es einfach erneut zwischen Holzbrettern und Schraubzwingen befestigen. Im Normalfall sollten die Seiten nach einer weiteren Trockenphase wieder schön glatt sein.

WENN (FAST) ALLES FERTIG IST

FIXATIV AUFTRAGEN

Bist du mit deiner Bemalung zufrieden, lasse dein Buch eine Zeitlang trocknen. Wenn du dann mit dem Finger vorsichtig über die Buchkanten streichst und sie sich nicht mehr kalt anfühlen, ist die Farbe getrocknet. Vielleicht bemerkst du dabei etwas Farbe an deinem Finger. Wasserfarben sind im Vergleich zu Acrylfarben nicht von Natur aus wischfest. Um deine Buchkanten davor zu schützen, dass sich die Farbe mit der Zeit ablöst oder sich Staub und Dreck in die Kanten setzen, empfehle ich dir, die Buchkanten im Nachhinein zu versiegeln. Dafür eignet sich ein spezielles Fixativspray oder auch ein Firnis in Form eines matten Klarlacksprays.

Das Versiegeln funktioniert am einfachsten, wenn du dein Buch noch vom Papierumschlag geschützt in der Presse lässt.

Achte darauf, dass Fixiersprays einen starken, unangenehmen Geruch haben und für Tiere und Pflanzen schädlich sein können. Am besten besprühst du dein Buch draußen oder in einem Raum mit Lüftung, den du danach verlassen kannst. Trage zur Sicherheit eine Atemschutzmaske und lege eine flache Pappe oder etwas Ähnliches als Unterlage unter dein Buch. Der Lack ist sehr klebrig und schwer wieder von Gegenständen zu entfernen.

Halte einen Mindestabstand von zehn Zentimetern zu deiner Buchkante. Besprühe alle drei Kanten mehrmals gleichmäßig. Lasse die Schutzschicht dann eine Weile trocknen.

TIPP

Wenn du den Schutzumschlag beim Entfernen vom Buch nicht zerstörst, kannst du ihn aufheben und beim nächsten Buch, das dieselbe Größe hat, wieder verwenden.

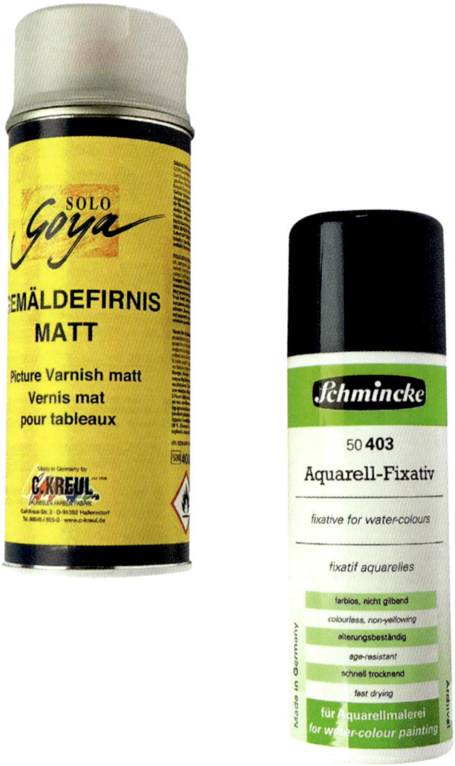

BUCH AUS DER PRESSE ENTFERNEN

Nun beginnt der spannendste Teil: Du darfst das Buch aus deiner Buchpresse entfernen. Löse den Schutzumschlag vorsichtig von deinem Buch. Manchmal kleben durch das Fixierspray die erste und letzte Seite noch ein wenig am Umschlag. Falls das der Fall sein sollte, löse sie vorsichtig mit den Fingern. Wenn sie zu fest haften und du Angst davor hast, die Seiten einzureißen, dann nimm ein langes Lineal und fahre damit zwischen Schutzumschlag und Buchinnenseite entlang. Nun kannst du dein Werk als Einheit mit dem Buchcover betrachten.
Gut gemacht!

SEITEN TRENNEN

Durch das Fixierspray kleben die Seiten aneinander. Aber keine Sorge, du kannst sie leicht voneinander lösen. Biege dazu erst einmal alle Buchseiten vorsichtig von links nach rechts. Hörst du das knisternde Geräusch der sich lösenden Seiten? Dann machst du alles richtig. Häufig trennen sich durch das Biegen aber nicht alle Seiten voneinander. Wenn du gründlich sein möchtest, kannst du auch hier mit einem Lineal Seite für Seite voneinander lösen. Kleben zwei Seiten sehr hartnäckig aneinander, kannst du sie vorsichtig etwas verbiegen. Dadurch entsteht meistens eine kleine Lücke, in die du dein Lineal stecken kannst. Fahre damit langsam an allen drei Kanten der Buchseite entlang. Über die Seitenzahlen kannst du kontrollieren, ob du Seiten übersehen hast.

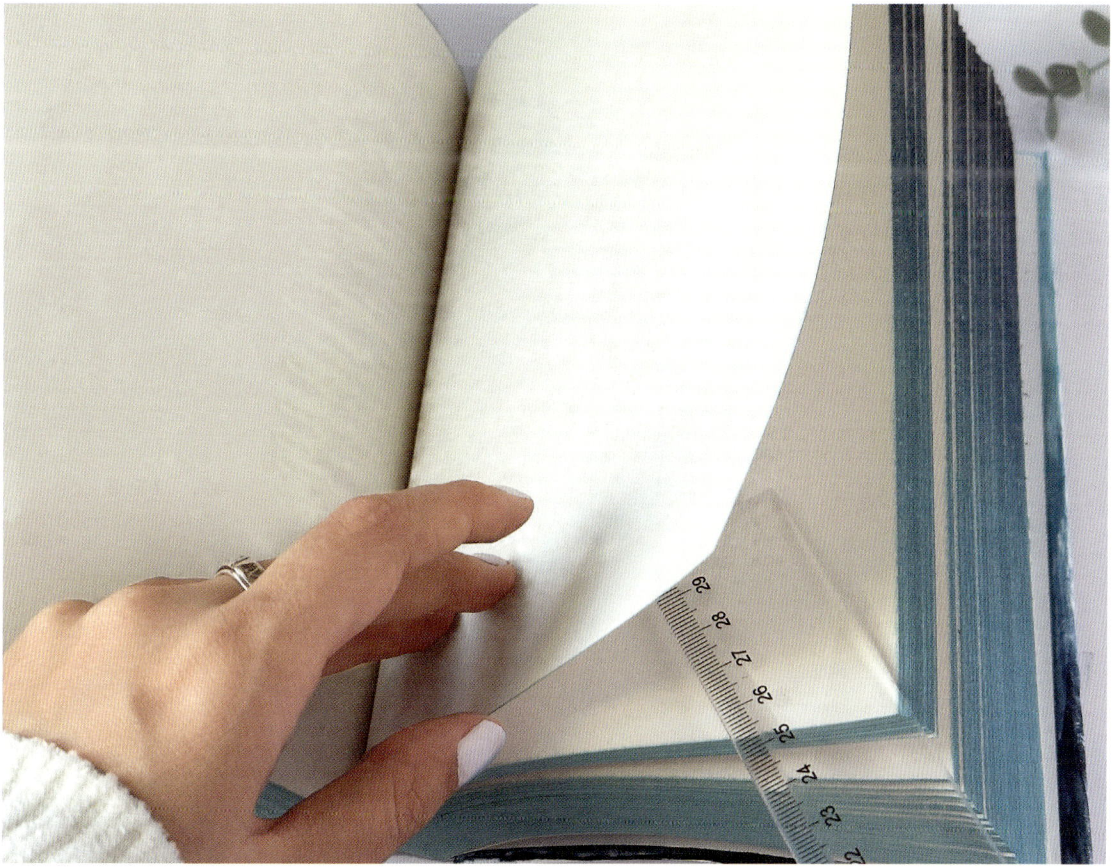

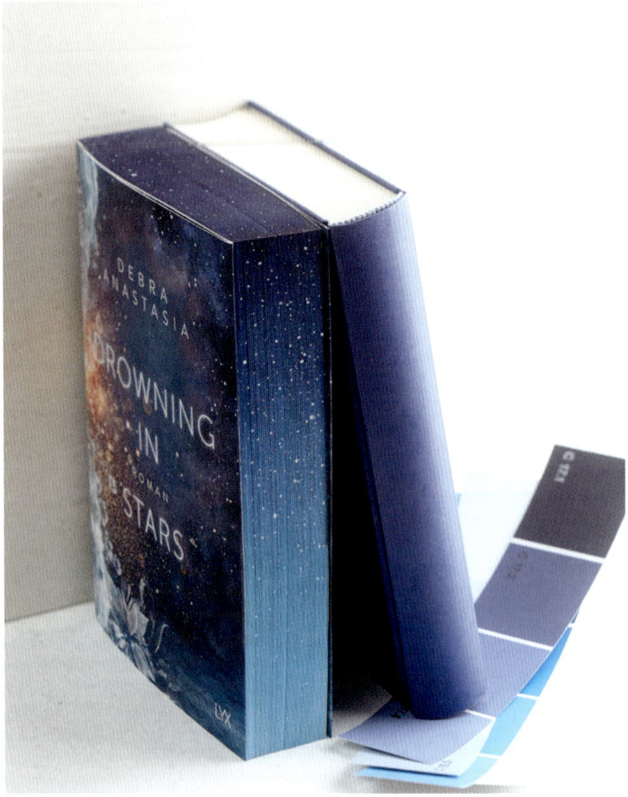
DEBRA ANASTASIA
DROWNING IN STARS
ROMAN
LYX
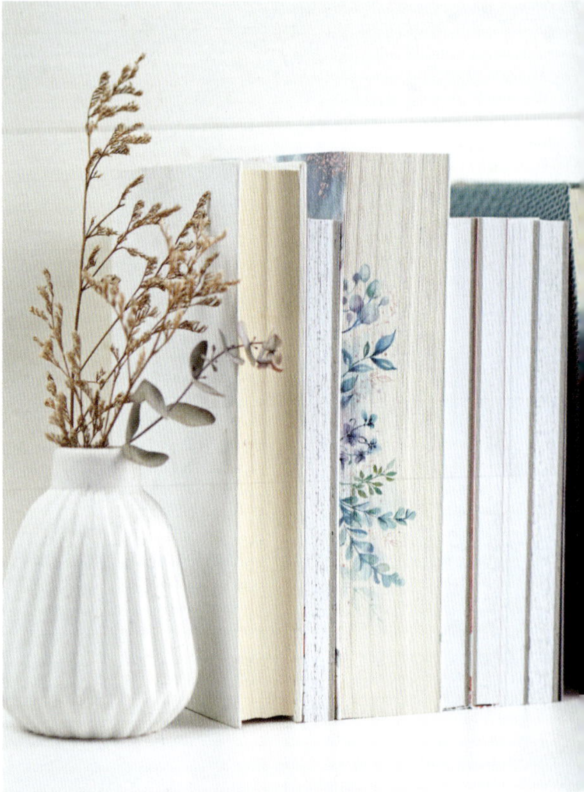
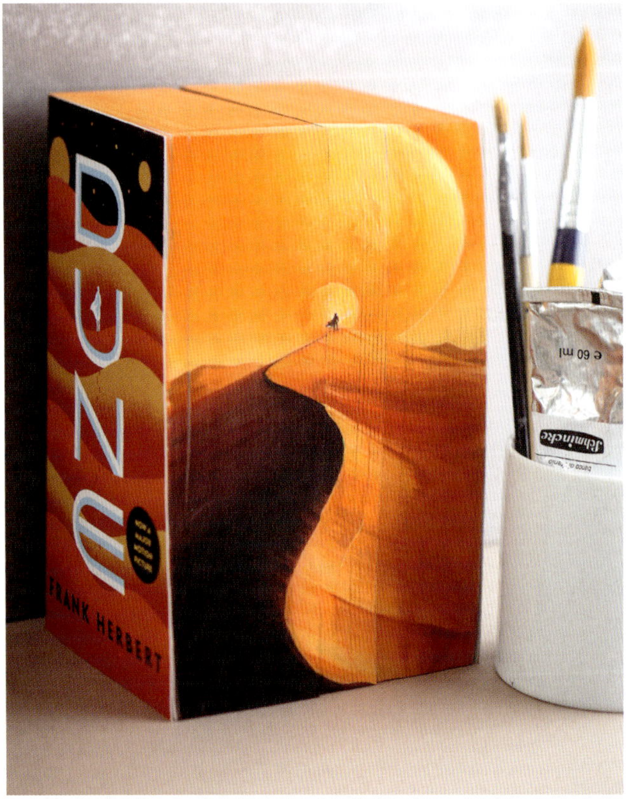
DUNE
FRANK HERBERT
e 60 ml
Schmincke
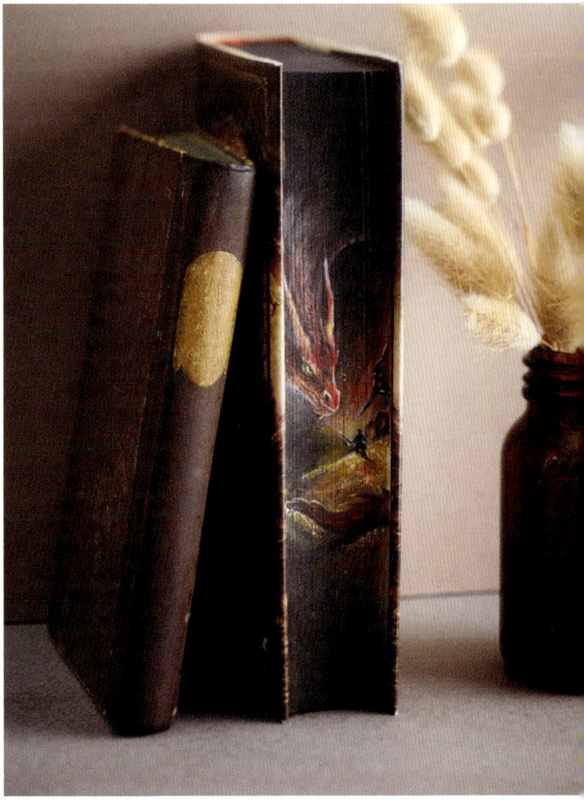

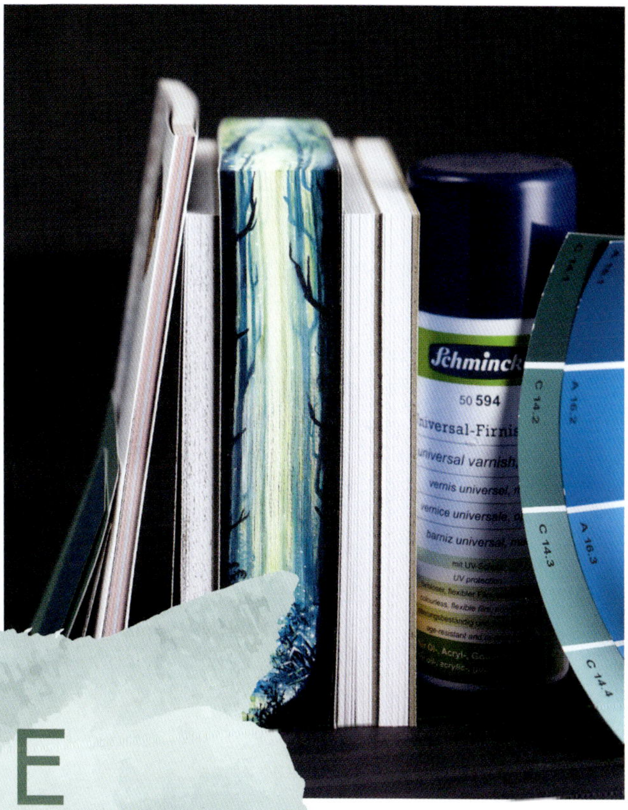

DIE PROJEKTE

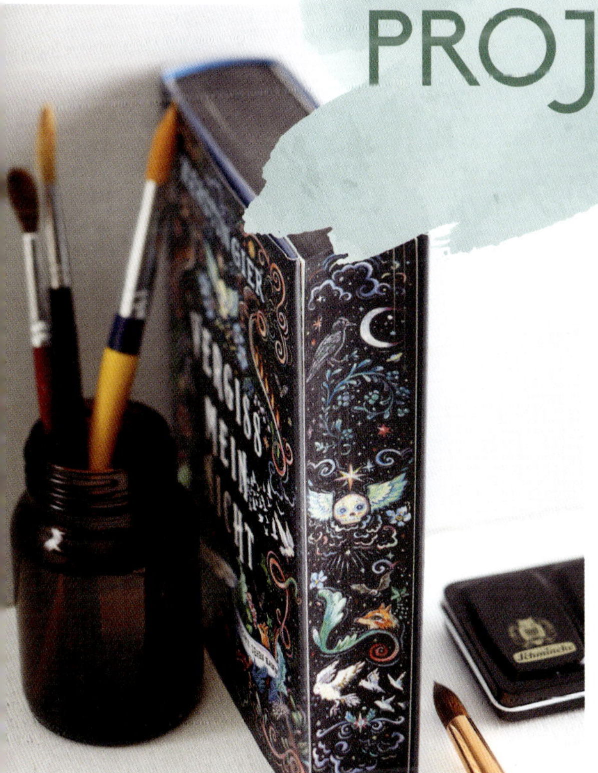

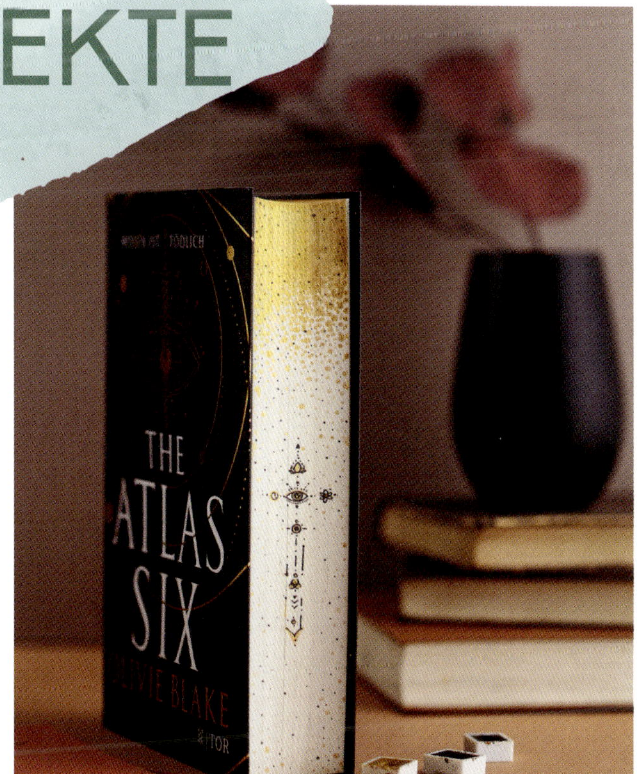

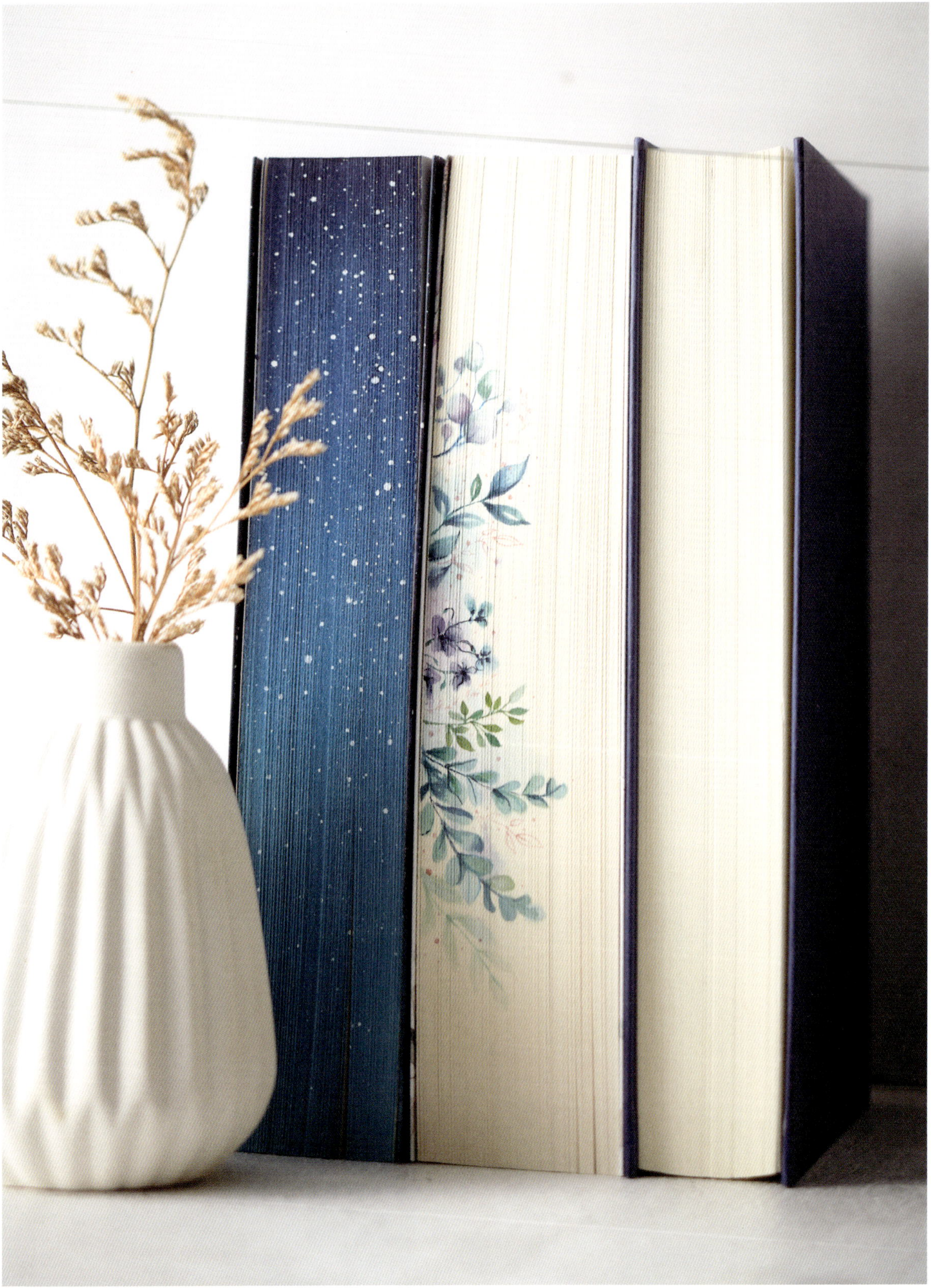

PROJEKTE

FÜR ANFÄNGER

SCHWIERIGKEITSGRAD

PROJEKT 1

STERNEN-HIMMEL

Dieses Projekt eignet sich wunderbar für deinen ersten Versuch, die Kanten eines Buchs zu bemalen. Du lernst, wie man den Buchschnitt vollflächig einfärbt und dabei einen Verlauf von hell hin zu dunkel integriert. Außerdem zeige ich dir, wie du im Nachhinein Sterne als helle Farbspritzer hinzufügen kannst. Das Motiv macht deutlich, dass du bereits mit wenig Aufwand und ohne große Vorerfahrung die Kanten deiner Bücher verschönern kannst.

Bei meinem Projekt habe ich mich für das Buch „Drowning in Stars" von Debra Anastasia vom LYX Verlag entschieden.

Diese Farben habe ich verwendet:
Ultramarin | Preußisch Blau | Cyan | Brilliant Green | Weiß

Material:
weiße Aquarellfarbe oder Gouache | Rundpinsel Größe 0, 3 | Flachpinsel Größe 12 | Fixierspray

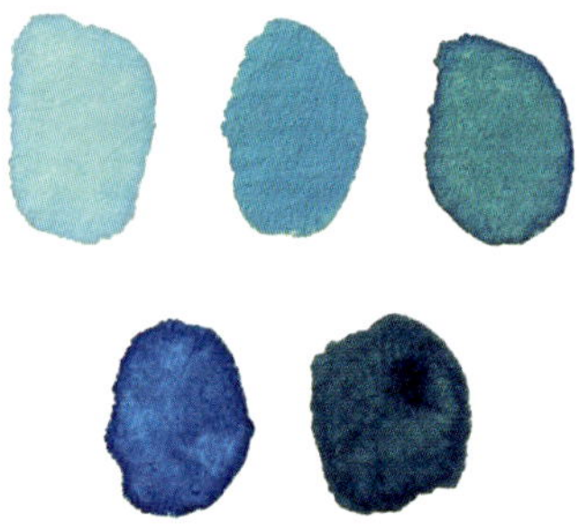

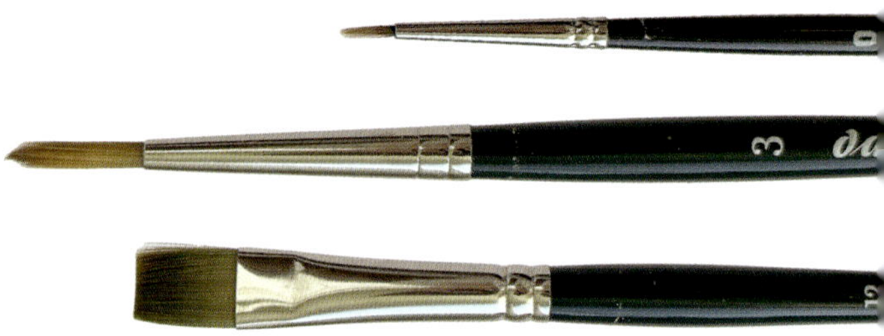

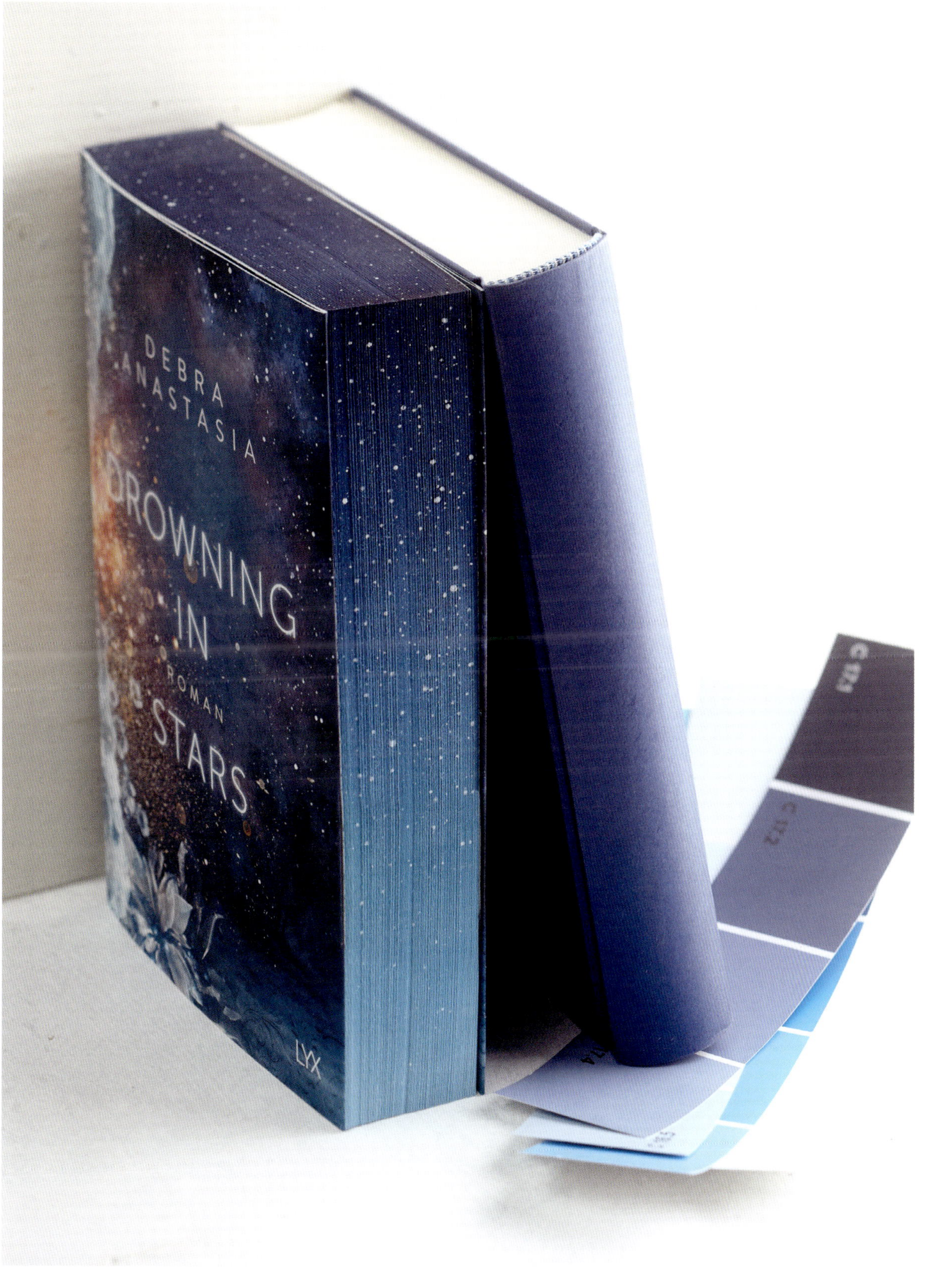
DEBRA
ANASTASIA
DROWNING
IN
STARS
ROMAN
LYX

Schritt 1

Möchtest du deinen Buchschnitt farblich passend zum Cover bemalen, fotografiere das Buch vorher ab. Ist ein Schutzumschlag vorhanden, entferne ihn von deinem Buch und lege ihn in Reichweite, um später deine Farben darauf abzustimmen.

Schritt 2

Bereite dein Buch auf die Bemalung vor. Lege mittels einer kleinen Markierung auf der Buchkante eine Erinnerungsstütze an, die dir zeigt, auf welcher Seite das Cover ist. Fertige einen Papierumschlag für dein Buch an und spanne es in deine Presse ein, sodass deine untere Schraubzwinge als Stütze dient, um dein Buch hochkant aufzustellen.

Schritt 3

Wähle eine Farbe für den Untergrund aus. Ich habe mich für einen dunklen Blauton entschieden, passend zum Cover meines Buchs. Nimm mit einem breiten Flachpinsel, zum Beispiel Größe 12, ein wenig Wasser auf und feuchte damit die Farbe in deinem Näpfchen an. Je länger du das Wasser und die Farbe vermischst, desto dickflüssiger wird die Konsistenz und desto pigmentierter und deckender ist die Farbe. Trage den dunklen Blauton nun auf dem oberen Teil deiner Kante auf. Wenn du merkst, dass du zu viel Wasser oder Farbe auf deinem Pinsel hast, wische ihn an einem Papiertuch ab und verstreiche anschließend die Farbe auf dem oberen Drittel des Buchschnitts.

1

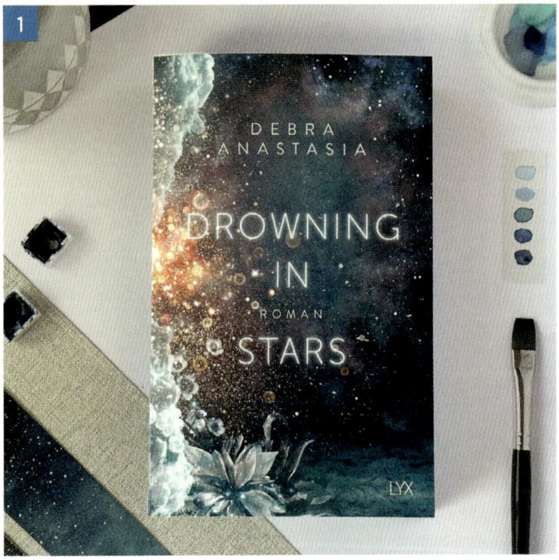

2

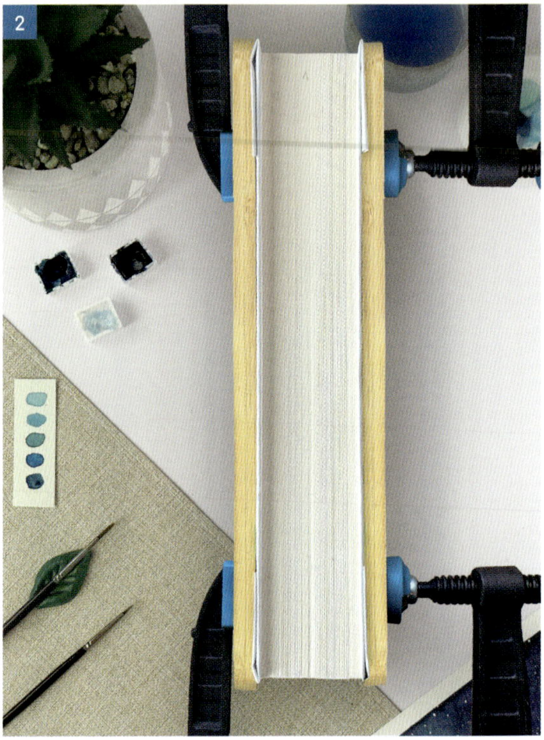

3

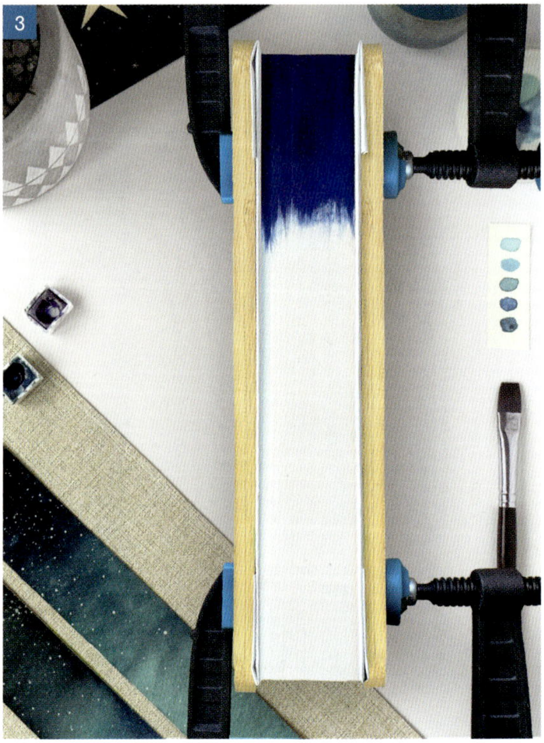

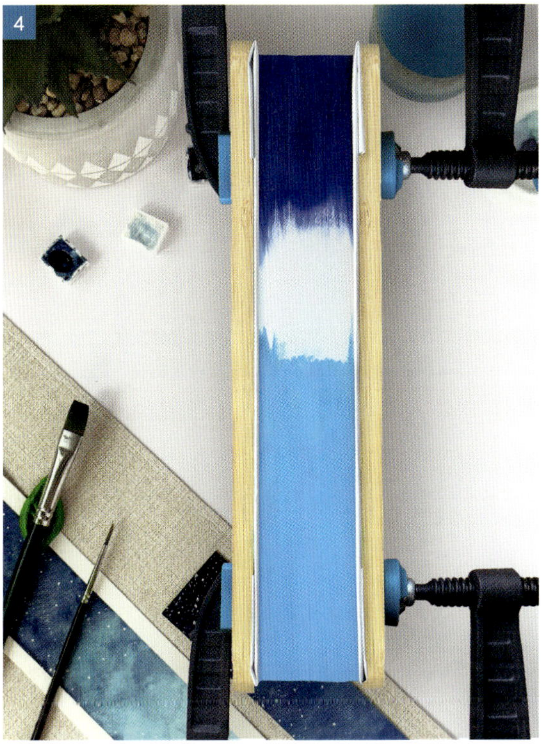

Schritt 4

Wische deinen Pinsel mit der Farbe aus und mische einen helleren Blauton für den unteren Teil deines Nachthimmels an. Ich habe dazu blaue und weiße Farbe miteinander gemischt. Trage nun den helleren Ton von unten nach oben bis zur Hälfte deines Buchschnitts auf.

Schritt 5

Mische im nächsten Schritt einen Farbton, der aus deinem vorher verwendeten helleren und dunkleren Blauton besteht. Ich habe zusätzlich noch etwas Grün untergemischt, damit es zu den Farben des Covers meines Buchs passt. Du kannst auch eine andere Farbe untermischen, beispielsweise Lila. Trage den Farbton im noch freien Bereich zwischen oberem und unterem Blau auf.

Schritt 6

Verstreiche die Mischfarbe mit langen Pinselstrichen sanft auf dem Buchschnitt zwischen dem hellen und dunklen Blauton, bis ein schöner Übergang entstanden ist. Zum Schluss kannst du auch mit dem ausgewaschenen Pinsel noch etwas Wasser auf der ganzen Kante auftragen.

Warte dann, bis der Untergrund getrocknet ist. Bedenke, dass Wasserfarben nach dem Trocknen etwas heller und matter werden. Wenn du deinen Untergrund also dunkler und kräftiger haben möchtest, trage eine weitere Farbschicht auf.

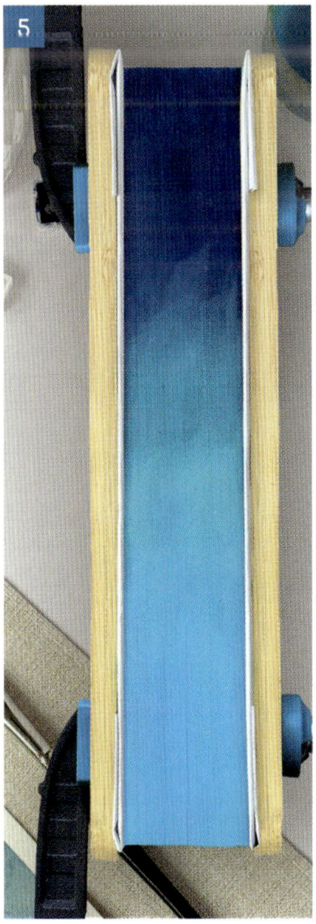

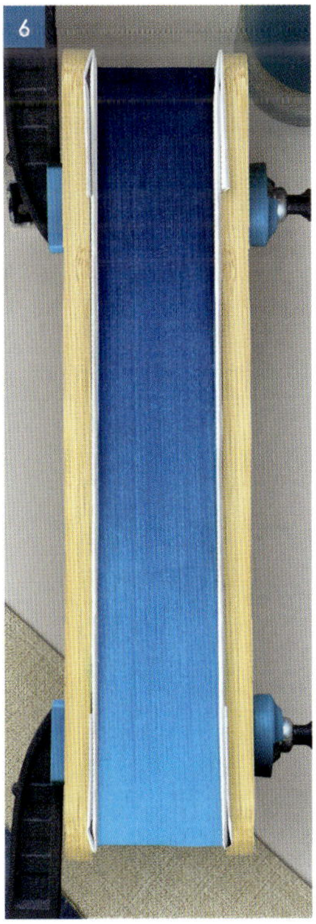

TIPP

Solltest du zu viel Wasser auf deiner Buchkante verwendet haben, knülle einfach ein Stück Papiertuch zusammen und tupfe den feuchten Bereich ab.

Schritt 7

Wenn dein Pinsel wieder sauber und dein Farbverlauf getrocknet ist, nimm mit etwas Wasser sehr viel weiße Farbe auf deinem Pinsel auf. Kreiere jetzt den Sternenhimmel: Nimm einen zweiten Pinsel ohne Farbe zur Hand und halte beide überkreuz. Schlage nun den Pinsel mit der Farbe sanft auf den Pinsel ohne Farbe, sodass die Farbe vom Pinsel in unregelmäßigen Punkten direkt auf deinen Buchschnitt spritzt. Je größer deine Pinselspitze ist und je mehr Farbe sie aufnehmen kann, desto größer werden die Punkte.

Alternativ kannst du auch deinen Finger nehmen, die Pinselspitze zu dir biegen und sie dann loslassen, sodass die weiße Farbe viele kleine Sprenkel auf deiner Buchkante hinterlässt. Achte dabei darauf, dass du den Pinsel nicht schräg, sondern parallel zur Buchkante hältst, sonst kann es passieren, dass Striche statt der gewünschten Punkte entstehen.

TIPP

Wenn dein Weiß aus dem Näpfchen nicht gut genug deckt, kannst du alternativ auch Gouache benutzen. Es hat einen geringeren Wasseranteil als Aquarellfarbe und ist damit sehr gut deckend, kann aber trotzdem noch gut mit Wasser angemischt werden. Du kannst die Deckkraft deiner weißen Farbe auch vorher auf einem dunklen Farbverlauf testen, den du auf Aquarellpapier gemalt hast, oder auf einem dunklen Tonpapier.

TIPP

Alternativ kannst du auch einen weißen Gelroller benutztén – damit lassen sich gut deckende und gleichmäßig runde Punkte auftragen.

Schritt 8

Wenn du magst, kannst du mit einem Detailpinsel noch ein paar zusätzliche, weiße Punkte auf deinen Nachthimmel malen, um eine größere Variationsbreite an Sternen zu erzeugen.

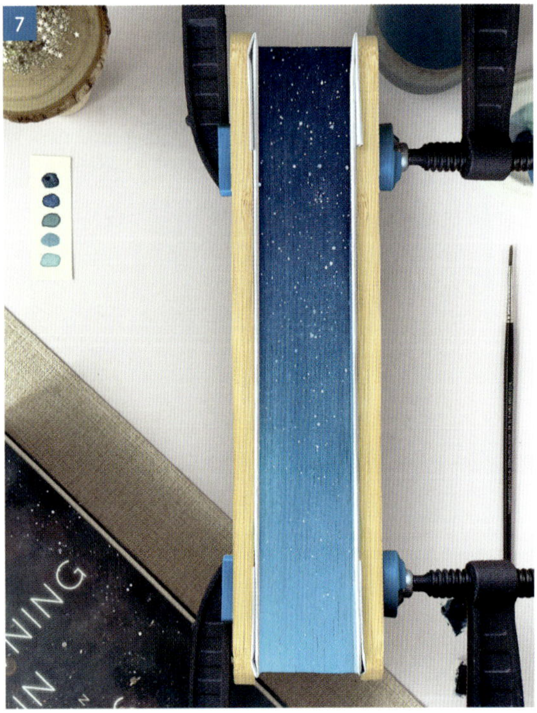

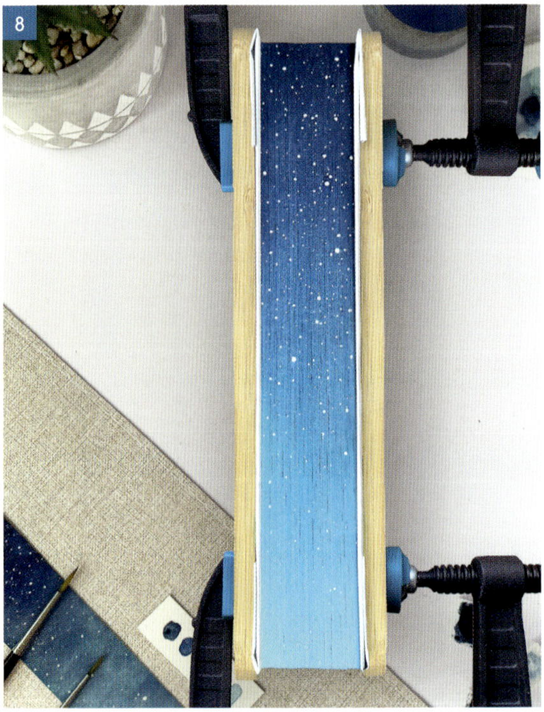

Wenn es beim ersten Versuch, die Sterne aufzumalen, nicht so gut geklappt hat, keine Sorge. Der Vorteil bei diesem Motiv ist, dass du Fehler einfach mit deinem dunklen Blauton wieder überdecken und einen neuen Versuch starten kannst.
Achte darauf, dass du an den Rändern deiner Buchkanten keine Farbe vergessen hast, bevor du das Buch für den nächsten Schritt wieder aus der Presse nimmst.

Schritt 9

Nun kannst du die obere Seite deines Buchs in die Presse einspannen. Bemale diese mit demselben dunklen Blauton, den du bereits auf der Vorderseite im oberen Bereich benutzt hast. Vergleiche an der Ecke zwischen oberer und vorderer Buchkante, ob der Farbton einheitlich ist. Verwende für das Malen in der Nähe der Bindung einen kleineren Pinsel, etwa Größe 3, um die Farbe präziser auftragen zu können und nicht das Buch oder die Bindung zu übermalen. Wenn du möchtest, kannst du hier ebenfalls Sterne auftragen.

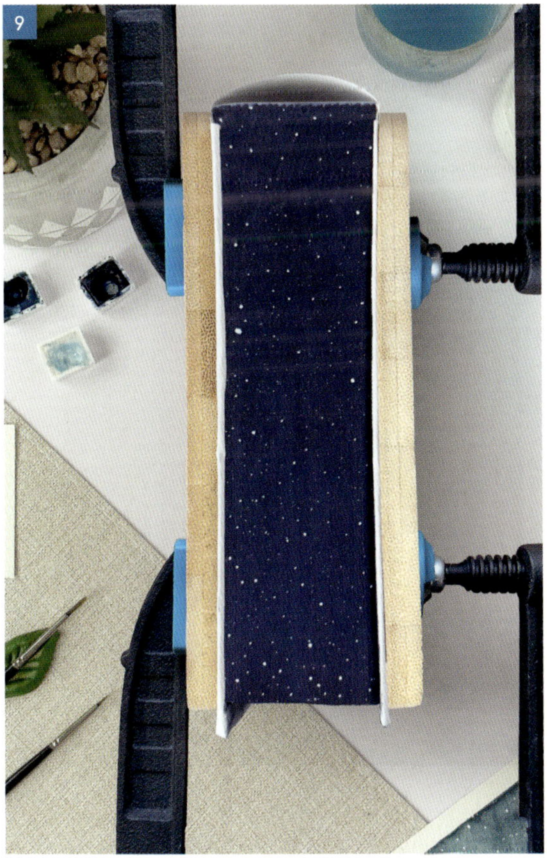

Schritt 10

Spanne zum Schluss die Unterseite deines Buchs in die Presse ein und bemale sie mit dem helleren Blauton.

Schritt 11

Trage nach dem Trocknen zum Schluss noch ein Fixierspray auf allen drei Kanten auf. Nimm das Buch aus der Presse, trenne die Seiten voneinander und entferne den Papierumschlag. Du hast es geschafft!

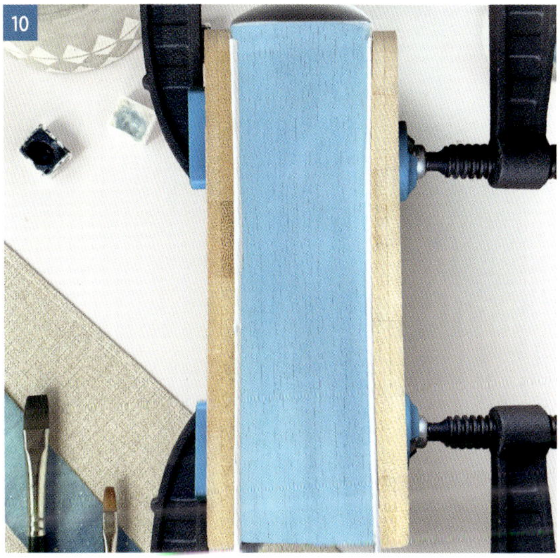

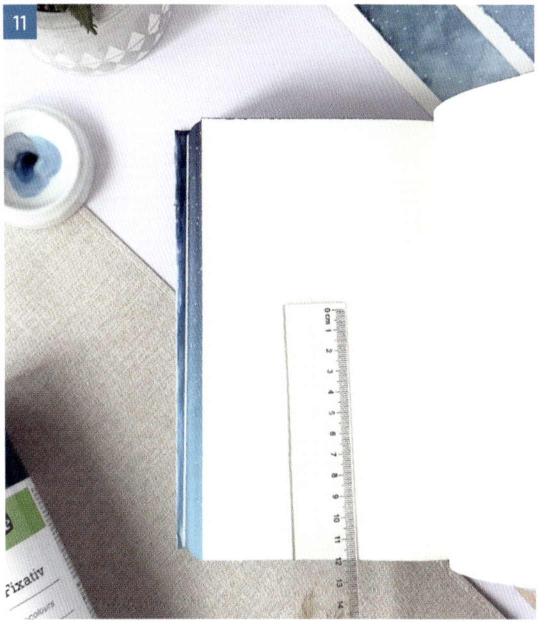

SCHWIERIGKEITSGRAD

PROJEKT 2

FLORALE ELEMENTE

Dieses Projekt eignet sich ebenfalls besonders gut für dich, wenn du zum ersten Mal einen Buchschnitt bemalst. Bei einem floralen Muster kann wenig schiefgehen, weil du mit abstrakten Farbtupfern für die Blüten beginnst und dem Zufall freien Lauf lassen kannst.
Für dieses Projekt habe ich das Buch „Keeping Hope“ von Anna Savas aus dem LYX Verlag bemalt.

Diese Farben habe ich verwendet:
Violett | Mai Grün | Permanent Grün | Oliv-Gelbgrün | Metallic Rosa

Material:
weiße Aquarellfarbe oder Gouache | Rundpinsel Größe 0, 1, 3 | Fixierspray

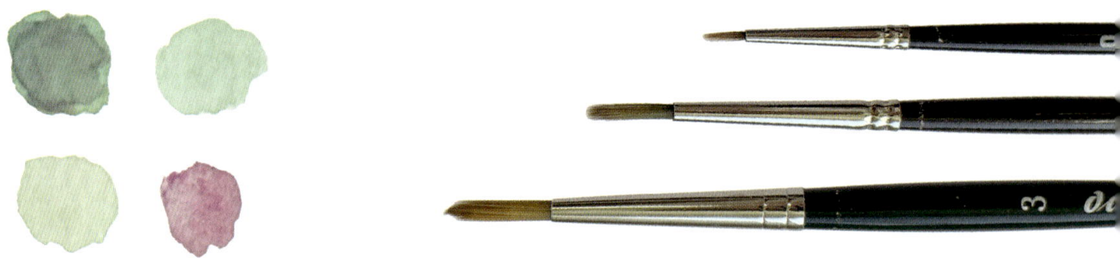

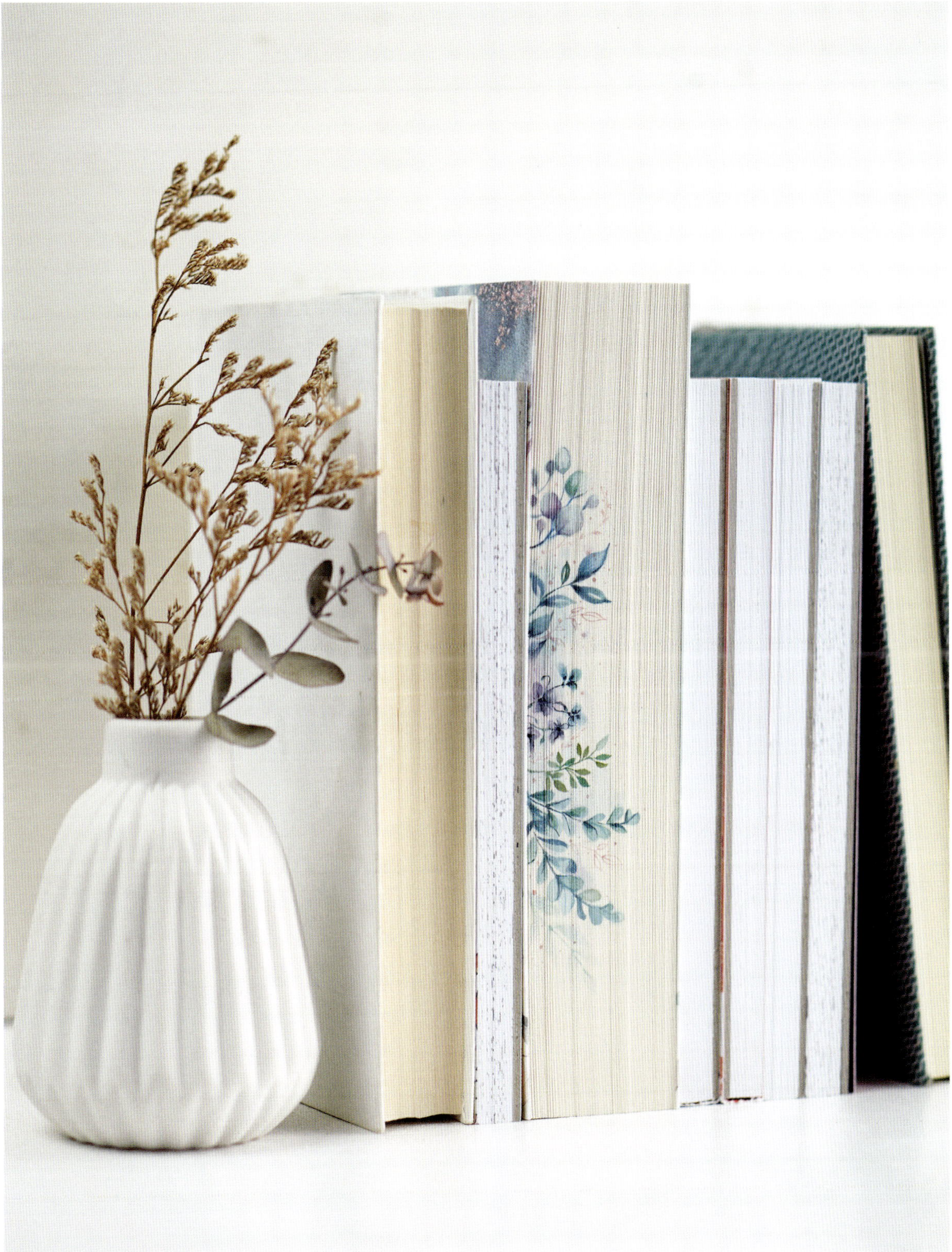

Schritt 1

Schau dir dein ausgewähltes Buchcover genau an. Welche Farben finden sich darin wieder und gibt es bereits blumige Elemente, die du in deinem Buchschnitt aufgreifen kannst? In meinem Fall sind es verschiedene Blätter sowie sanfte Grün- und Lilatöne.

Schritt 2

Hast du dich für eine oder mehrere Pflanzenarten entschieden, kannst du dir entweder Fotovorlagen aus dem Internet suchen oder du sammelst bei einem Spaziergang ein paar echte Blumen und Blätter. Das ist besonders zu empfehlen, wenn du dir bei deinem Motiv noch nicht ganz sicher bist. Es macht den Kopf frei und du kannst dich von der vollen Pracht der Natur inspirieren lassen. Selbstverständlich kannst du aber auch Blumen und Blätter frei erfinden und aus dem Kopf heraus aufmalen.

1

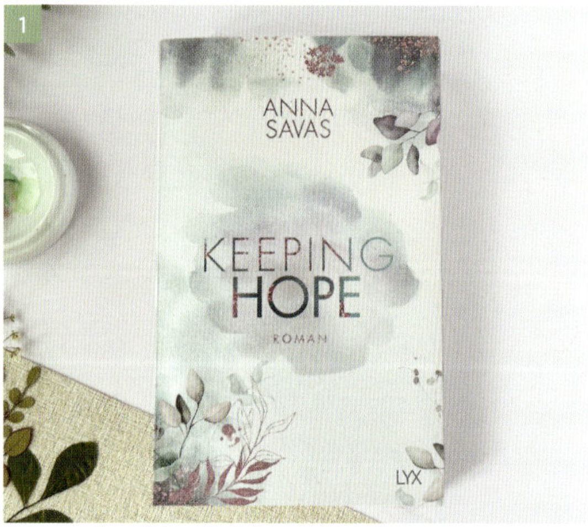

2

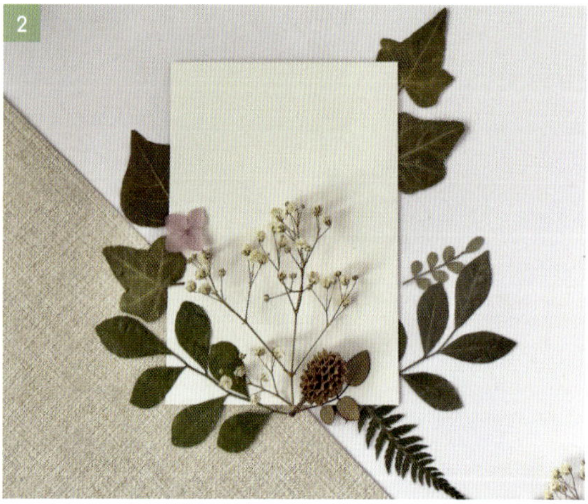

Schritt 3

Dir fehlt noch die zündende Idee für ein Motiv? Du kannst optional eine oder mehrere Probezeichnungen auf Aquarellpapier kreieren, um ein paar Ideen zu sammeln und Farbkompositionen auszutesten. Miss dazu die Maße deines Buchschnitts ab und lege auf deinem Papier mit einem Lineal ein Rechteck im entsprechenden Format an. Dieses kannst du als Rahmen benutzen und mit Tape abkleben, um nicht über die Ränder zu malen. Bist du dir nach der Fertigstellung deiner Entwürfe noch unsicher, ob sie gut zum Cover passen oder für welches Konzept du dich entscheiden willst, kannst du sie ausschneiden und an deinen Buchschnitt halten.

TIPP

Es ist ein großer Vorteil, Motive aus dem echten Leben als Vorlage zu nehmen. Du kannst sie im Gegensatz zu einer digitalen Vorlage ganz aus der Nähe, aus jeder Perspektive und in jedem Licht genau betrachten und die einzelnen Elemente so anordnen, wie es dir beliebt.

3

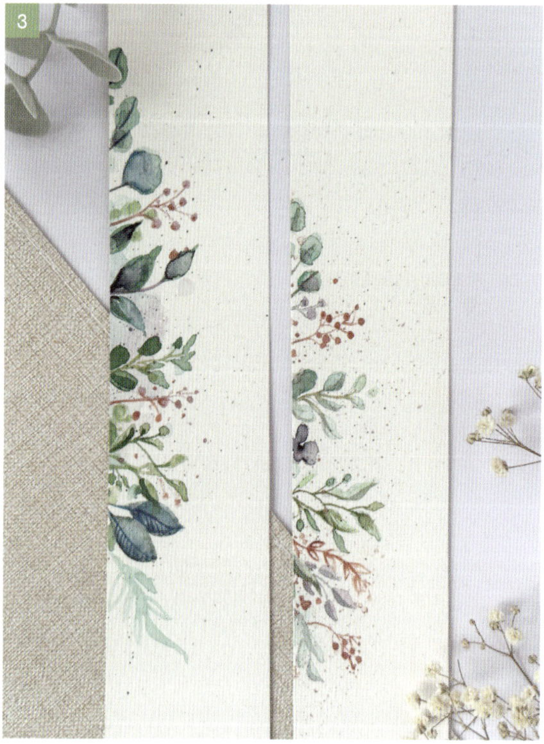

Schritt 4

Bereite dein Buch auf die Bemalung vor. Fertige einen Papierumschlag für dein Buch an und spanne es in deine Presse ein. Lege als Gedächtnisstütze vorher unbedingt eine kleine Markierung auf der Buchkante an, die anzeigt, auf welcher Seite das Cover ist.

Schritt 5

Bei diesem Motiv ist es nicht nötig, zuvor eine Skizze auf den Buchschnitt aufzuzeichnen. Mische die Grundfarben für dein Motiv an. Für mein Motiv habe ich verschiedene Grüntöne, Lila sowie einen Rundpinsel der Stärke 3 verwendet. Wie du weißt, kannst du bei der Buchschnitt-Malerei deinen Farben nicht so viel Wasser zugeben, da die Farbe sonst in die Rillen deiner Seiten laufen könnte. Achte trotzdem darauf, dass deine Mischfarben nicht zu dunkel sind. Ziel ist es, einen sanften, pastellfarbenen Look im Aquarellstil zu erzeugen.

Beginne damit, auf den Buchschnitt vorsichtig ein wenig transparente Farbe aufzutupfen. Die Flecken dienen als Untergrund und simulieren einen verwaschenen Wasserfarbeneffekt, bei dem sich helle Grün- und Lilatöne abwechseln und ineinander verschwimmen. Um die Komposition interessant zu gestalten, sollen die floralen Elemente später von der linken Seite aus in die Buchkante hineinragen. Deshalb wird das Motiv angeschnitten und die Farbflecken „laufen“ nach rechts in den Buchschnitt hinein.

TIPP

Sollte sich zu viel Wasser oder Farbe auf deinem Pinsel befinden, wische ihn an einem Küchenpapier leicht ab und male erst einmal mit der restlichen Farbe auf den Buchschnitt. Dann siehst du, ob die Farbe ausreichend ist und sich so verhält wie gewünscht. Mit der Zeit bekommst du ein Gefühl dafür, welches Verhältnis von Wasser und Farbe auf dem Pinsel nötig ist.

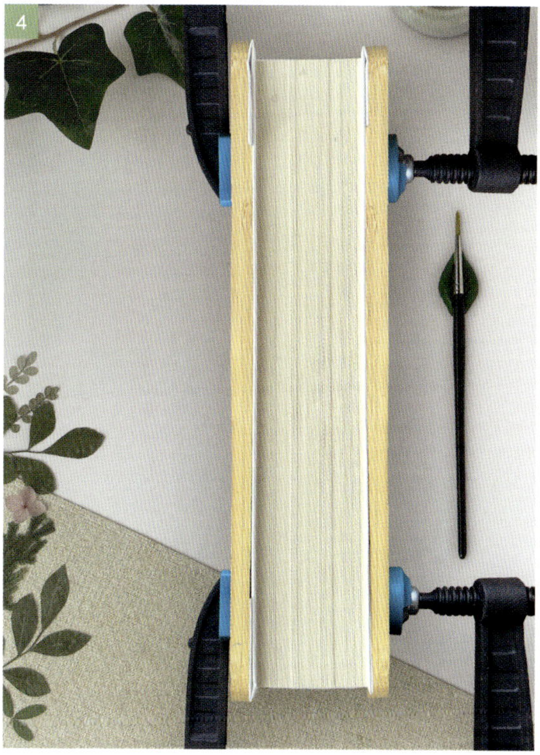
4

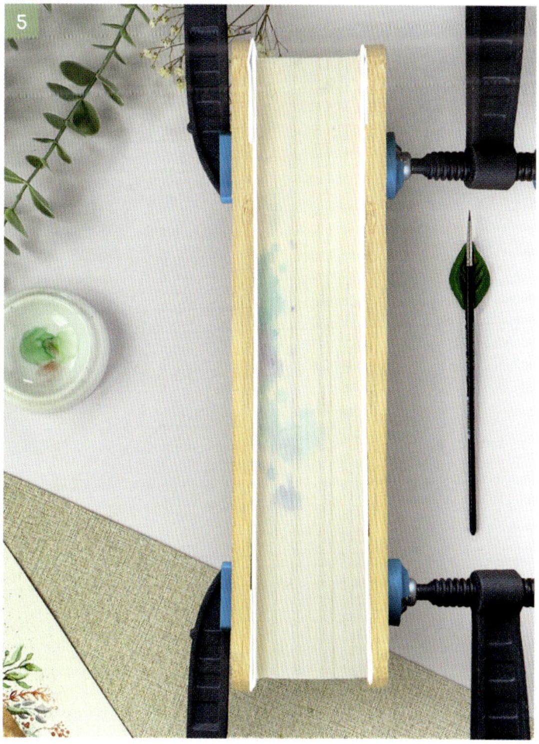
5

Schritt 6

Wenn der Untergrund getrocknet ist, kannst du mit deiner ersten Pflanze beginnen. Tupfe etwas grüne Farbe auf deinen Buchschnitt auf, aber forme sie diesmal zu abstrakten Kreisen. Du kannst auf der linken Seite mit etwas mehr Farbe beginnen, den Pinsel auswaschen und dann mit wenig Wasser den Farbfleck nach rechts zu einem Kreis formen. Dadurch entsteht in deinen ersten Blättern bereits ein Farbverlauf von dunkel zu hell. Ordne die Blätter frei nach Gefühl und in verschiedenen Größen an. Kein Blatt ist wie das andere. Manchen Blättern kannst du ein wenig Lila beimischen. Dadurch erwecken sie den Eindruck, etwas mehr im Schatten zu liegen, wodurch verschiedene Ebenen zwischen den pflanzlichen Bestandteilen entstehen.
Die Stiele der Pflanzen kannst du dir für den Schluss aufheben, nachdem du alle Blätter aufgemalt hast. Dann brauchst du noch nicht den Pinsel zu wechseln.

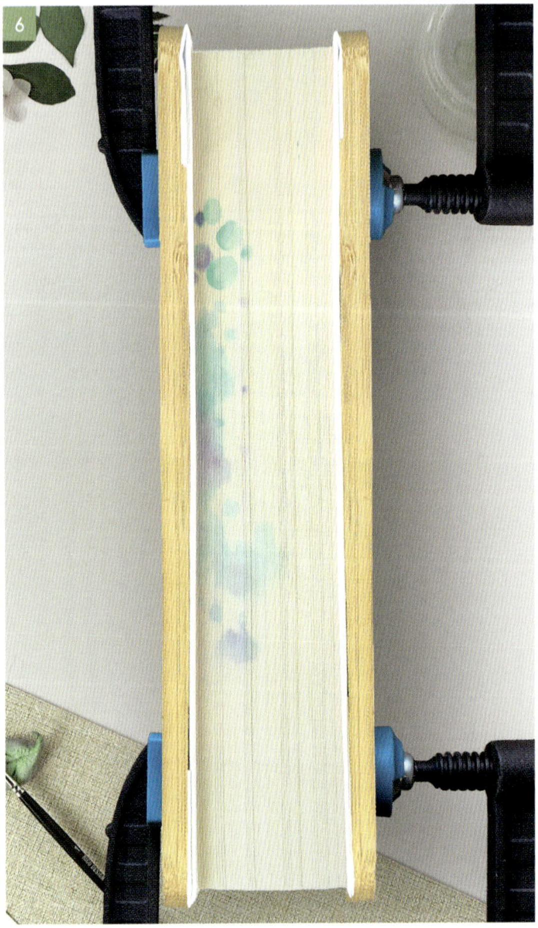

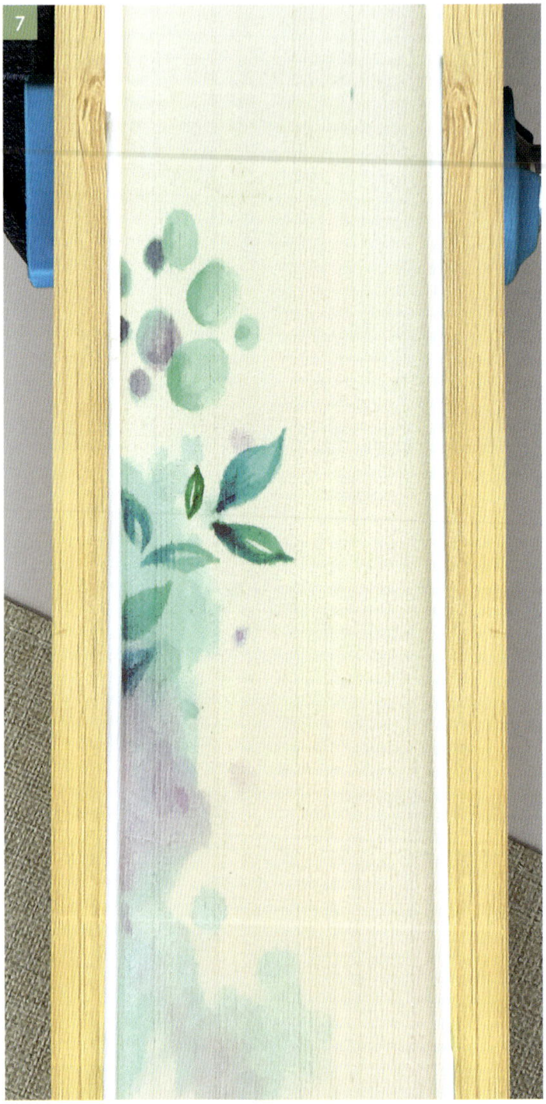

Schritt 7

Bei der nächsten Pflanze wird die Form der Blätter schon etwas schwieriger. Verwende dafür einen neuen Grünton, der etwas dunkler ist, damit er sich gut vom farbigen Untergrund abhebt. Male nun mit dem Pinsel eine geschwungene Linie, die sich in der Mitte nach außen wölbt. Tue das Gleiche auch auf der anderen Seite, sodass sich die Linien unten und oben miteinander verbinden und an beiden Enden spitz zulaufen. Nun kannst du die Bäuche der Blätter entweder auch mit Farbe füllen oder eine Lücke in der Mitte lassen. Mische bei einigen Blättern ruhig noch einen anderen Grünton unter, damit sich wieder eine größere Varietät ergibt.

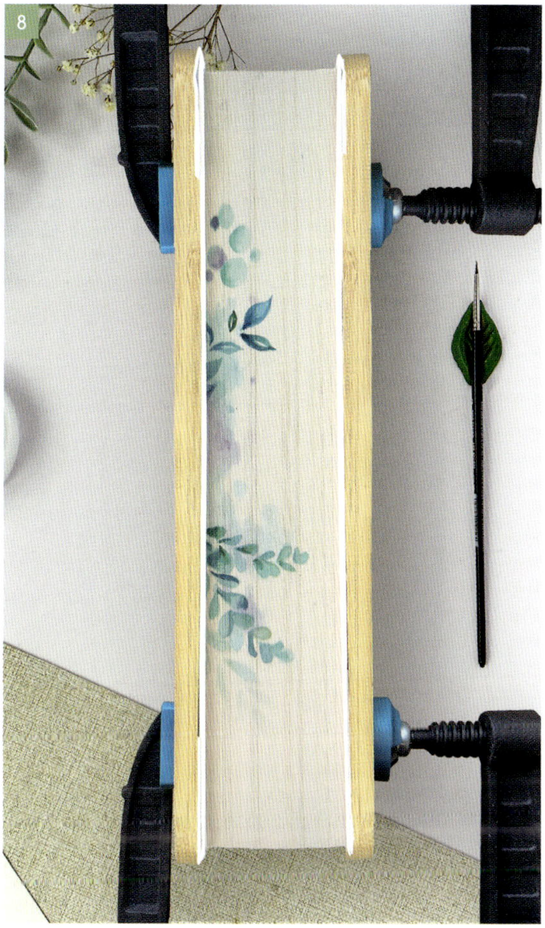

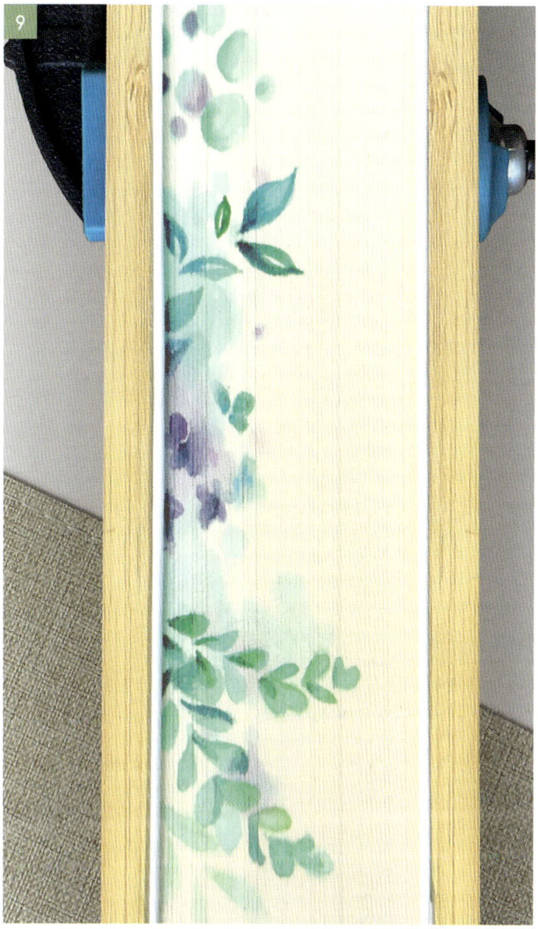

Schritt 8

Lasse den mittleren Bereich deines Buchschnitts vorerst noch frei, denn an diese Stelle sollen später noch Blüten aufgemalt werden. Nutze erst einmal noch die grünen Farbtöne auf deiner Palette und trage damit die nächsten Blätter einer neuen Pflanze auf. Diesmal beginnen die Blätter mit einer spitzen Form und enden mit einer Rundung. Sie sind nah beieinander angeordnet, um sich später einen Stiel zu teilen. Außerdem liegen die Blätter im Gegensatz zur vorigen Pflanze meistens nebeneinander, sodass sie sich an der spitzen Seite berühren. Unter der Pflanze ist nun noch ein wenig Freiraum für weitere Blätter. Diese sollen den Eindruck erzeugen, im Hintergrund zu liegen. Nimm daher so wenig Farbe wie möglich, um einen blassen und transparenten Farbauftrag zu kreieren. Die Blätter laufen an beiden Seiten spitz zu. Sie sind etwas größer als die floralen Elemente aus dem vorigen Schritt, werden aber zur Spitze hin immer kleiner.

Schritt 9

Nun ist es an der Zeit, in der Mitte ein paar Blüten zu kreieren. Nimm dafür etwas lila Farbe auf deinen Pinsel auf und tupfe sie vorsichtig auf den Buchschnitt. Die Flecken, die dabei entstehen, sind die Grundlage für deine Blüten. Die Form der Blüten kannst du dabei ganz dem Zufall überlassen. Manche Flecken sind größer, manche kleiner und je nachdem, wie viel Farbe du noch am Pinsel hast, gibt es hellere und dunklere Blüten. Mit einem leicht ausgewaschenen Pinsel und überwiegend Wasser kannst du die Ränder deiner Blüten etwas erweitern und ganz einfach einen verwaschenen Verlauf erzeugen. Wenn die Ränder getrocknet sind, werden sie heller aussehen als der Grundfarbton.

Um die Blüten herum können auch einige Blätter angeordnet sein, zum Beispiel wie in meinem Motiv als Form eines dreiblättrigen Kleeblatts.

Schritt 10

Du kannst jederzeit nach eigenem Ermessen noch weitere florale Elemente auf deinem Buchschnitt hinzufügen. Ich habe bei meiner Komposition gemerkt, dass noch Platz zwischen den Blüten und der darunterliegenden Pflanze ist und habe deshalb noch ein paar weitere Blätter dazu gemalt. Sie sind diesmal klein, spitz zulaufend, variieren stärker in ihren verschiedenen Grüntönen und sind nicht in Zweierpaaren angeordnet.

Schritt 11

Nun ist es an der Zeit, die Blätter der einzelnen Pflanzen mit Stielen miteinander zu verbinden. Nimm dafür einen Detailpinsel, zum Beispiel in Größe 0, und ziehe zwischen den Blättern dünne, grüne Linien entlang. Folge dabei der natürlichen Form, in der du die Blätter vorher angeordnet hast. Sie sind dabei niemals ganz gerade, sondern immer etwas gebogen.

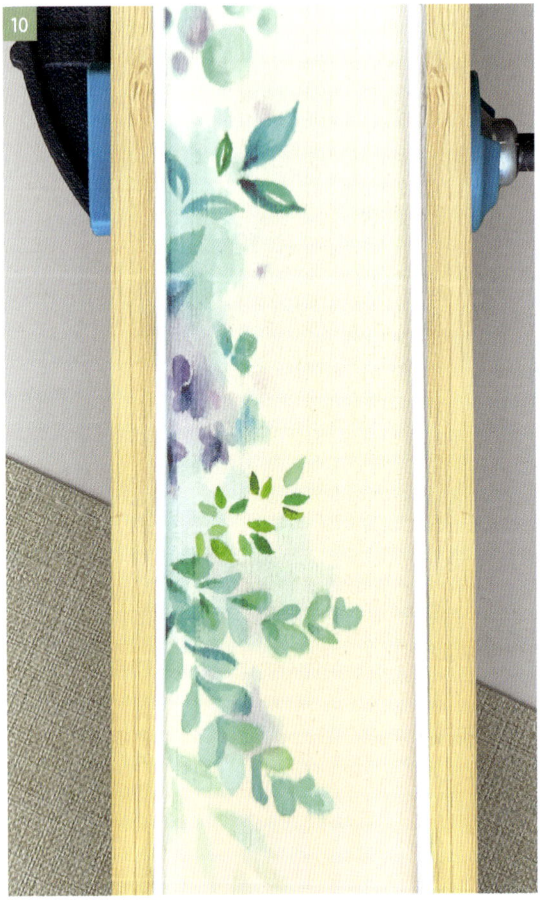

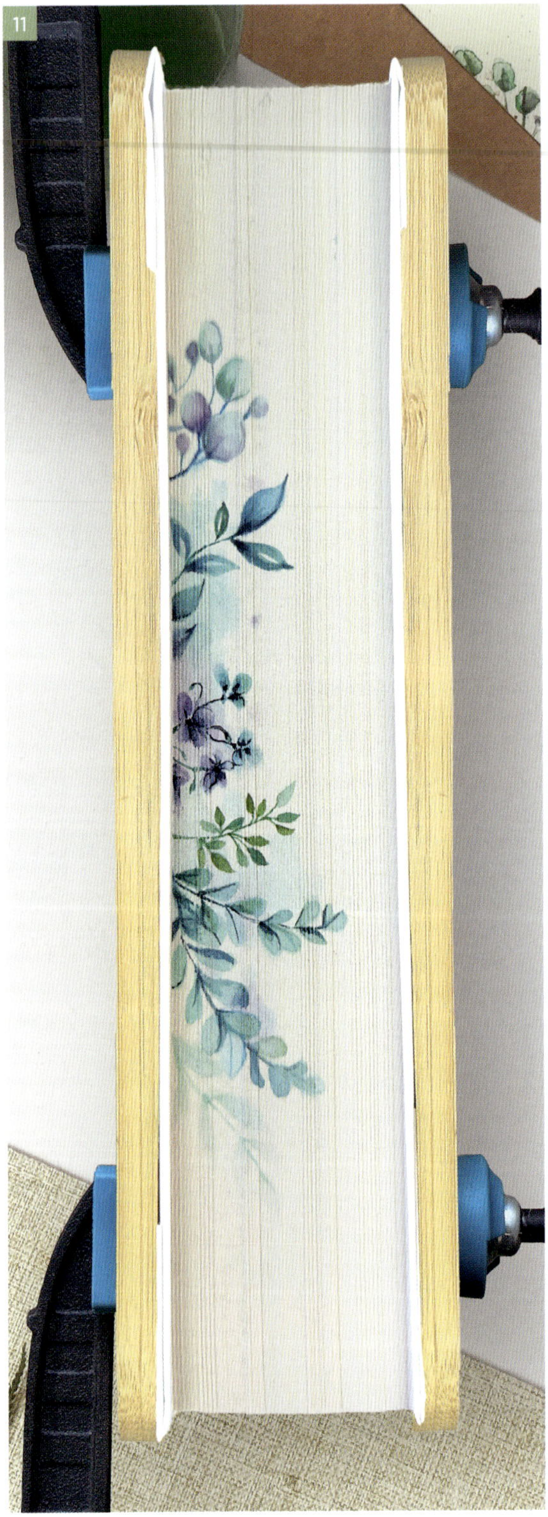

Schritt 12

Auf dem Cover meines Buchs befindet sich noch eine weitere Farbe, die einen Kontrast zum Grünton erzeugt. Darum habe ich mit einem glitzernden Rosaton noch einige Blätterranken und kleine Farbtupfer hinzugefügt.

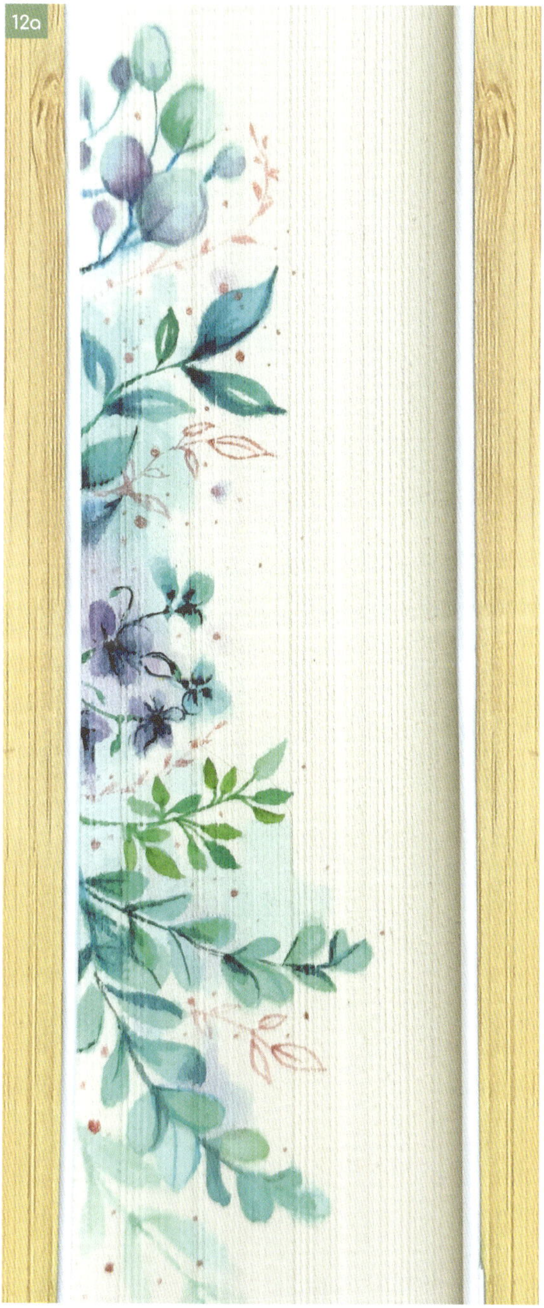

Schritt 13

Da es das Ziel war, nur einzelne Elemente und kein vollflächiges Gemälde auf den Buchschnitt zu malen, kannst du die obere und untere Buchkante unbemalt lassen. Trage, nachdem die Farbe vollständig getrocknet ist, Fixativ auf der Vorderkante auf. Nimm das Buch aus der Presse, trenne die Seiten und entferne den Papierumschlag. Du bist fertig!

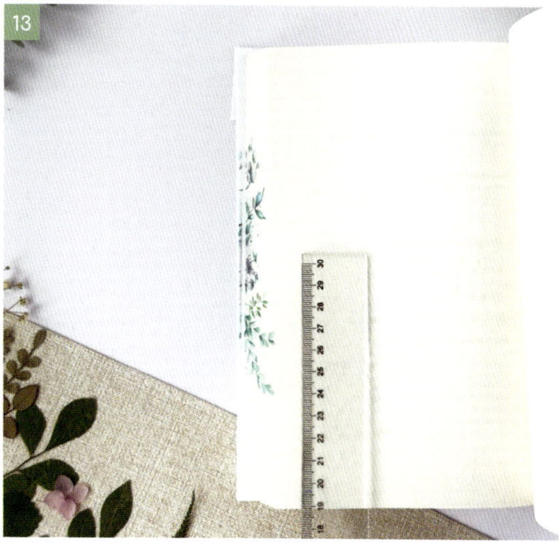

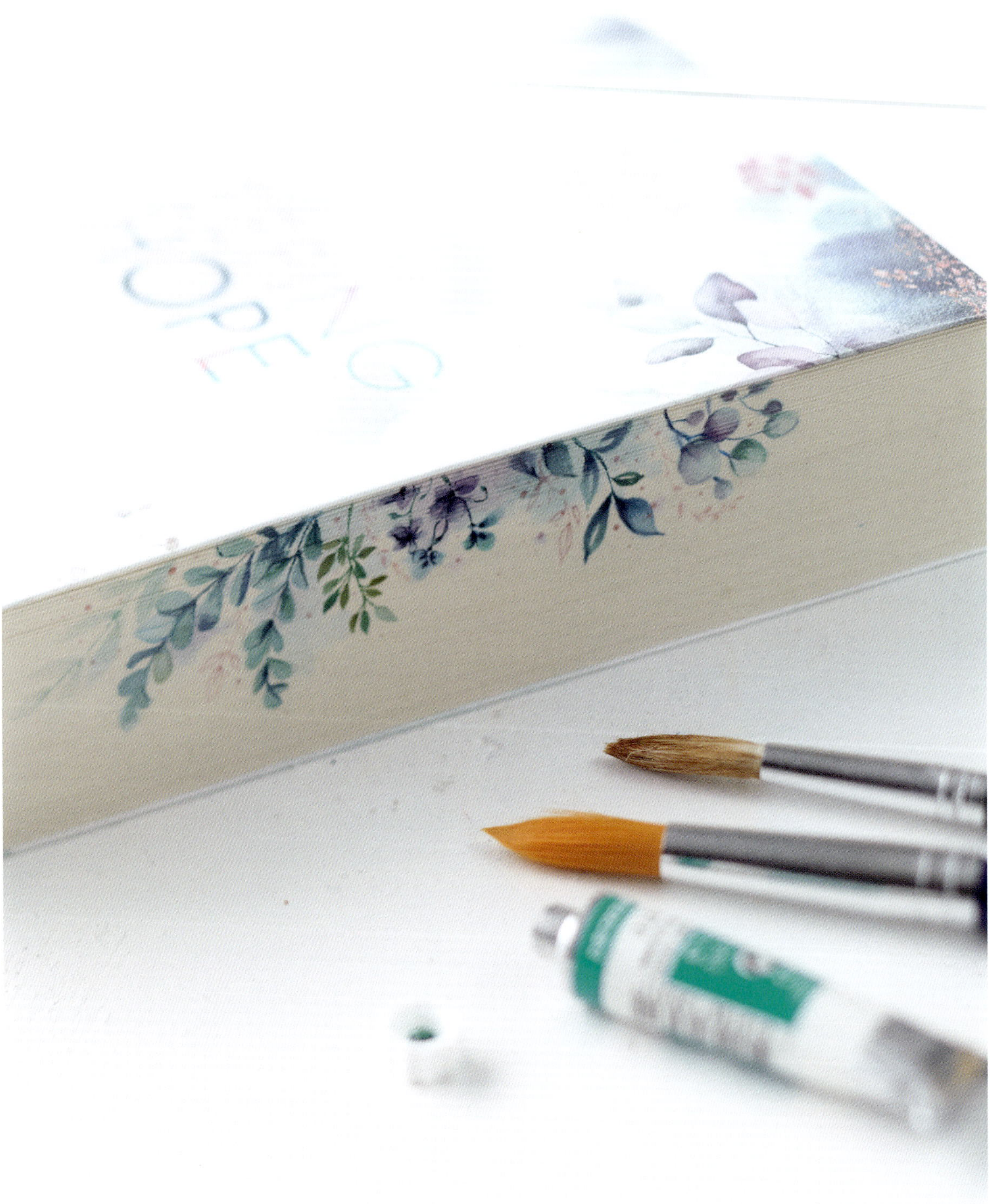

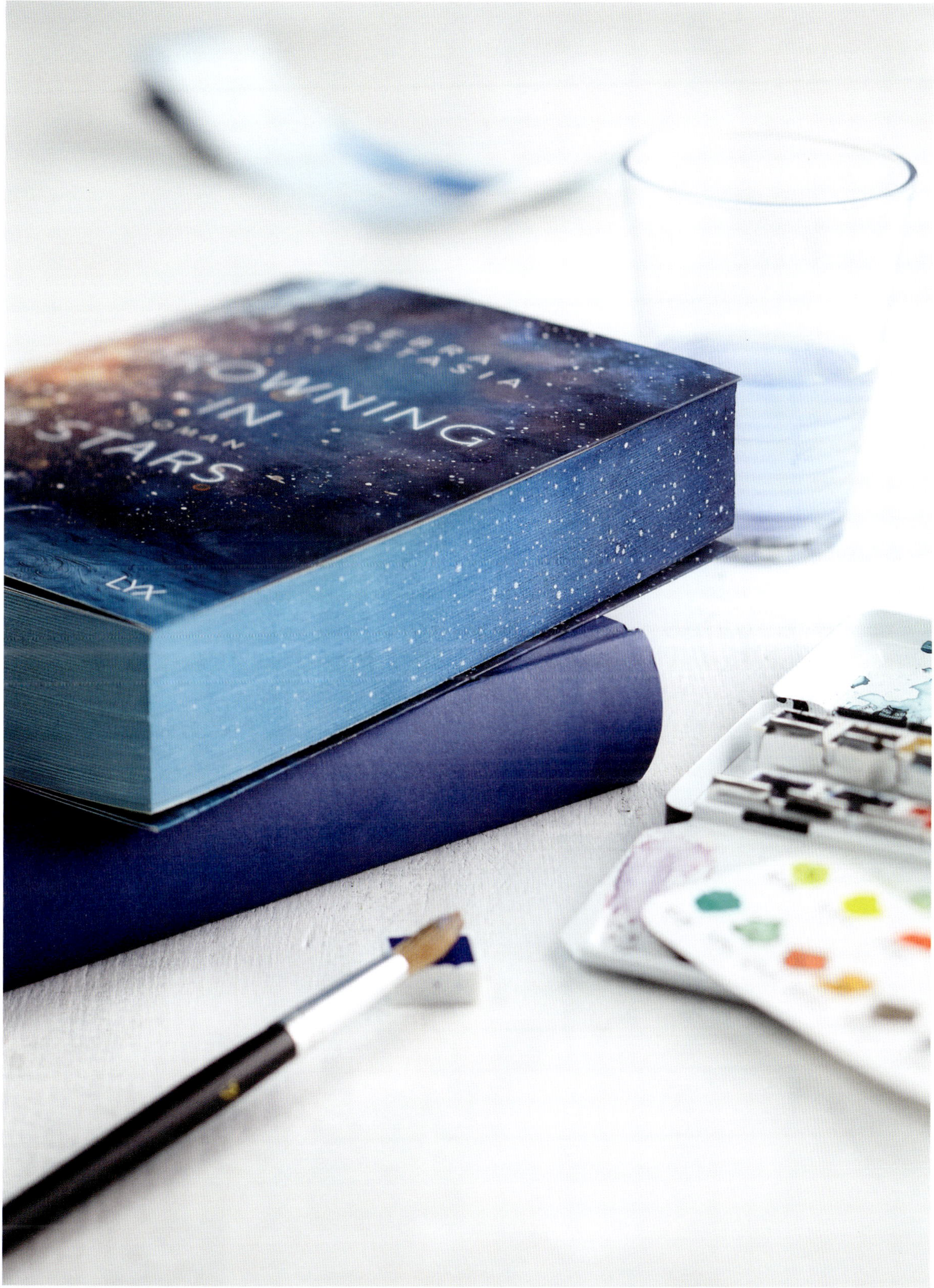
ROWNING
IN
STARS
LYX

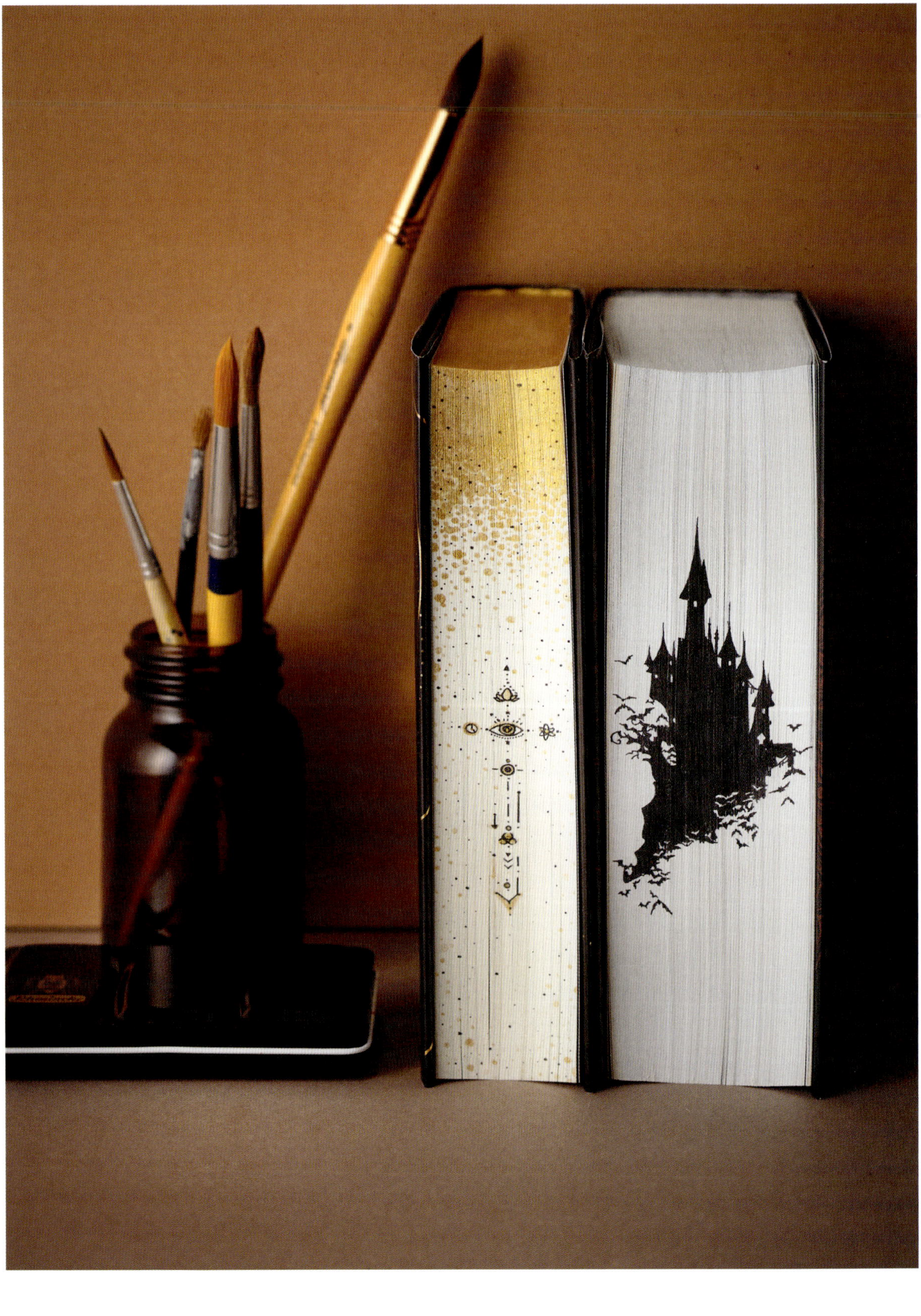

PROJEKTE

FÜR FORT-GESCHRITTENE ANFÄNGER

SCHWIERIGKEITSGRAD

PROJEKT 3

VAMPIR-SCHLOSS

In diesem Projekt lernst du, wie man eine Silhouette auf den Buchschnitt malt. Zum Bemalen habe ich das Buch „Das Reich der Vampire“ von Jay Kristoff aus dem S. Fischer Verlag ausgesucht. Als Motiv für das Buch eignet sich ein schwarzes Vampirschloss besonders gut. Falls es dir zu schwer erscheint, dein eigenes Schloss auf den Buchschnitt zu malen, keine Sorge: Unter **topp-kreativ.de/digibib** habe ich dir eine digitale Datei meines Schlosses hinterlegt (Downloadcode siehe Impressum) Im Folgenden zeige ich dir, wie du das Motiv ganz einfach auf den Buchschnitt übertragen kannst.

Diese Farben habe ich verwendet:
Schwarz | Weiß

Material:
Weiße Aquarellfarbe oder Gouache | Kohlepapier | Bleistift | Vorlage Vampirschloss | dünner Fineliner/Tuschestift | Rundpinsel Größe 1, 3, 6 | Flachpinsel Größe 12 | Fixierspray

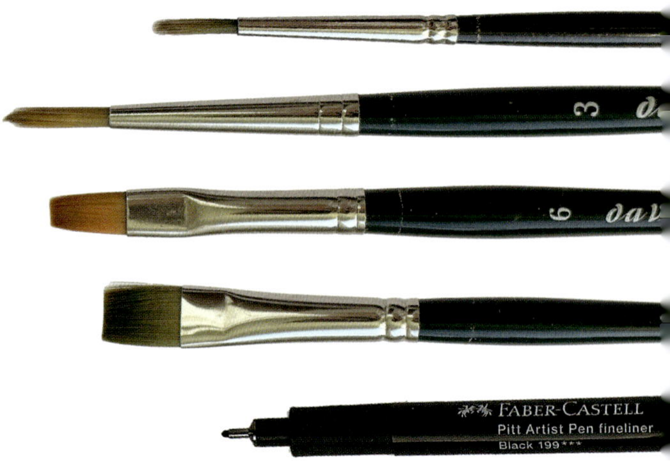

Hans Scholl
Sophie Scholl
Briefe und
Aufzeichnungen

Schritt 1

Wenn du meine Vorlage vom Schloss verwenden möchtest, gehe auf topp-kreativ.de/digbib. In der Digitalen Bibliothek kannst du dir das Motiv nun herunterladen und ausdrucken.
Alternativ kannst du natürlich auch dein eigenes Schloss oder ein anderes Motiv als passenden Umriss zu deinem Buch skizzieren, bevor du mit der Bemalung beginnst.

Schritt 2

Bereite dein Buch auf die Bemalung vor. Markiere vorher auf deinem Buchschnitt, auf welcher Seite das Cover ist. Fertige einen Papierumschlag für dein Buch an und spanne es in deine Presse ein. Deine untere Schraubzwinge dient als Stütze, um dein Buch hochkant aufzustellen. In meiner Buchausgabe sind vollseitige Illustrationen vorhanden, weshalb sich auf dem Buchschnitt viele dunkle Linien abzeichnen. Um einen gleichmäßigen Untergrund zu erhalten, habe ich die Buchkante zunächst mit weißer Aquarellfarbe bemalt. Wenn dein Buchschnitt bereits eine farblich gleichmäßige Oberfläche aufweist oder die Linien dich nicht stören, kannst du diesen Schritt einfach überspringen.

TIPP

Wenn du keinen Drucker hast, lege einfach ein dünnes Blatt Papier auf deinen Bildschirm und pause die Silhouette vom Schloss mit einem Bleistift ab. Das kannst du dann als Vorlage nutzen.

TIPP

Alternativ zu weißer Wasserfarbe aus dem Näpfchen kannst du auch Gouache mit etwas Wasser verdünnen. Manchmal hat Gouache eine höhere Deckkraft als einige Wasserfarben.

1

2

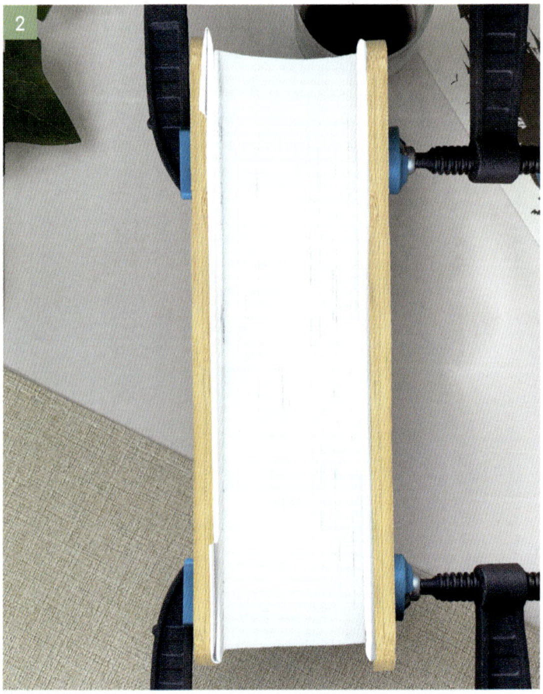

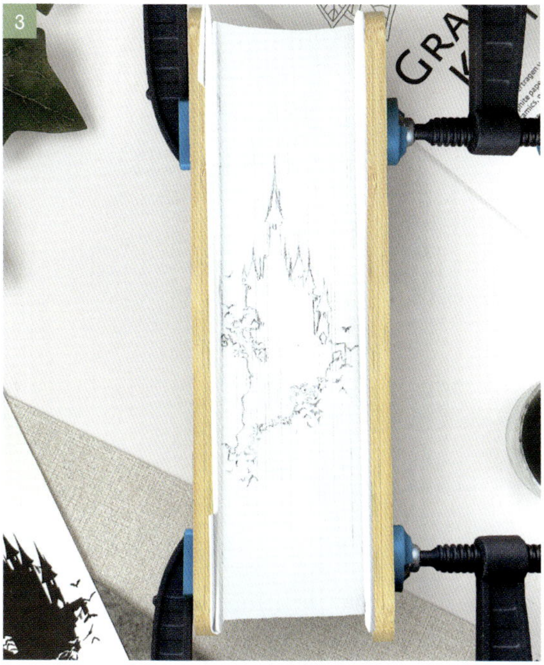

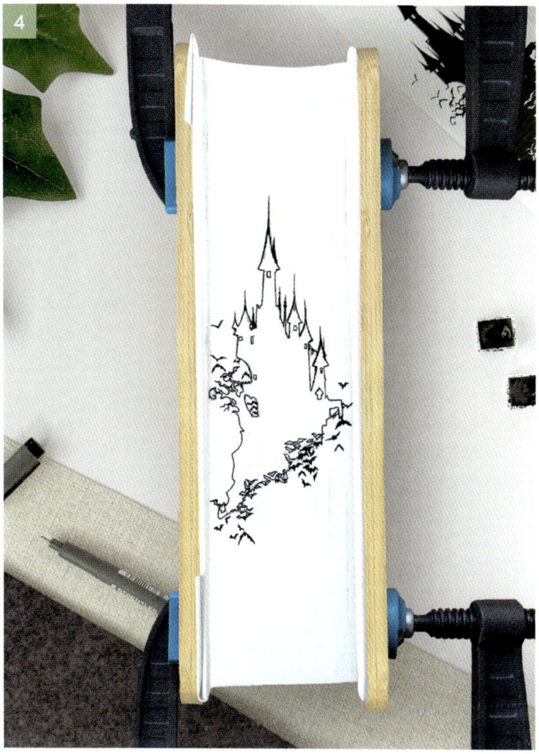

Schritt 3

Nun ist es an der Zeit, den Umriss vom Schloss auf die Buchkante zu übertragen. Nimm dazu deine Vorlage, das Kohlepapier und den Bleistift zur Hand. Schneide das Durchschlagpapier zur besseren Handhabung auf ein Rechteck zu, damit es gut auf deinen Buchschnitt passt, aber immer noch groß genug ist, um die Fläche des Motivs zu übertragen. Das Gleiche kannst du mit dem Papier machen, auf das das Motiv gedruckt oder gezeichnet ist. Es ist es einfacher, den Buchschnitt zu bemalen, wenn dein Buch mit der Presse auf dem Buchrücken liegt. Dann kann deine Vorlage nicht so schnell verrutschen. Lege nun das Kohlepapier mit der dunklen Seite nach unten auf die Stelle, an der du dein Schloss platzieren möchtest. Auf meiner Buchkante habe ich es mittig angeordnet. Lege dann das Papier mit dem Motiv auf das Kohlepapier und zeichne mit dem Bleistift die Kontur des Schlosses nach. Achte darauf, genug Druck auszuüben, damit der Umriss später gut zu sehen ist.

Schritt 4

Male im nächsten Schritt mit einem dünnen Fineliner den Umriss des Motivs nach. Ich habe dafür einen schwarzen Fineliner mit einer Strichstärke von 0.3 benutzt. Sehr kleine Stellen, bei denen es schwierig ist, einen Umriss nachzumalen, beispielsweise die Fledermäuse, kannst du auch schon direkt schwarz ausfüllen.

TIPP

Damit nichts verrutscht, kannst du Kohlepapier und Motiv auch links und rechts mit Klebeband an der Buchpresse befestigen. Wenn du das Ergebnis kontrollieren möchtest, löse das Klebeband auf einer Seite. Klebe es bei Bedarf erneut fest und bessere die Stellen aus.

TIPP

Für sehr gerade Linien wie beispielsweise an den Turmspitzen kannst du ein Blatt Papier mit der glatten Kante an deinen Buchschnitt legen und es als biegsames Lineal benutzen. Radiere überschüssige Kohle und sichtbare Bleistiftlinien weg, nachdem der Fineliner getrocknet ist.

Schritt 5

Male im nächsten Schritt den inneren Teil der Kontur mit einem Detailpinsel und schwarzer Wasserfarbe aus. Nutze dafür wenig Wasser und sehr viel Farbe, damit das Schwarz nicht zu transparent wird. Die Mitte bleibt erst einmal frei, sie wird später mit einem breiteren Pinsel ausgemalt. Wenn die Wasserfarbe getrocknet ist, siehst du, ob die schwarze Farbe deckend genug ist. Falls nicht, trage noch einmal eine zweite Schicht Farbe auf. Alternativ kannst du diesen Teil auch mit einem schwarzen Tuschestift, beispielsweise einem Brush Pen in Größe B, ausmalen.

Schritt 6

Nun ist es an der Zeit, die restliche Innenfläche mit einem breiteren Pinsel und schwarzer Wasserfarbe zu füllen. Falls du deinen Untergrund im ersten Schritt weiß bemalt hast, um die Linien zu überdecken, kann es an dieser Stelle dazu kommen, dass sich Weiß und Schwarz etwas miteinander mischen und die Fläche gräulich wird. Das ist aber kein Problem. Bemale den inneren Bereich deines Schlosses einfach noch einmal mit einer Schicht schwarzer Farbe, nachdem die vorige Schicht getrocknet ist. Sollten immer noch ungleichmäßige Flächen vorhanden sein, überdeckst du sie im letzten Schritt noch einmal mit schwarzer Farbe, bis der Bereich einheitlich ist.

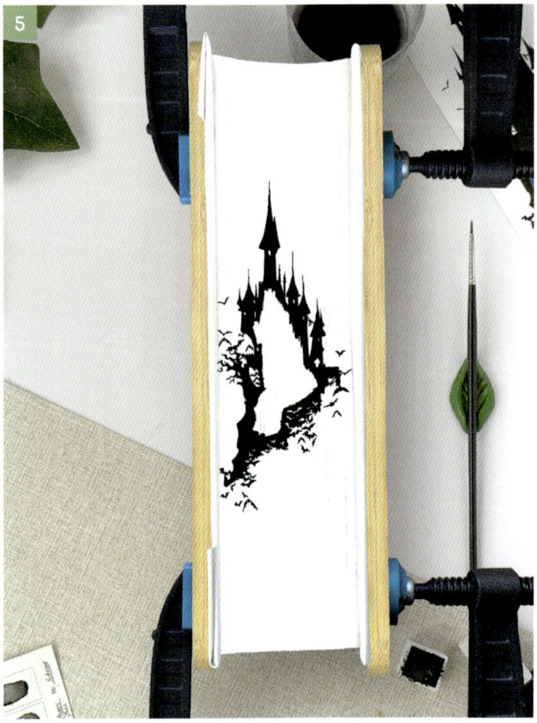

6b

Schritt 7

Wenn deine Vorderseite gut getrocknet ist, kannst du im letzten Schritt die obere und untere Kante deines Buchschnitts vollflächig weiß bemalen.

Schritt 8

Trage zum Schluss Fixierspray auf allen drei Kanten auf. Nimm das Buch aus der Presse, trenne die Seiten voneinander und entferne den Papierumschlag. Voilà, dein erstes Silhouettenbild ist fertig!

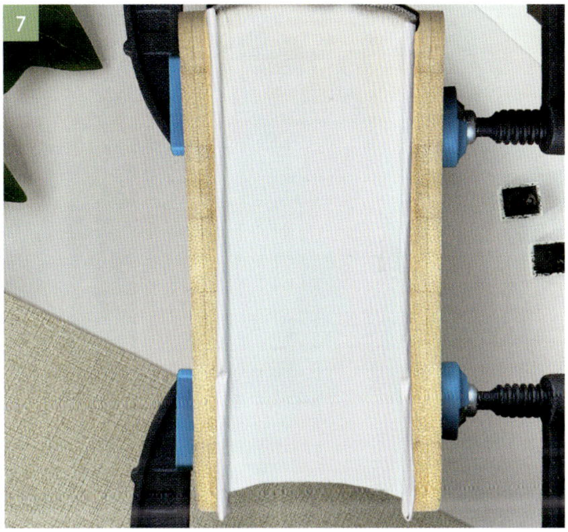

7

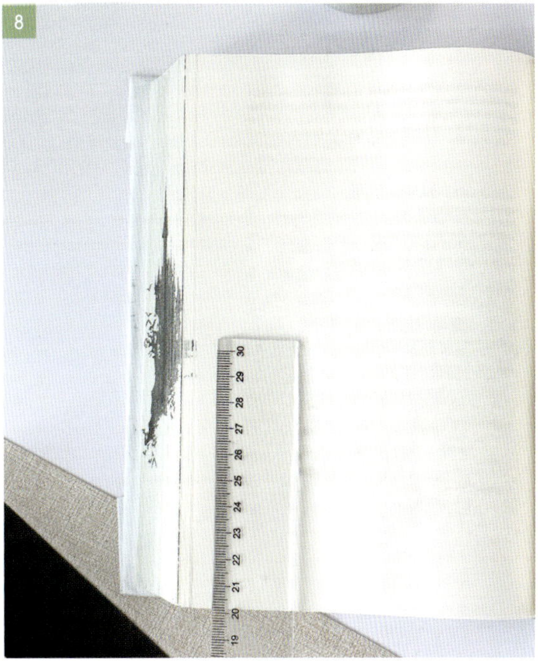

8

SCHWIERIGKEITSGRAD

PROJEKT 4

GOLD-SCHIMMER

Das Tolle an der Buchkanten-Malerei ist, dass wir nicht nur eine Malfläche zur Verfügung haben, sondern sogar drei, wodurch es möglich ist, mit Übergängen zwischen den Kanten eine Art dreidimensionales Bild zu erzeugen. In diesem Projekt lernst du, wie man mithilfe von kleinen Kreisen einen Verlauf auf der Buchkante kreiert und einen interessanten Übergang zur oberen Buchkante herstellt.
Durch das Arbeiten mit Aquarellfarbe in Gold entsteht in Teilen ein sehr edler Effekt. Außerdem kannst du mit einem wasserfesten Fineliner verschiedene Symbole auf dem Buchschnitt anordnen, um auf diese Weise passend zum Buchinhalt eine Art Tattoo zu kreieren.
Ich habe für dieses Projekt das Buch „The Atlas Six" von Olivie Blake, erschienen im S. Fischer Verlag, ausgewählt. Für die Bemalung stelle ich dir eine Vorlage für die Symbole zur Verfügung, die du über Abpausen auf deinen Buchschnitt übertragen kannst. Die digitale Vorlage findest du unter **topp-kreativ.de/digibib** (Downloadcode siehe Impressum).

Diese Farben habe ich verwendet:
Metallic Gold | Schwarz | Weiß

Material:
Wasser- oder Aquarellfarbe in Weiß | Wasser- oder Aquarellfarbe in Gold, alternativ: Fineliner in Gold, Acrylfarbe in Gold | Flachpinsel Größe 12 | Rundpinsel Größe 1, 3 | schwarzer Fineliner in Stärke 0.3
Kohlepapier | Bleistift | Fixierspray

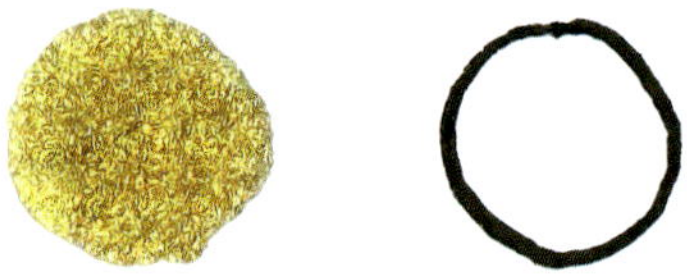

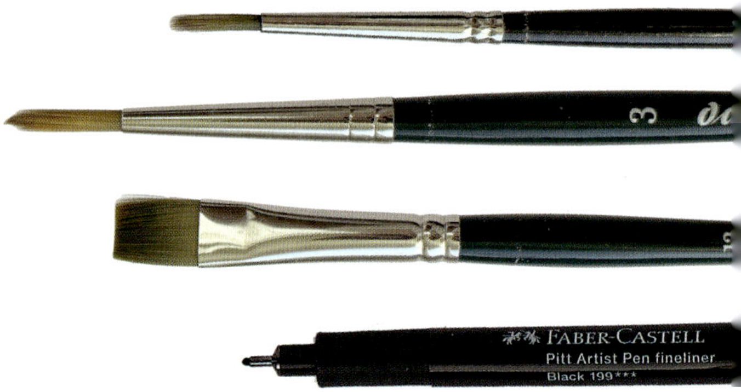

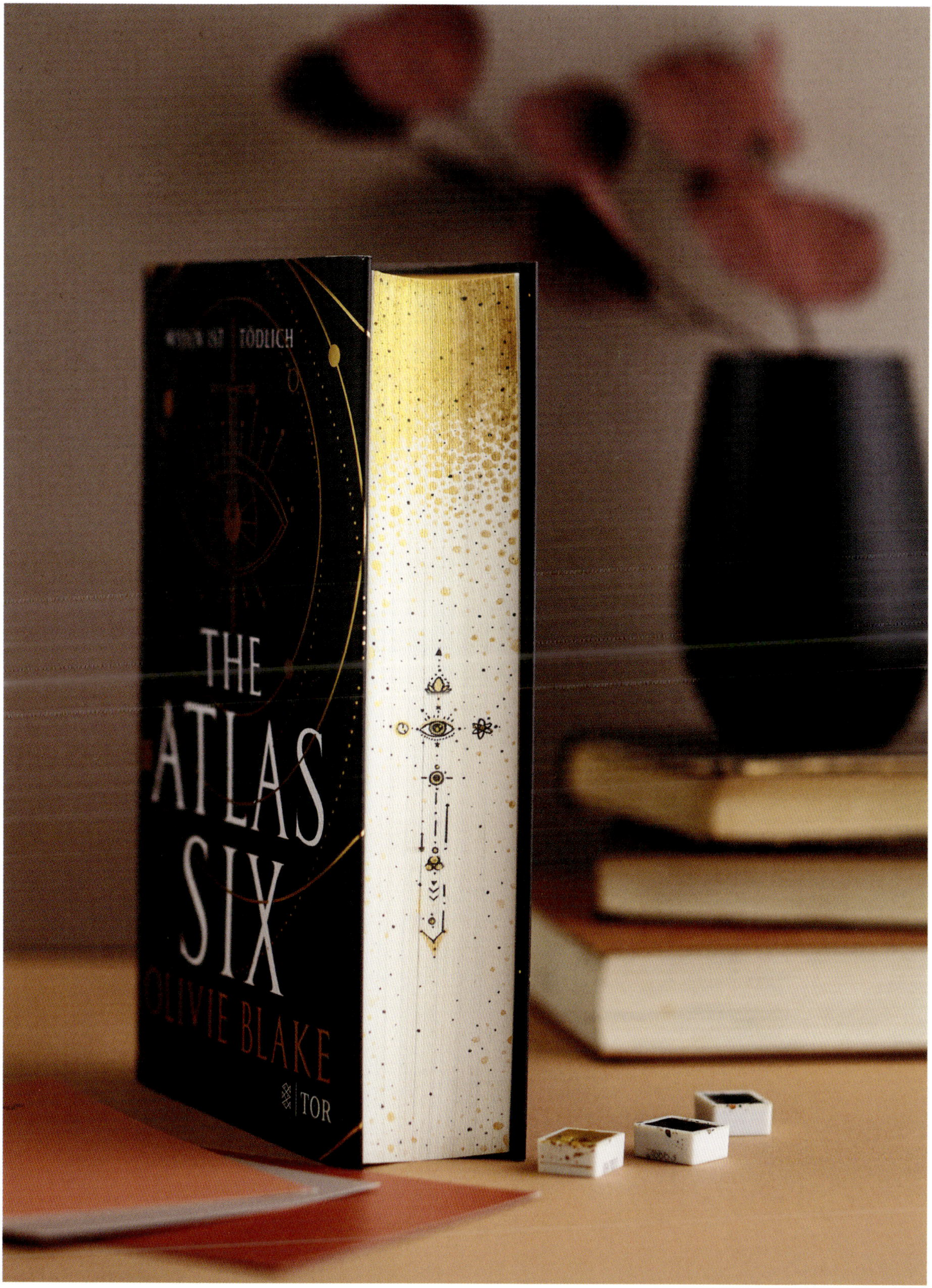
TÖDLICH
THE ATLAS SIX
OLIVIE BLAKE
TOR

Schritt 1

Bereite dein Buch auf die Bemalung vor. Fertige dazu einen Papierumschlag für dein Buch an und spanne es in deine Presse ein. Mach dir vorher unbedingt eine Markierung auf der Buchkante, damit du weißt, auf welcher Seite das Cover ist.

In meiner Ausgabe sind vollseitige Illustrationen vorhanden, weshalb sich auf dem Buchschnitt dunkle Linien abzeichnen. Um einen gleichmäßigen und strahlend weißen Untergrund zu erzeugen, habe ich die Buchkante zunächst mit weißer Aquarellfarbe bemalt. Wenn dein Buchschnitt bereits eine farblich gleichmäßige Oberfläche aufweist oder die Linien dich nicht stören, kannst du diesen Schritt einfach überspringen.

Schritt 2

Beginne damit, einen kleinen Bereich am oberen Buchschnitt mit Goldfarbe und einem breiten Flachpinsel, beispielsweise in Stärke 12, zu kolorieren. Goldfarben sind meistens nicht sehr deckend und müssen daher häufig in mehreren Schichten aufgetragen werden.

TIPP

Als Alternative zu Wasser- oder Aquarellfarbe in Gold kannst du auch einen goldenen Tuschestift mit einer größeren Strichbreite benutzen. Da diese Stifte aber in ihrem Goldton stark variieren, solltest du sie vorher auf Papier testen. Du kannst auch goldene Acrylfarbe nutzen. Acrylfarben sind sehr gut deckend. Achte aber darauf, nur eine dünne Farbschicht aufzutragen. Sonst wird das Trennen der Seiten im Nachhinein schwieriger. Wenn du keine Goldfarben zuhause hast, kannst du auch einen hellen Beigeton verwenden. Dann fehlt am Ende aber der goldene Schimmer.

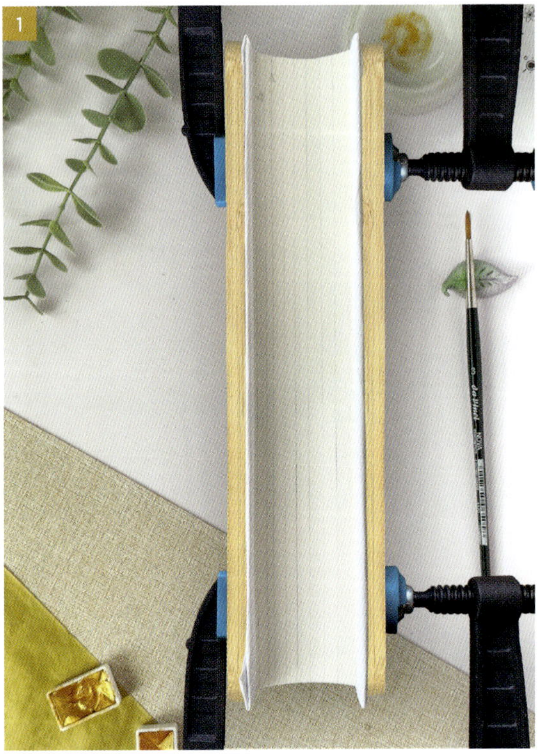

1

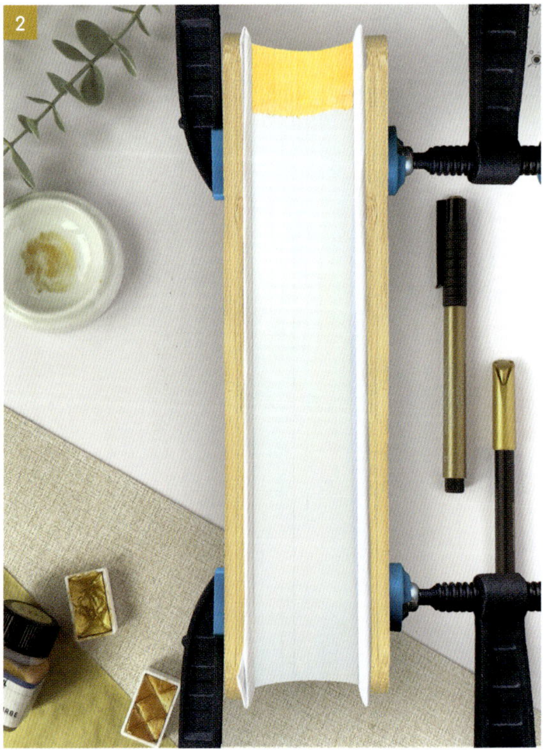

2

Schritt 3

Von der Fläche, die du zuvor auf den Buchschnitt gemalt hast, soll nun ein Goldschimmer herunterregnen. Nimm dazu deinen Rundpinsel in Größe 3 und verwende die gleiche Goldfarbe wie im vorigen Schritt. Reihe nun unterschiedlich große Kreise aneinander. Je weiter oben die Goldpartikel angeordnet sind, desto näher stehen sie beieinander. Nach unten werden die weißen Zwischenräume immer größer. Größere und kleinere Kreise wechseln sich immer wieder ab. Es braucht etwas Geduld und viele Goldpünktchen, um einen schönen Übergang zu erzeugen.

Schritt 4

Weite den Goldregen im nächsten Schritt noch etwas weiter nach unten aus. Die Punkte werden hier immer weniger und treten nur noch vereinzelt am Rand der Buchkante auf. Achte darauf, im unteren Bereich ausreichend Weißraum für die späteren Elemente zu lassen.

Schritt 5

Verteile nun zusätzlich noch mit einem schwarzen Fineliner der Stärke 0.3 am Rand deines Motivs überall kleine Punkte. Diese dürfen sich ruhig mit der Goldschicht darunter überlagern. Die Punkte markieren bereits eine farbliche Verbindung zu den Elementen im nächsten Schritt.

TIPP

Wenn du es dir noch nicht zutraust, die Symbole in den nächsten Schritten auf den Buchschnitt zu malen, kannst du an dieser Stelle auch den Goldregen auf dem ganzen Buchschnitt verteilen, ohne eine Lücke zu lassen und damit bereits die Arbeit an der Vorderseite beenden.

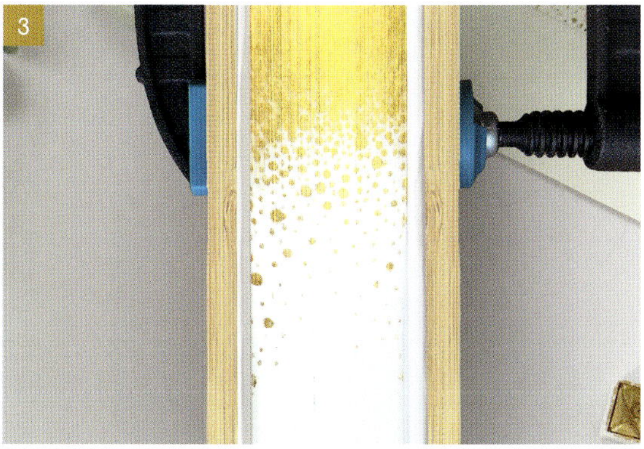

3

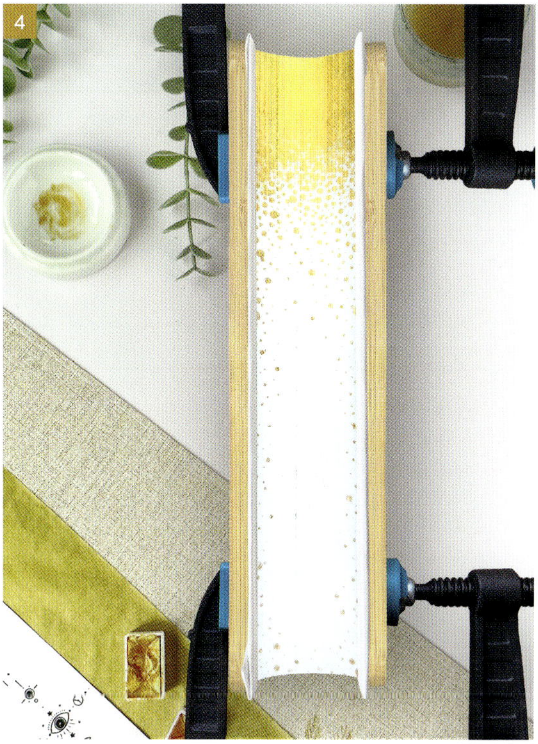

4

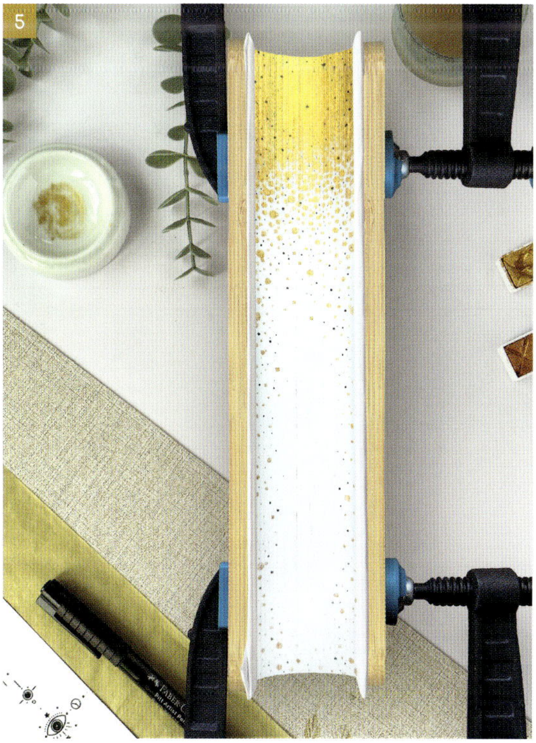

5

Schritt 6

Wenn du meine Vorlage der Symbole verwenden möchtest, gehe auf topp-kreativ.de/digbib. In der Digitalen Bibliothek kannst du dir das Motiv nun herunterladen und ausdrucken.
Natürlich kannst du alternativ auch dein eigenes Motiv als passenden Umriss zu deinem Buch skizzieren, bevor du mit der Bemalung beginnst.

Schritt 7

Für das Motiv habe ich sechs Symbole ausgewählt, die inhaltlich zum Buch passen und auch auf einigen Ausgaben in ähnlicher Form auf dem Einband abgedruckt sind. Nach vielen Entwürfen habe ich für jedes Element einen eigenen Look kreiert und die Symbole so angeordnet, dass sie zusammen ein Schwert ergeben. Damit habe ich die Objekte des Covers – Schwert und Auge – auf meine eigene Art und Weise kreativ verarbeitet.
Nun ist es an der Zeit, den Umriss der Elemente auf die Buchkante zu übertragen. Nimm dazu deine Vorlage, das Kohlepapier und den Bleistift zur Hand. Schneide das Durchschlagpapier zur besseren Handhabung auf ein Rechteck zu, damit es gut auf deinen Buchschnitt passt, aber immer noch groß genug ist, um die Fläche des Motivs zu übertragen. Das Gleiche kannst du mit dem Papier machen, auf das das Motiv gedruckt oder gezeichnet ist. Übe beim Durchzeichnen genug Druck aus, damit du die Umrisse danach gut erkennen kannst. Wenn deine Skizze zu blass ist, kannst du sie mit einem Bleistift nachziehen.

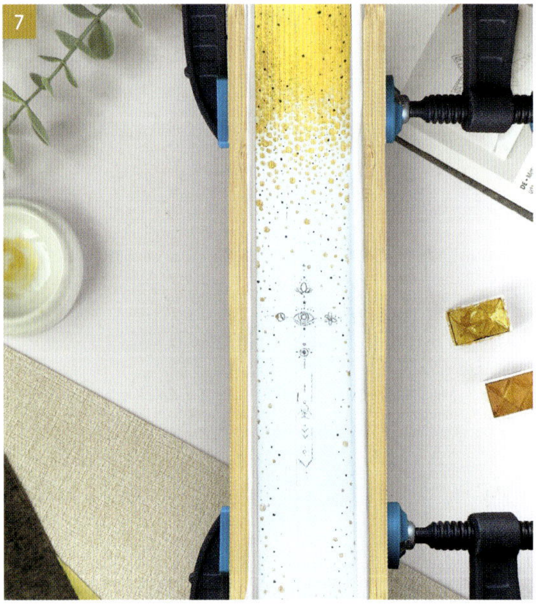

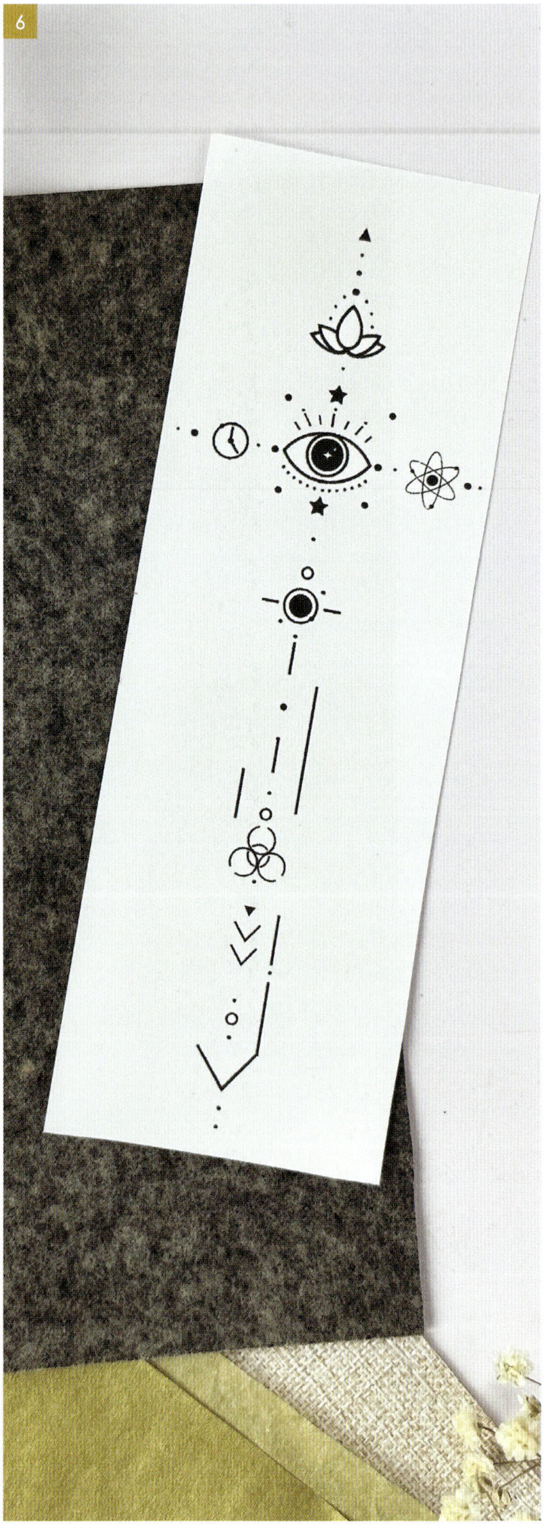

Schritt 8

Ziehe als nächstes die Linien deiner Skizze mit deinem schwarzen Fineliner der Stärke 0.3 nach. Hab keine Angst davor, dich zu vermalen. Deine Buchkante darf ruhig einen handgemalten Look haben und muss nicht wie gedruckt aussehen. Außerdem kannst du kleine Fehler jederzeit mit weißer Farbe korrigieren.
Um senkrechte Linien zu ziehen, kannst du die gerade Kante eines zugeschnittenen Stücks Papiers als Lineal benutzen – es ist elastischer als ein festes Lineal und passt sich somit der Form des Buchschnitts besser an. Radiere überschüssige Kohle und sichtbare Bleistiftlinien weg, nachdem der Fineliner getrocknet ist.

Schritt 9

Setze im letzten Schritt der Bemalung der Vorderkante mit goldener Farbe noch ein paar schimmernde Akzente auf deine Symbole. Du kannst zum Beispiel einige der schwarzen Linien mit Gold umranden oder deren Flächen ausfüllen. Zusätzlich kannst du noch sparsam ein paar weitere, dezente Goldpunkte um deine Symbole herum anordnen und somit einen Übergang zum Goldschimmer vom Rand herstellen.

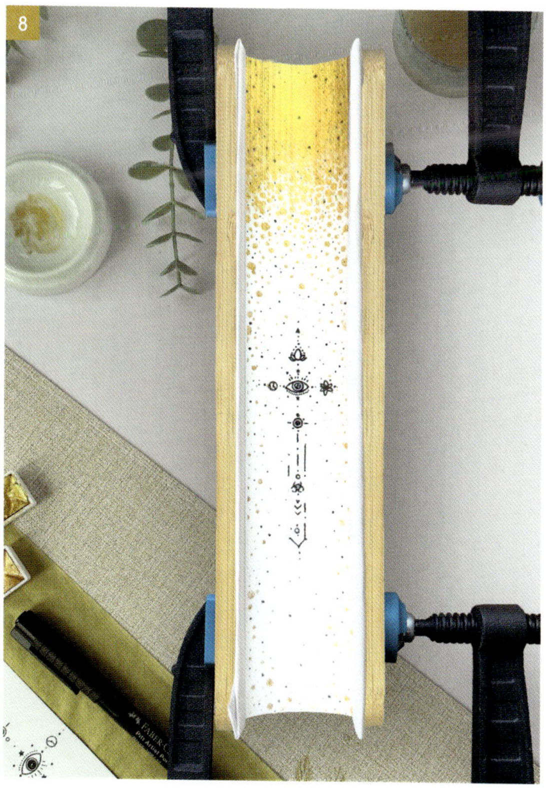
8

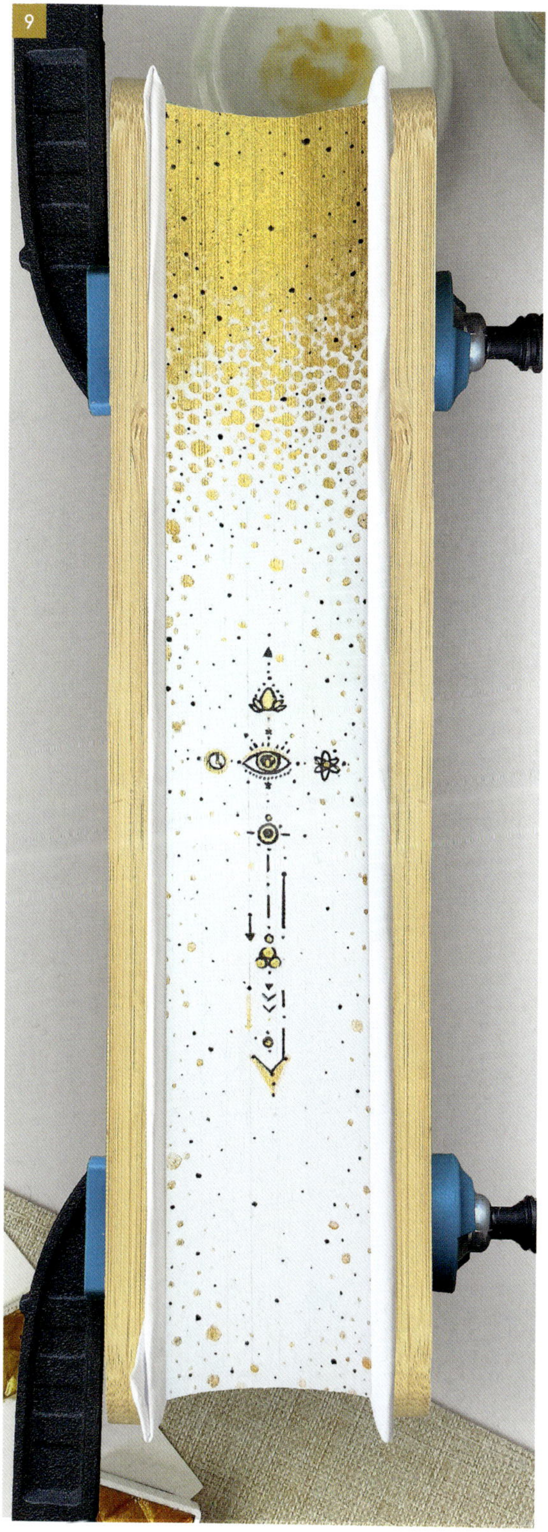
9

Schritt 10

Ist deine Vorderkante getrocknet, spanne dein Buch neu in die Presse ein, um die obere Kante zu bemalen. Die gesamte Fläche dieser Seite soll vergoldet werden. Raue aber am besten vorher den Untergrund mit Schleifpapier etwas an. Dadurch nimmt der Untergrund die goldene Aquarellfarbe besser auf und die Goldpigmente bleiben gut haften. Trage, wenn nötig, mehrere Schichten auf.

Schritt 11

Wenn du die vordere Kante deines Buchs mit weißer Grundierung bemalt hast, kannst du auch deine untere Buchkante auf diese Weise vollflächig weiß bemalen. Nutze dann denselben Goldton wie schon auf den anderen beiden Kanten und setze ein paar Punkte an der Ecke zur Vorderkante, um das Golddekor weiterzuführen. Auch die Punkte mit dem schwarzen Fineliner kannst du so weiterführen. Es bleibt dir überlassen, ob du die ganze Kante damit füllen möchtest oder nur die Ecke, oder ob du diese Seite ganz weiß lässt.

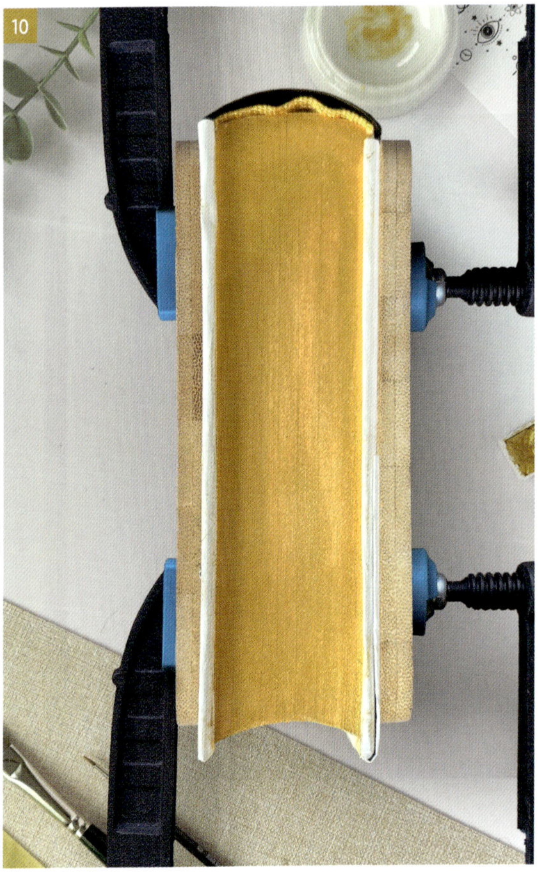
10

Schritt 12

Wenn dein Buchschnitt komplett getrocknet ist, kannst du alle drei Kanten mit Fixierspray besprühen. Nimm dein Buch dann aus der Presse und trenne die Seiten vorsichtig. Löse den Papierumschlag vom Buch und betrachte dein Wunderwerk!

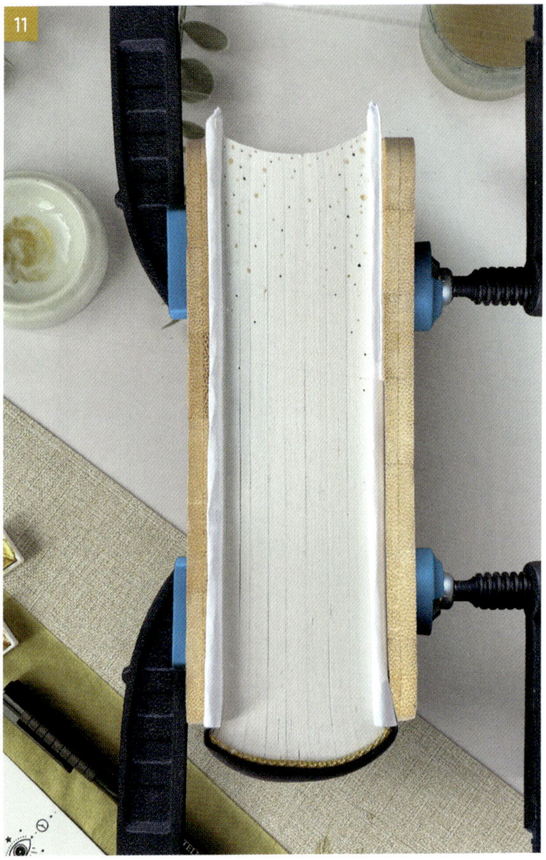
11

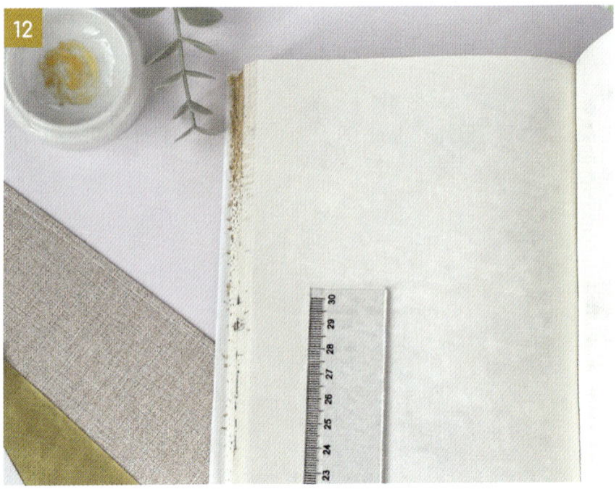
12

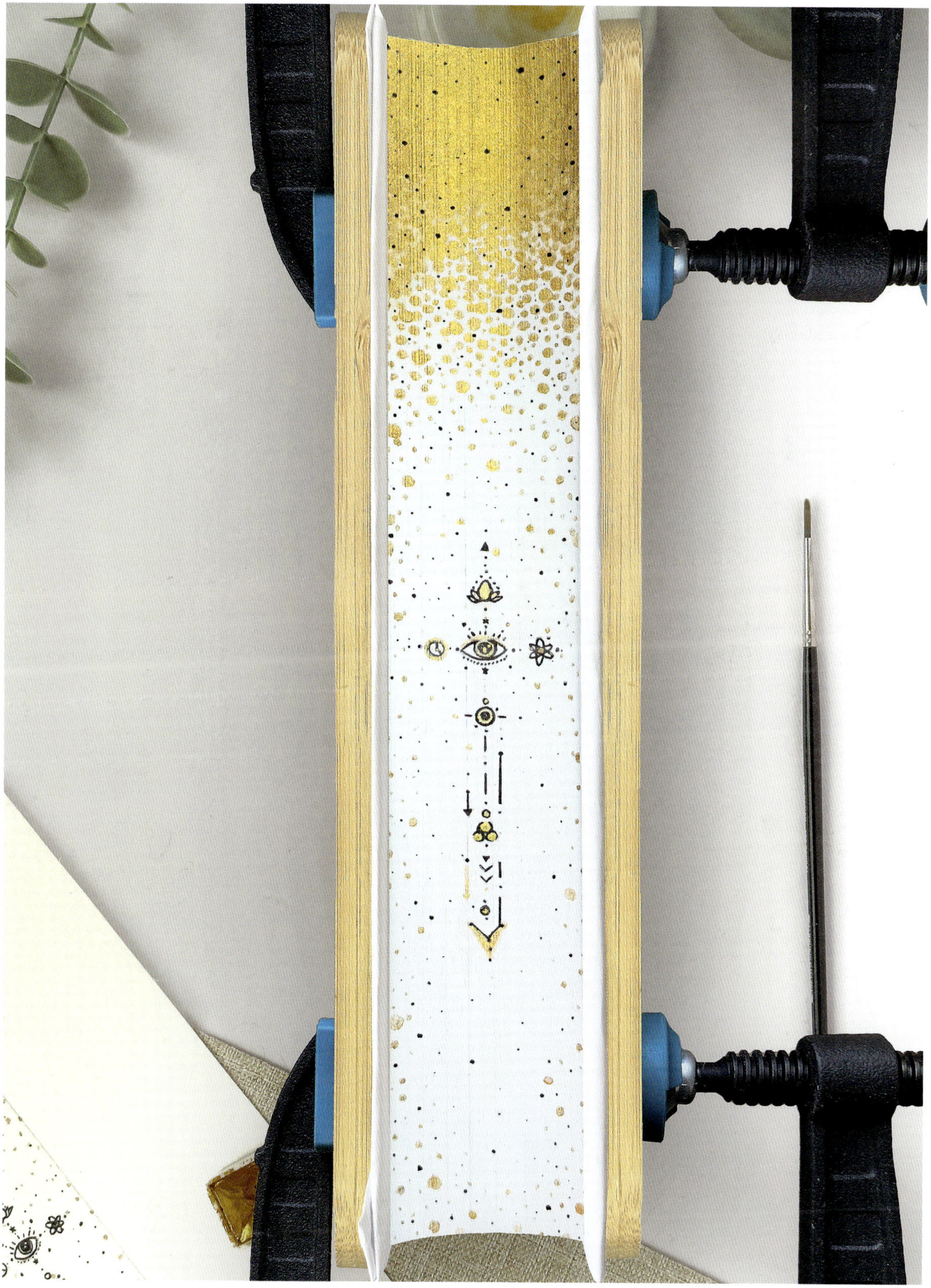

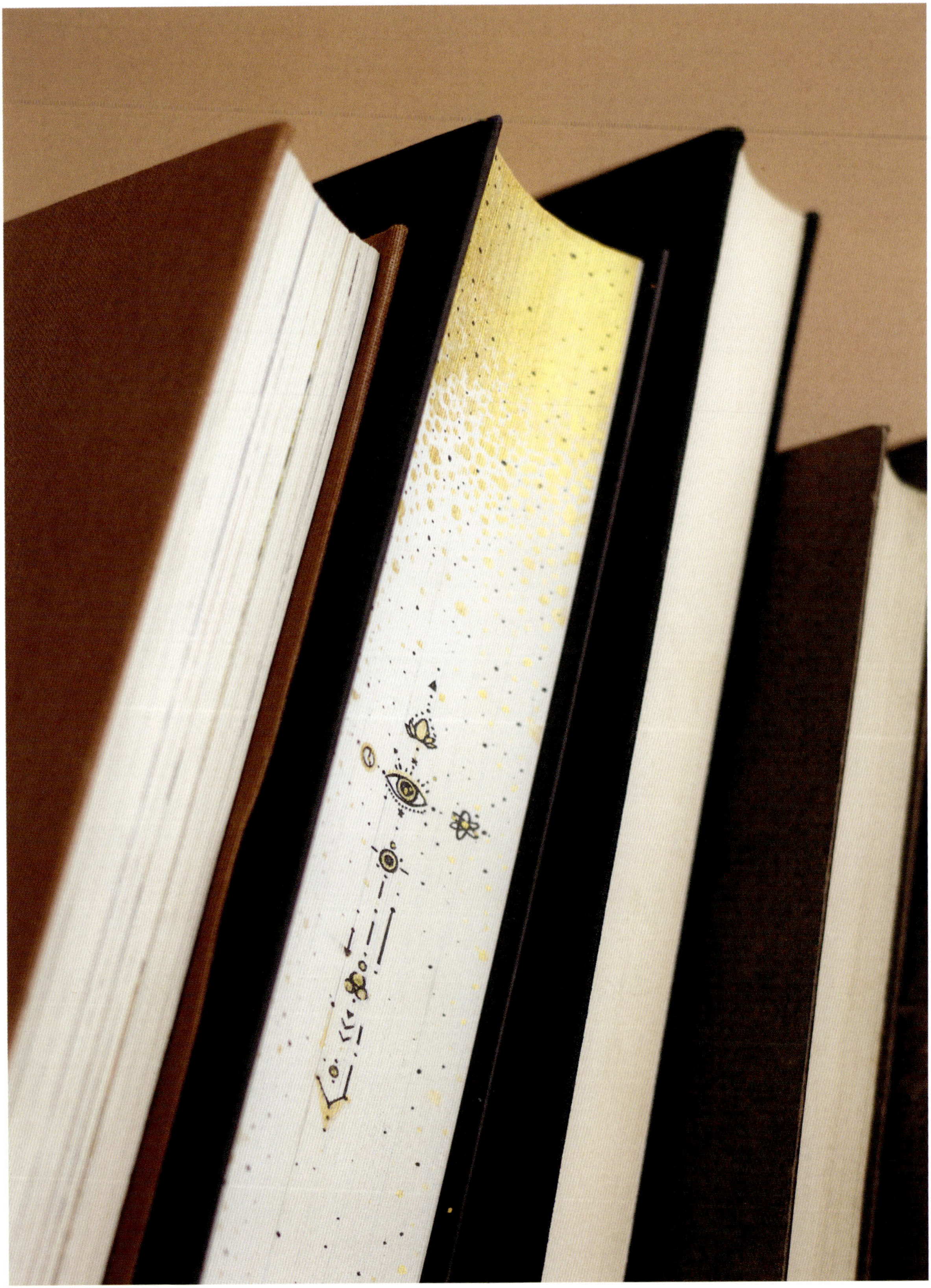

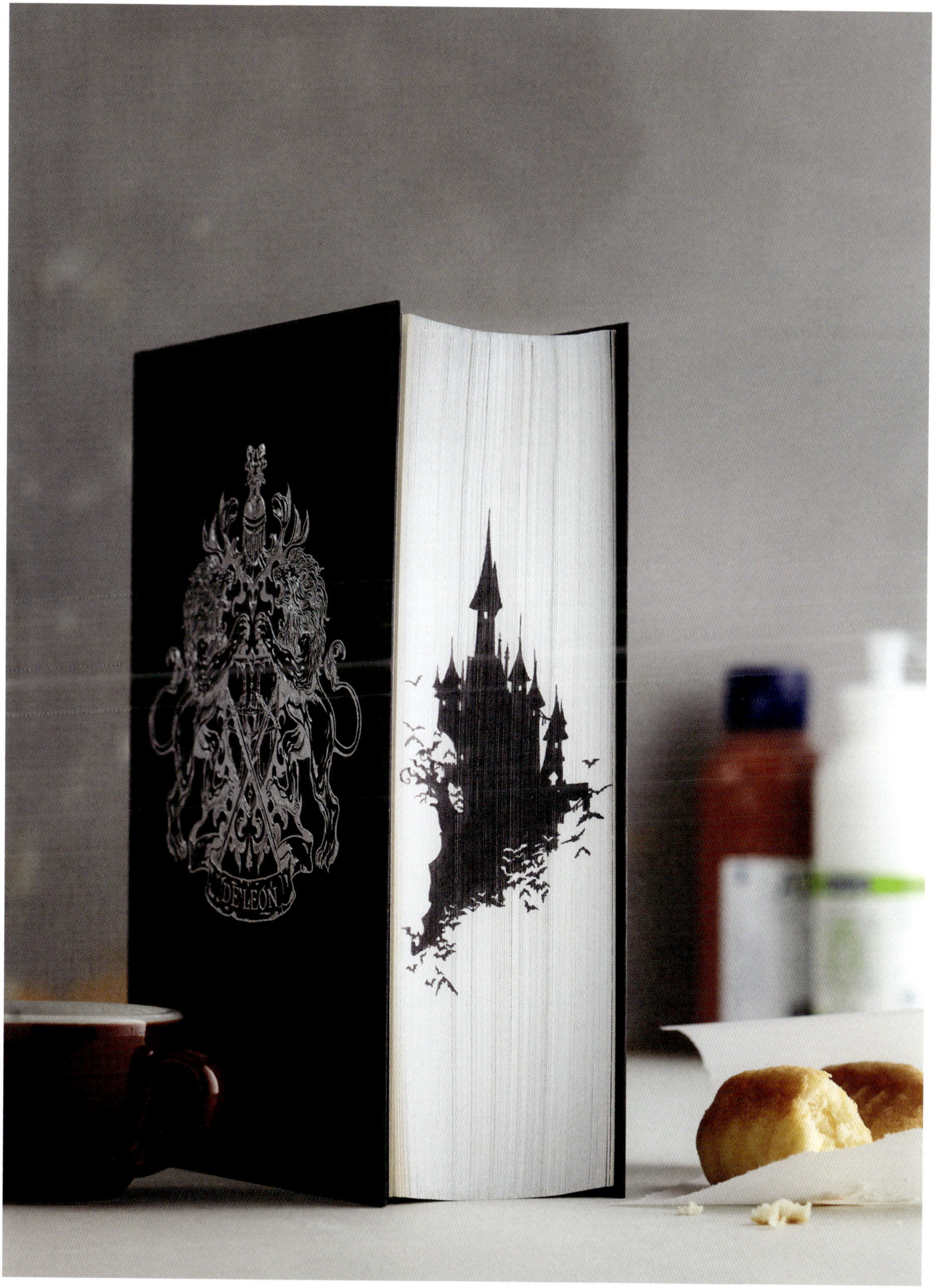
DE LEÓN

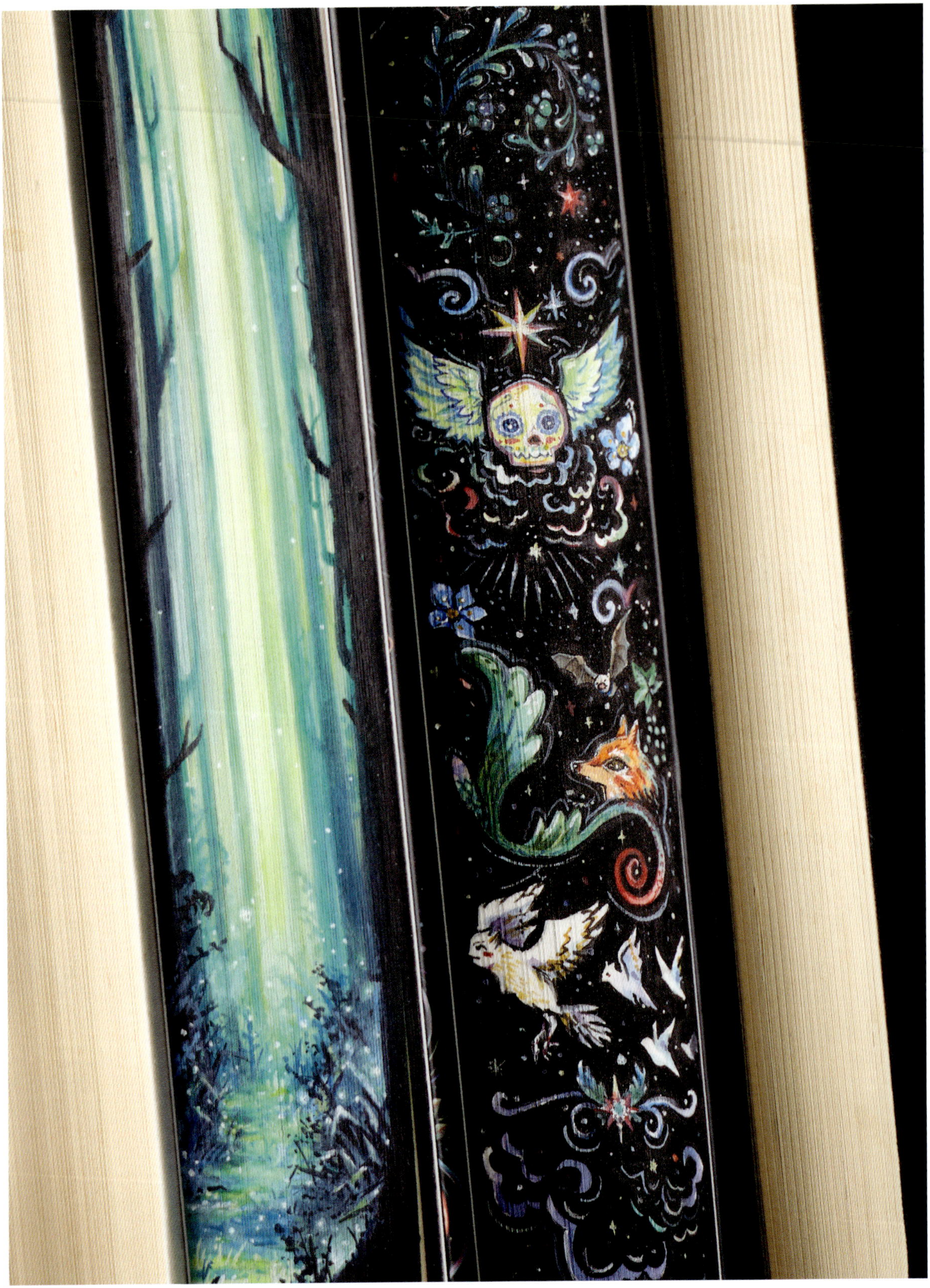

PROJEKTE

FÜR FORT-GESCHRITTENE

SCHWIERIGKEITSGRAD

PROJEKT 5

WANDELNDE WÄLDER

Für dieses Projekt habe ich das Buch „Die Wandelnden Wälder" von Elouise Mahlo bemalt. Das wunderschöne Cover bietet eine tolle Inspiration für ein Motiv. Wenn du dich bereits etwas an die Buchschnitt-Malerei herangetastet und gelernt hast, wie sich die Farbe auf dem Buchschnitt verhält, ist dieses Motiv sehr gut für dich geeignet. Der mystische Wald ist nicht zu anspruchsvoll, aber du benötigst etwas Geduld, da Farbschicht für Farbschicht aufeinander aufgebaut wird, um verschiedene räumliche Ebenen zu erzeugen. Damit diese Ebenen sich nicht miteinander mischen, solltest du die Farbe zwischen den Schritten trocknen lassen.

Diese Farben habe ich verwendet:
Cyan | Brilliant Green | Mai Grün | Permanent Grün | Oliv Grün | Weiß

Material:
Flachpinsel Größe 12 | Rundpinsel Größe 0, 3 | weiße Aquarellfarbe oder Gouache | Fixierspray

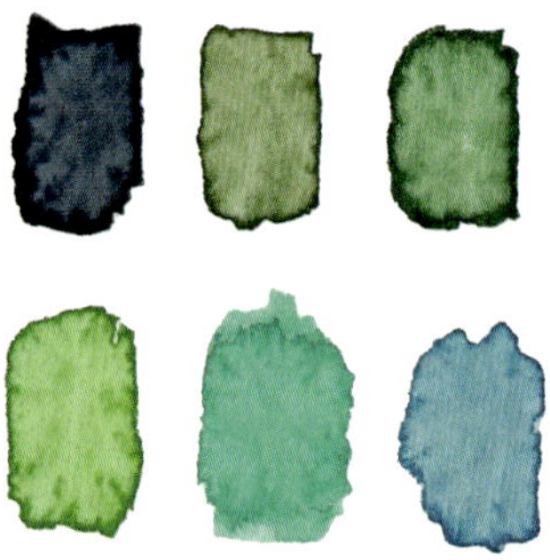

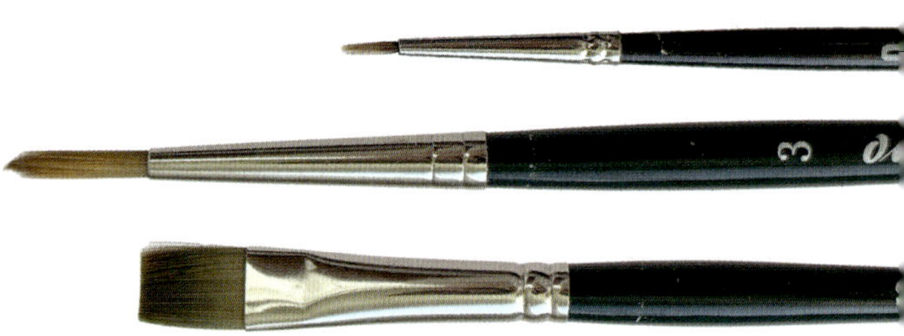

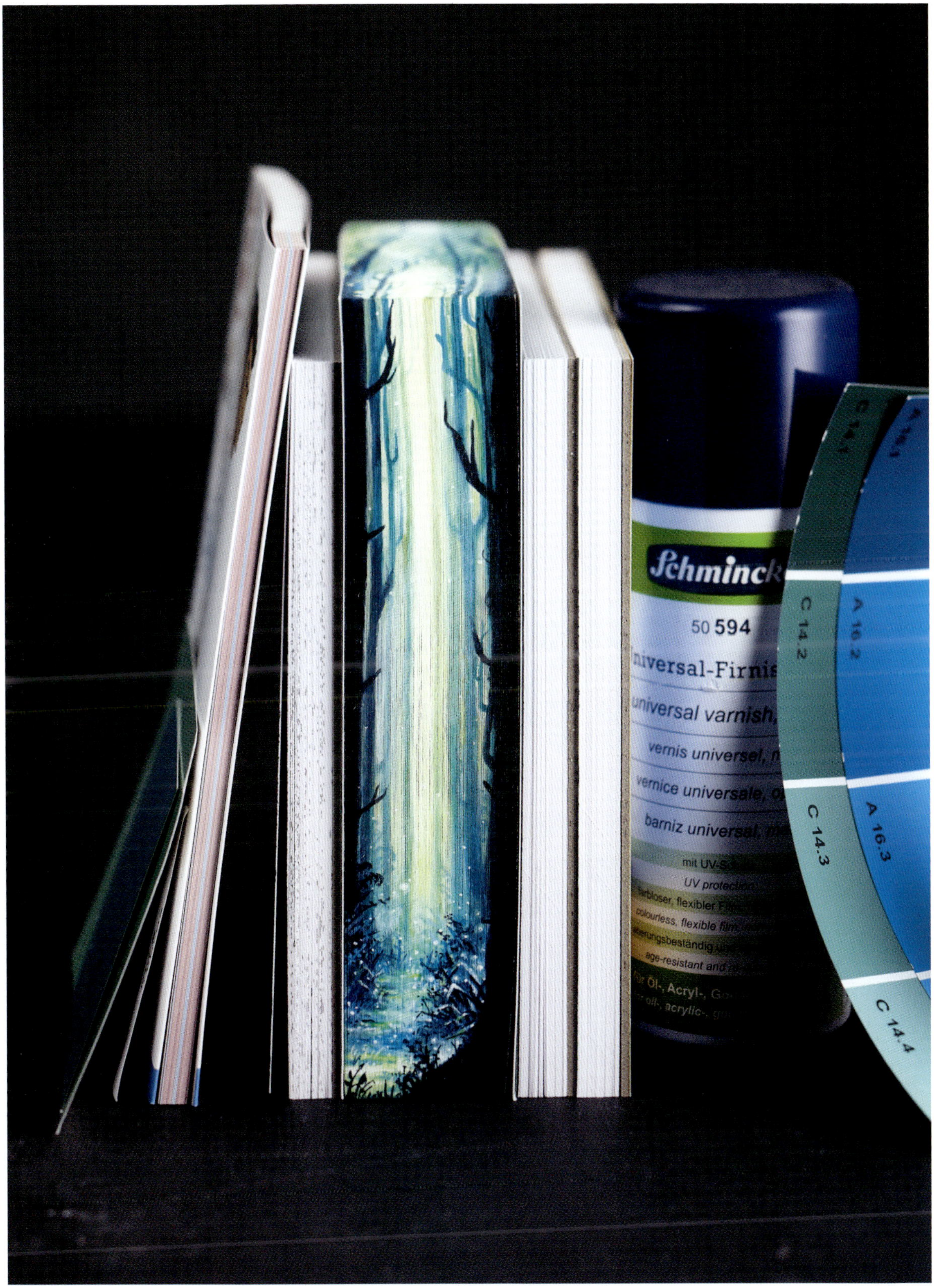
Schminck
50 594
UV protection
C 14.2
A 16.2
C 14.3
A 16.3
C 14.4

Schritt 1

Für dieses Motiv brauchst du nicht unbedingt eine Skizze, da der Hintergrund zu Beginn vollflächig ausgemalt wird. Du kannst dich beim Bemalen ganz vom Prozess leiten lassen und die Bäume und Äste so anordnen, wie es der Zufall möchte. Alternativ kannst du aber vorher einen Entwurf auf Aquarellpapier anlegen. Das hilft, um ein grobes Farbkonzept und eine schöne Komposition zu erstellen.

TIPP

Denke immer daran, dass Wasser- und Aquarellfarben nach dem Trocknen heller werden. Du musst dir also keine Sorgen machen, wenn die Farbe anfangs noch etwas zu dunkel aussieht.

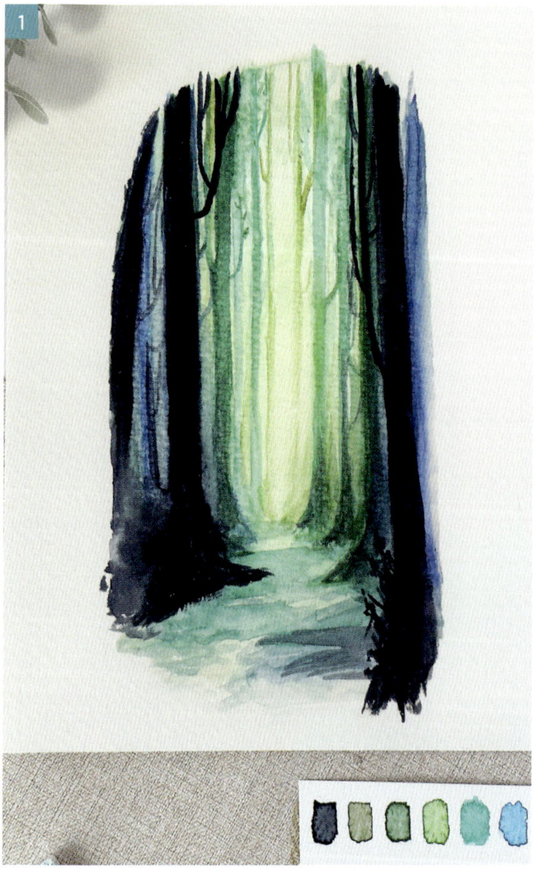

Schritt 2

Bereite dein Buch auf die Bemalung vor. Lege mittels einer kleinen Markierung auf der Buchkante eine Erinnerungsstütze an, die dir zeigt, auf welcher Seite das Cover ist. Fertige einen Papierumschlag für dein Buch an und spanne es in deine Presse ein. Die untere Schraubzwinge dient dabei als Stütze, um dein Buch hochkant aufzustellen.

Schritt 3

Nun ist es an der Zeit, deinen Buchschnitt zu bemalen. Der Untergrund ist die erste Schicht und damit die Basis deiner Waldszene. Benutze einen breiten Flachpinsel, zum Beispiel in Größe 12, um etwas hellgrüne Farbe in deiner Farbpalette anzumischen. Nimm dazu etwas mehr Wasser und weniger Farbe auf, damit das Grün wenig deckt und besonders hell ist. Trage die Farbe auf die gesamte Vorderseite deines Buchschnitts auf. Achte darauf, dass du trotzdem nicht zu viel Wasser verwendest. Tupfe den Pinsel immer wieder an deinem Papiertuch ab und nimm erneut ein wenig Farbe von deiner Farbpalette auf. Der Hintergrund darf ruhig etwas unregelmäßig wirken, er muss nicht perfekt gleichmäßig sein.
Die Farbe darf zum Rand hin und am unteren Teil des Buchschnitts etwas deckender und dunkler sein. Lasse deinen Farbauftrag nun eine Weile trocknen.

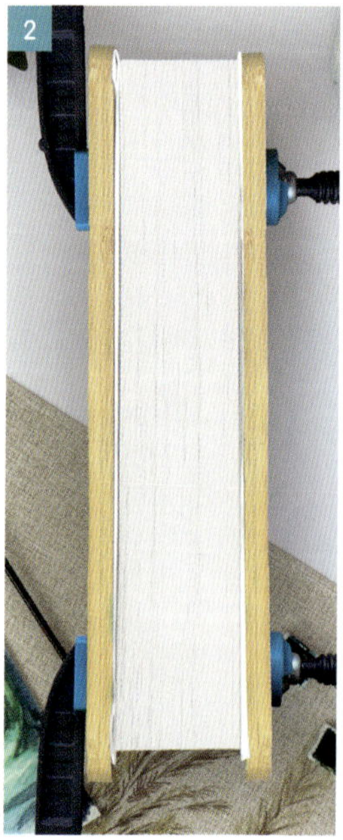

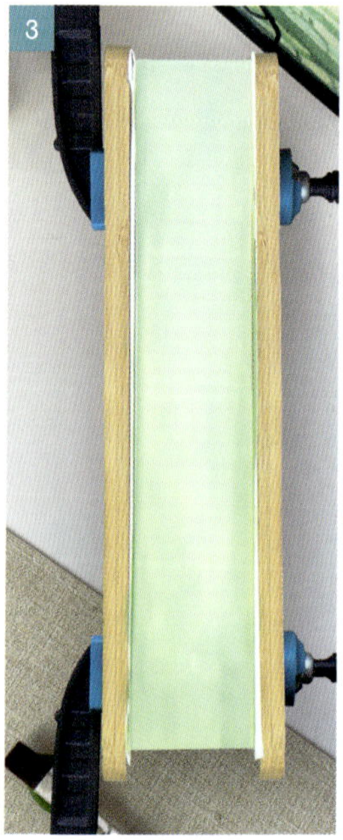

Schritt 4

Im nächsten Schritt malst du die erste Schicht der Bäume. Nimm dazu einen schmaleren Rundpinsel, zum Beispiel in Größe 3, und einen Grünton, der etwas mehr ins Bläuliche geht und dunkler ist als dein Hintergrund. Nutze wieder wenig Farbe und mehr Wasser. Die erste Ebene der Bäume befindet sich weit entfernt und ist damit sehr hell – sie verschwindet fast im Licht des Hintergrunds. Ziehe für die Baumstämme schmale, zarte Linien von oben nach unten. Lasse dabei eine schmale, vertikale Lücke in der Mitte zwischen den Bäumen stehen. Die Stämme können in Deckkraft und Dicke variieren und nach unten hin etwas dunkler und breiter verlaufen.

Schritt 5

Lasse als nächstes in der gleichen Farbe bereits ein paar dünne Äste an deinen Stämmen wachsen. Benutze dazu deinen Detailpinsel, und beginne deine Linien am Stamm, sodass sie zum Ende hin spitzer werden. Dann kannst du deinen Pinsel auswaschen und mit etwas Wasser über die Verbindung zwischen Ast und Stamm streichen, um beide miteinander zu verblenden.
Da ich das Gefühl eines magischen Waldes erzeugen wollte, sehen meine Baumstämme und Äste nicht wie in einem echten Wald aus, sondern haben einen stilisierten Look. Du brauchst dich daran aber nicht zu orientieren und kannst deine Bäume auch realistischer oder wilder kreieren.

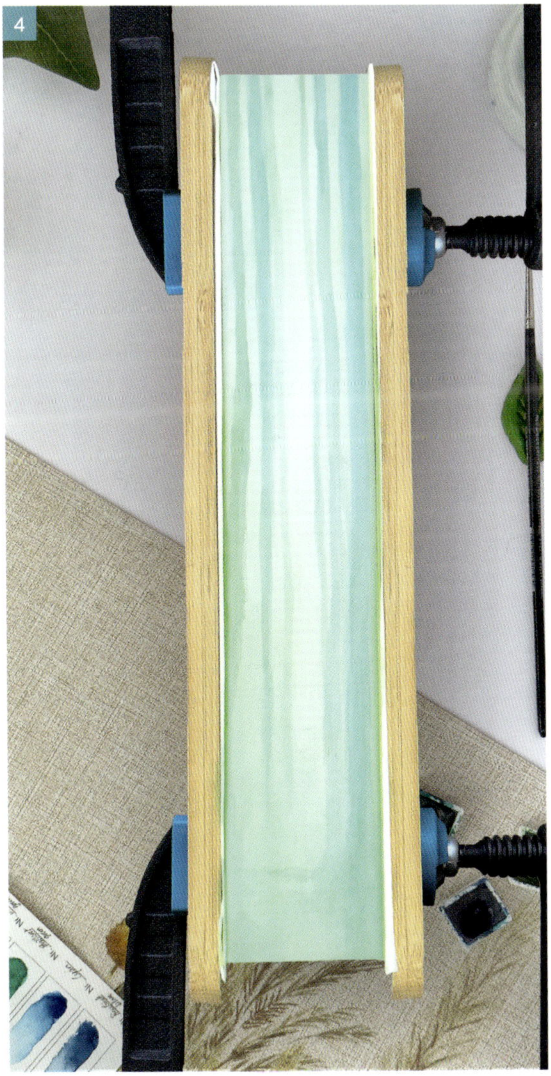

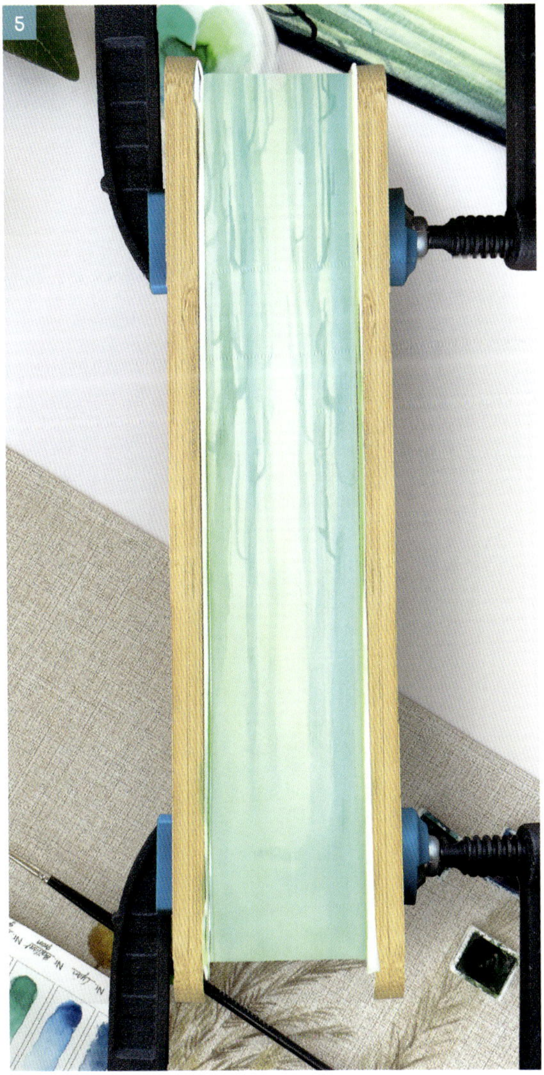

Schritt 6

Nun folgt die zweite Baumreihe. Nimm dazu den gleichen Farbton wie zuvor, aber gib diesmal weniger Wasser und etwas mehr Farbe hinzu. Auf diese Weise wird dein Farbton weniger transparent, aber dafür deckender. Lasse in der Mitte zwei oder drei der helleren Bäume sichtbar stehen und male näher zum Rand hin ein paar weitere Bäume. Da der Platz auf einem Buchschnitt sehr begrenzt ist, kannst du auch bereits vorhandene Bäume mit dem dunkleren Ton übermalen. Die helleren Äste werden trotzdem durchscheinen. Du kannst deine Baumstämme nach unten hin schon etwas länger ziehen als bei deiner ersten Baumreihe. Das erzeugt zusätzlich Dreidimensionalität und Tiefe.
Lasse deinen Buchschnitt gut trocknen.

TIPP

Bist du dir wegen der Deckkraft deiner Farben noch nicht sicher, kannst du deinen Farbton auch erst einmal auf Aquarellpapier austesten. So bekommst du ein Gefühl dafür, wie hoch der Wasseranteil sein sollte, um die gewünschte Transparenz zu erzeugen.

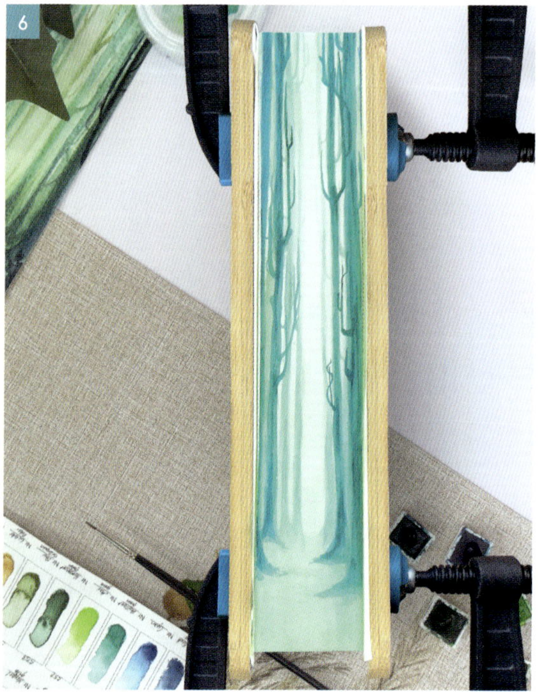

Schritt 7

Nun folgt die oberste Schicht deines Waldes, die ganz im Vordergrund deines Motivs stehen soll. Nimm dazu einen dunklen Blauton und mische ihn mit wenig Wasser und sehr viel Farbe an, damit das Blau so gut wie möglich deckt und nach dem Bemalen sehr dunkel, fast schwarz wirkt. Male damit links und rechts jeweils ganz am Rand deiner Malfläche den Anschnitt eines Baums. Die Stämme der Bäume können hier auch wieder weiter unten enden als die Bäume der vorigen Baumreihe. Um eine leichte Asymmetrie zu erzeugen, ragt einer meiner Bäume unten ganz aus dem Buchschnitt heraus. Das trägt ebenfalls dazu bei, den Betrachtenden das Gefühl zu geben, dass diese Ebene ganz vorne liegt.

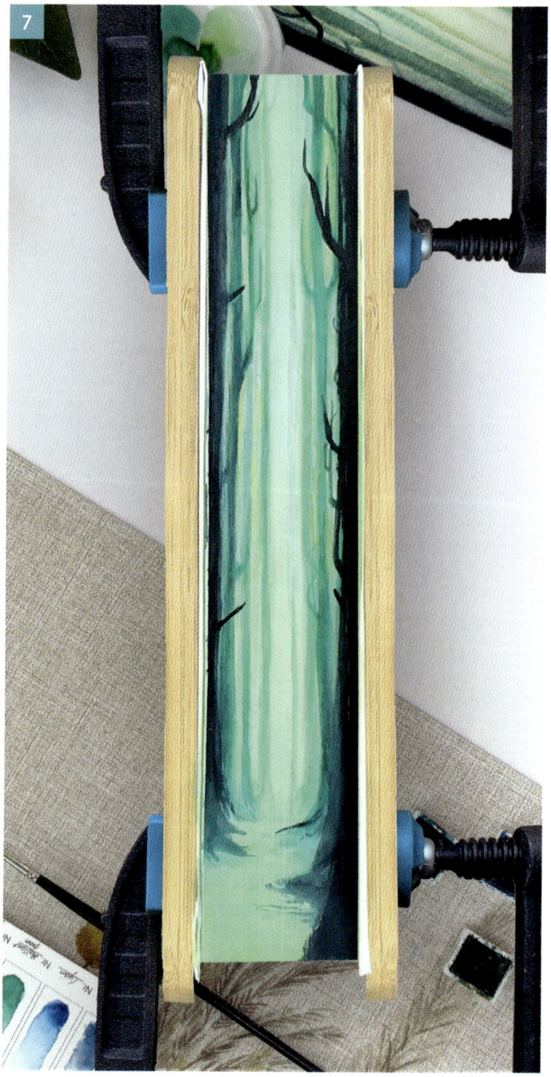

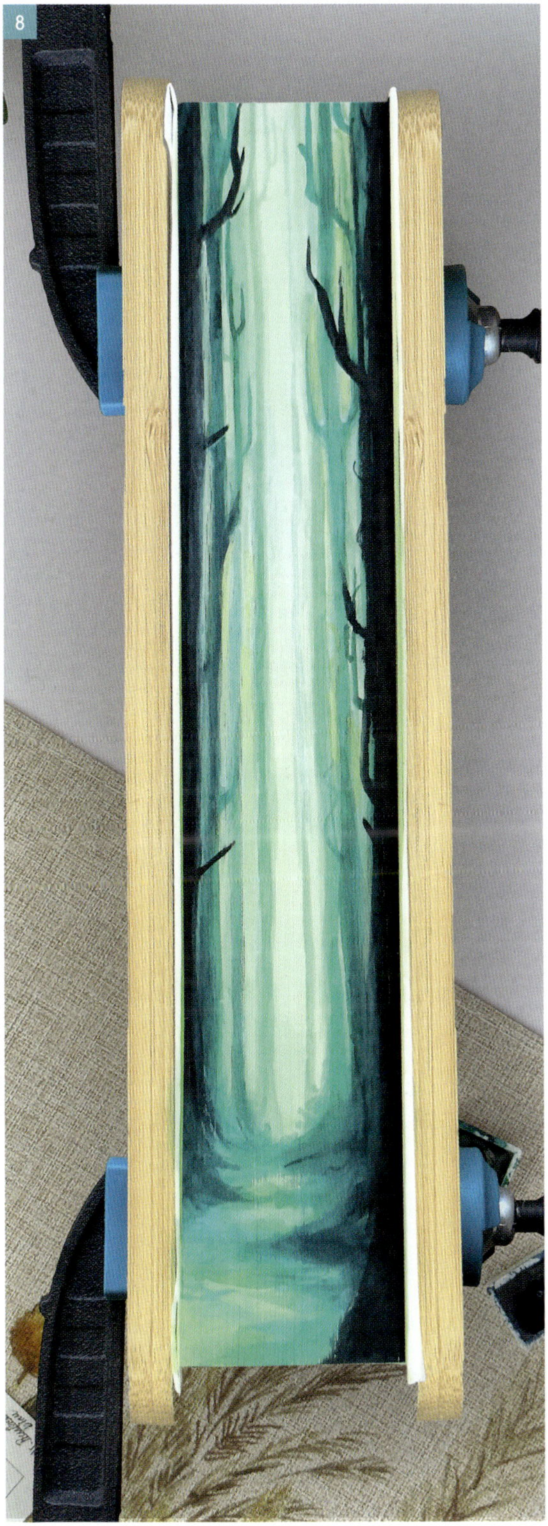

Schritt 8

Im nächsten Schritt kannst du ein paar Schattierungen auf dem Waldboden erzeugen. Nimm dazu den grünen Farbton, den du für die zweite Baumreihe in Schritt 6 benutzt hast und male an einigen Stellen ein paar Grasflächen horizontal zwischen den Fuß der Bäume. Wenn du den Pinsel ganz auswäschst und ein wenig Wasser damit aufnimmst, kannst du die neu aufgetragene Farbe mit der bereits getrockneten, hellgrünen Farbe verblenden. Das Schöne an Wasserfarben ist, dass man sie jederzeit wieder aktivieren und somit immer einen sanften Übergang erzeugen kann.

Schritt 9

Nun ist es an der Zeit, Details auf dem Waldboden hinzuzufügen. An dieser Stelle kannst du mit allen Farben arbeiten, die du in diesem Projekt bisher verwendet hast. Mit dem Dunkelblau kannst du an den schattigen Plätzen deiner Bäume Silhouetten von Büschen und Pflanzen herausragen lassen. Bei den hellen Stellen erzeugst du noch mehr Detailreichtum, indem du kleine Grashalme aus ihnen wachsen lässt. Somit entsteht immer mehr der Eindruck, als ob etwas Licht von oben durch die Bäume scheint und den Waldboden nur an bestimmten Stellen beleuchtet. Diese Stellen werden wiederum von neuen Pflanzen überschattet. Durch Überlagerungen verschiedener Grüntöne und ein kontrastreiches Verhältnis zwischen Licht und Schatten entsteht immer mehr Tiefe in deiner Malerei.

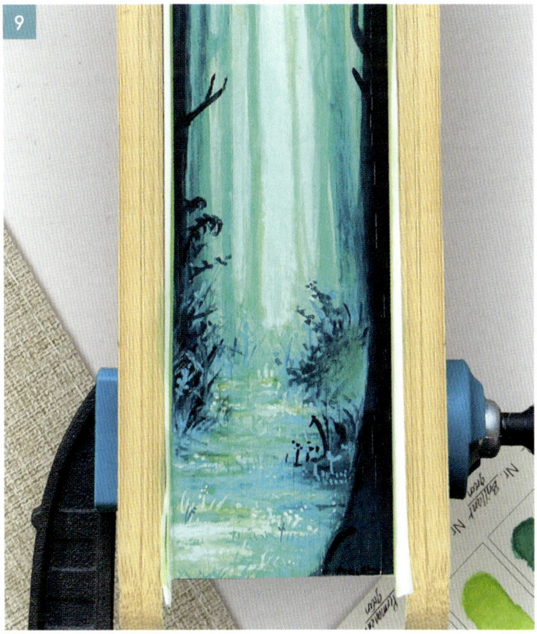

Schritt 10

Jetzt fehlt nur noch ein Funke Magie. Da es mein Ziel war, auf meinem Buchschnitt eine mystische Waldatmosphäre zu erzeugen, habe ich noch einige Leuchtpunkte hinzugefügt. Ob es sich hier um Seelen, Glühwürmchen oder leuchtende Feenwesen handelt, bleibt der Fantasie der Betrachtenden überlassen.
Für die leuchtenden Kreise habe ich zuerst in einem hellen Türkiston größere Kreise gemalt und dann mit weißer Farbe einen kleineren Punkt in die Mitte gesetzt. Dadurch entsteht ein gewisser Glow-Effekt. Deine Leuchtpunkte kannst du unregelmäßig überall nach Gefühl verteilen, auch auf dem restlichen Teil des Buchschnitts. Nach oben hin kann die Anzahl und die Größe der magischen Lichter immer kleiner werden.

Schritt 11

Im letzten Schritt für die Gestaltung der Vorderseite kannst du zusätzlich mit dem dunklen Blauton, den du bereits für die äußeren Bäume benutzt hast, Silhouetten von Pflanzen unten in den Anschnitt malen. Sie erzeugen eine höhere Detaildichte und helfen noch einmal, bei der räumlichen Anordnung der Elemente die vordere Ebene auch optisch in den Vordergrund zu rücken.
Bist du zufrieden mit deinem Ergebnis und sicher, dass du keine Stellen am Rand vergessen hast, ist die Gestaltung der Vorderseite abgeschlossen. Lasse den Buchschnitt trocknen.

10

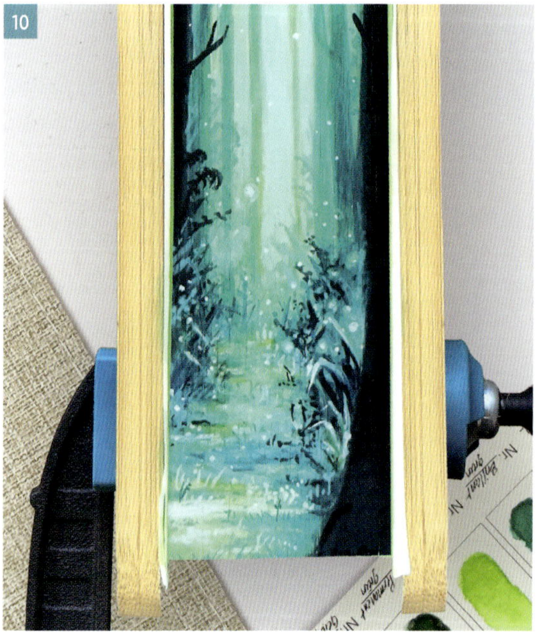

11

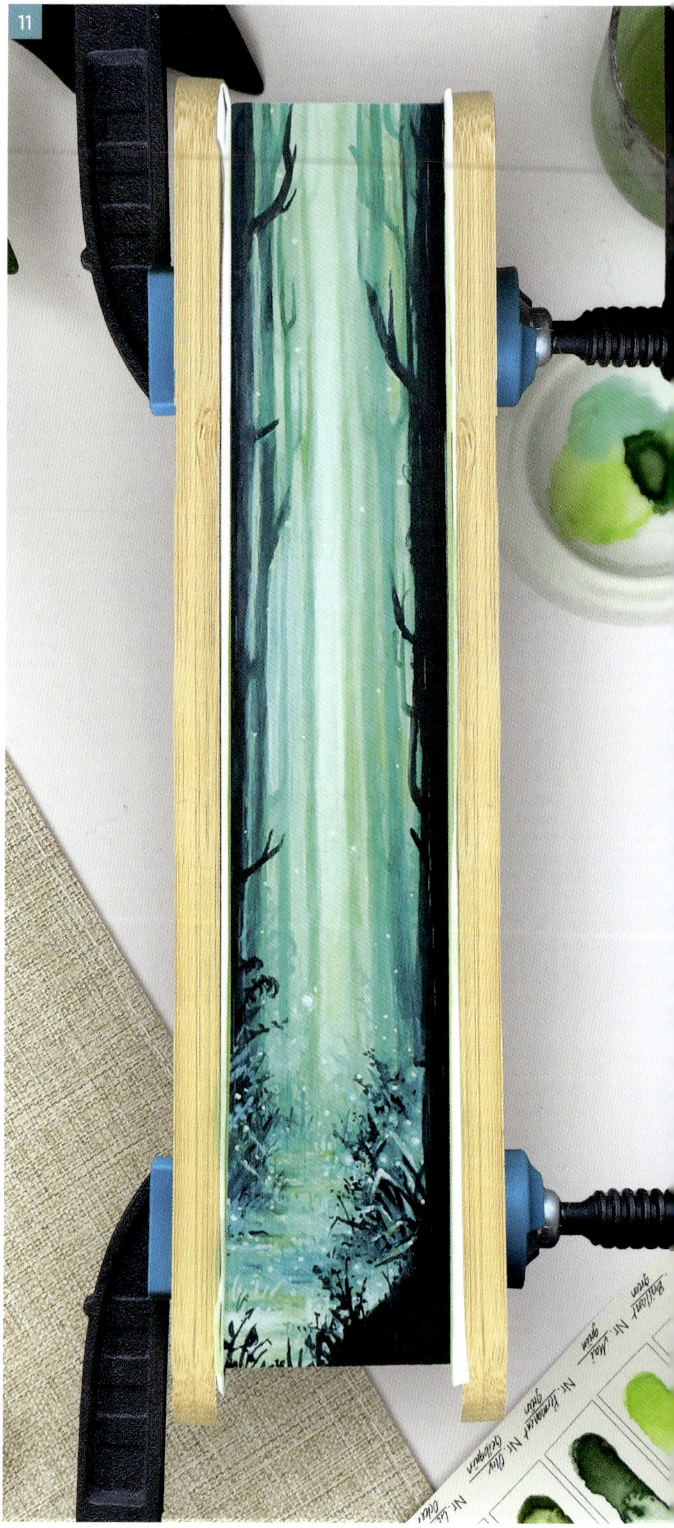

Schritt 12

Nun ist es an der Zeit, die nächste Kante zu bemalen. Justiere deine Presse noch einmal optimaler, um die obere Seite deines Buchschnitts zu bemalen. Hier kannst du genauso wie bei der Vorderkante vorgehen. Male die Kante vollflächig mit einem hellen Grünton aus, lege eine halbtransparente Baumreihe, dann eine zweite dunklere und eine ganz dunkle im Vordergrund an. Lasse die einzelnen Farbaufträge immer gut trocknen. Zum Schluss malst du die Details in Form von Lichtern, Schatten und Blättern in der Baumkrone in verschiedenen Grüntönen.

TIPP

Du kannst während des gesamten Projekts jederzeit zwischendrin schon aufhören, wenn du mit deinem Buchschnitt bereits zufrieden bist oder die darauffolgenden Schritte dir noch zu schwierig sind. Es ist dein Buch und die Bemalung soll dir Freude bringen. Fühle dich also nicht unter Druck gesetzt, jedem Schritt genau zu folgen. Es sind nur Übungen, die viel Raum für deine eigene Kreativität lassen.

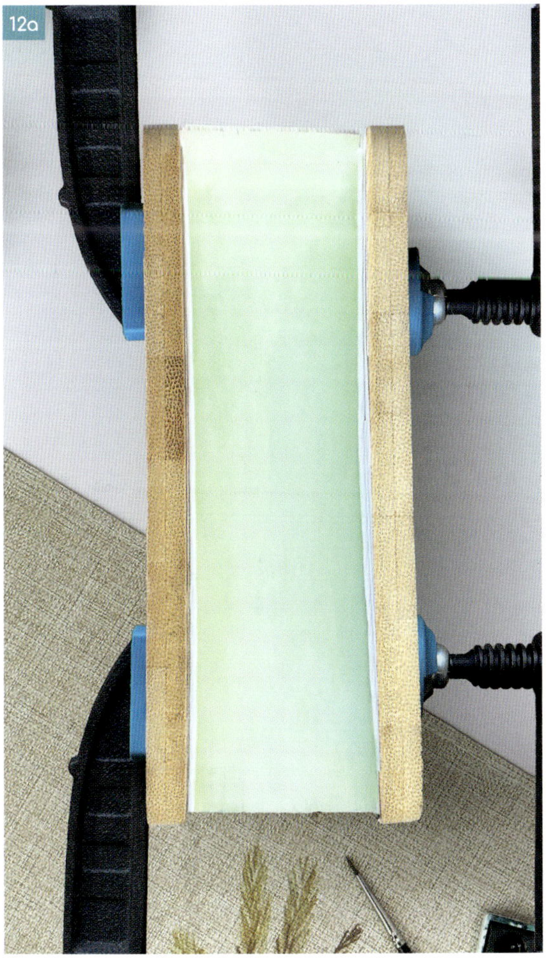

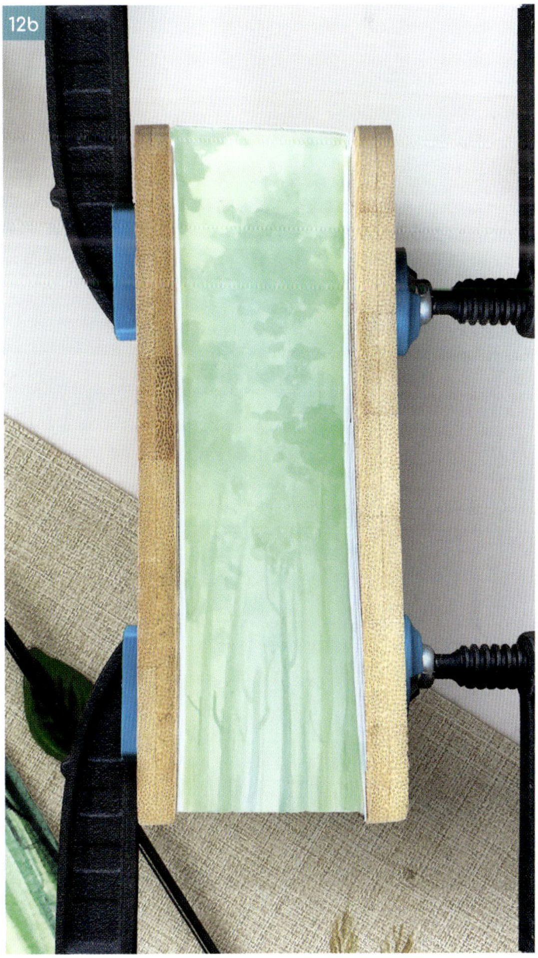

Schritt 13

Bei meinem Motiv wollte ich eine besondere Perspektive hineinbringen: Meine Baumstämme und Äste enden ganz oben und neigen sich mit ihren Spitzen in Richtung des oberen Mittelpunkts. Das erzeugt den Eindruck, als ob wir von unten hinauf in die Baumkronen schauen und das Sonnenlicht durch die Blätter scheint.
Lasse deine bemalte Buchkante wieder trocknen.

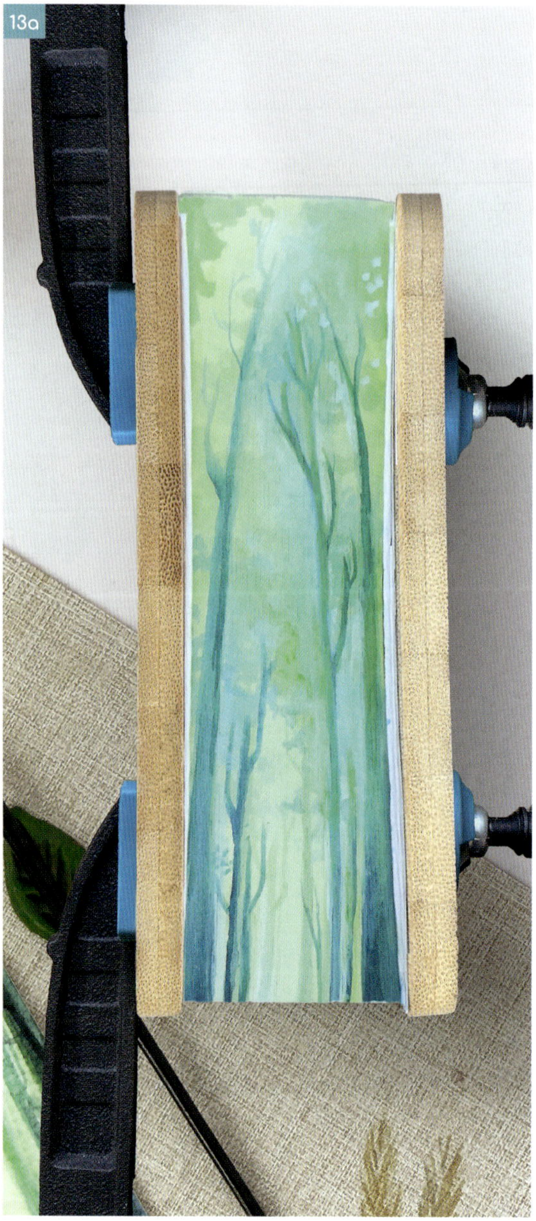

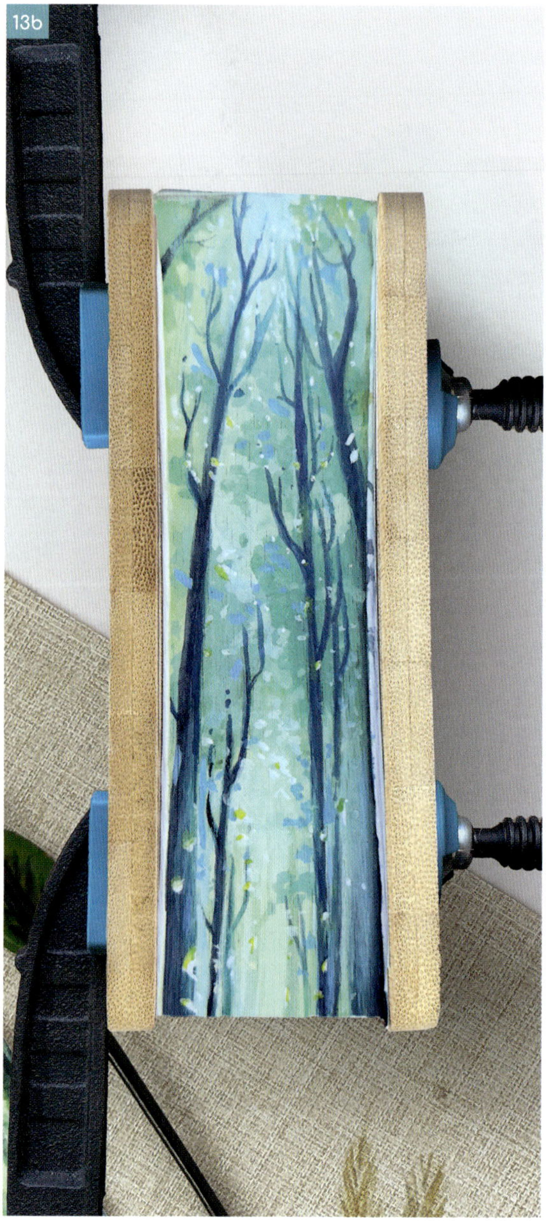

Schritt 14

Spanne zum Schluss die untere Kante deines Buchs in die Presse ein. Male sie vollflächig mit dem dunklen Blauton und dem breiten Flachpinsel aus, den du auch für die erste Schicht deiner Vorderkante benutzt hast. Für den Bereich, der sich in der Nähe der Bindung befindet, kannst du auch einen kleineren Rundpinsel verwenden, um die Farbe präziser verteilen zu können. Dunkle Töne bleichen nach dem Trocknen immer etwas aus. Male gegebenenfalls mit einer zweiten oder sogar dritten Schicht Farbe darüber, um die gewünschte Farbintensität zu erzeugen.

Schritt 15

Wenn dein Buchschnitt komplett getrocknet ist, kannst du alle drei Kanten mit Fixierspray besprühen. Nimm das Buch als nächstes aus der Presse und separiere die Seiten vorsichtig voneinander. Löse zum Schluss den Papierumschlag vom Buch.

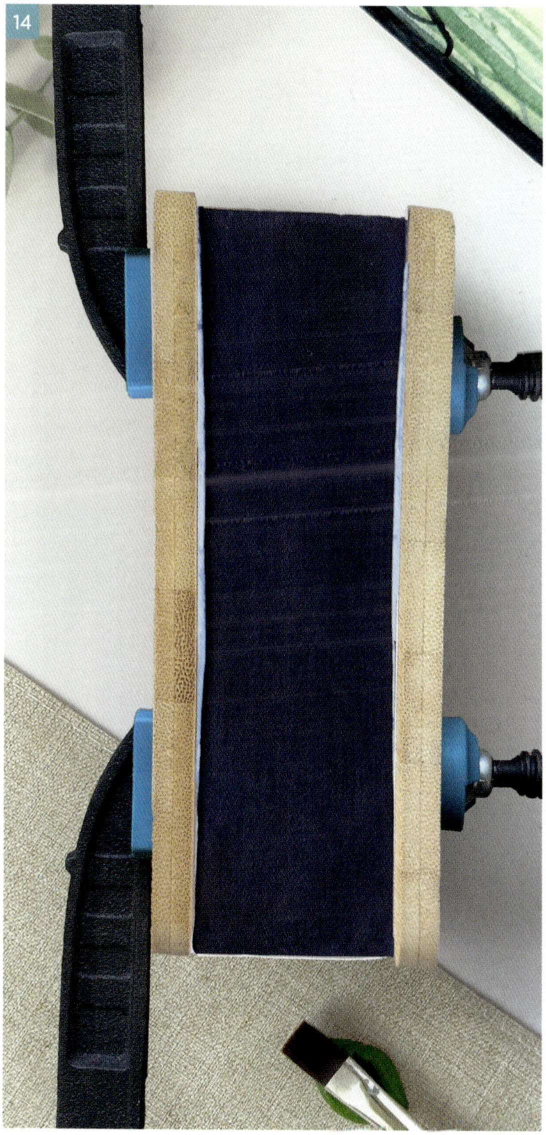

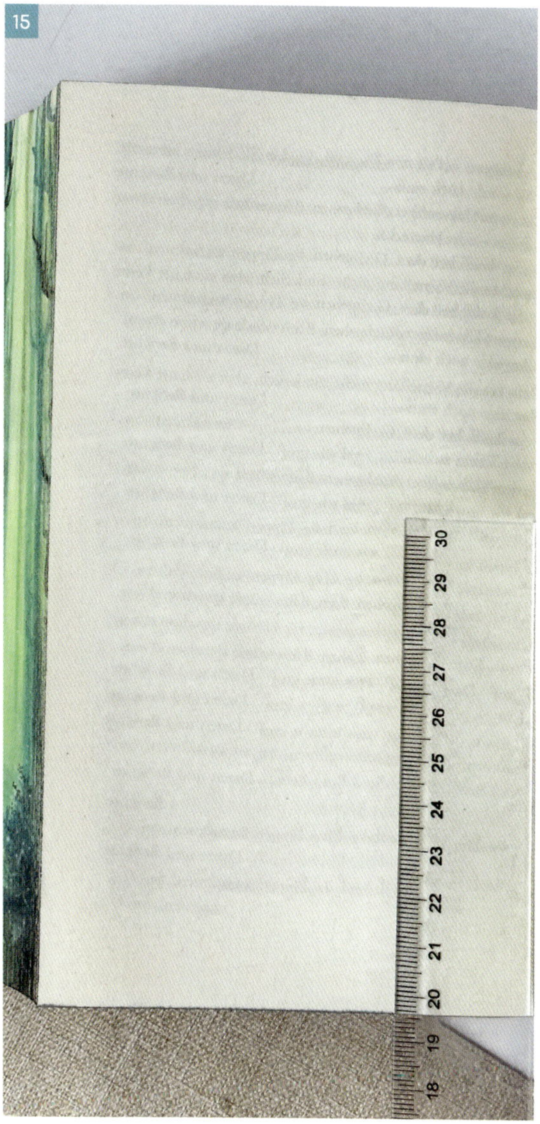

SCHWIERIGKEITSGRAD

PROJEKT 6

ORNAMENTE

Für diese Übung habe ich das Buch „Vergiss mein nicht" meiner Lieblingsautorin Kerstin Gier ausgewählt. Das wunderschöne Design des Umschlags mit den farbenfrohen Illustrationen von Eva Schöffmann-Davidov bietet sich besonders gut für ein Cover-Match an. Ich freue mich sehr, dass Eva ihr Einverständnis gegeben hat, diese Elemente für das folgende Projekt nutzen zu dürfen. Vielen Dank!
Wenn du bereits einige einfache Buchschnitte bemalt hast und nach einer größeren Herausforderung suchst, ist diese Übung gut für dich geeignet.

Diese Farben habe ich verwendet:
Cyan | Orange | Magenta | Brilliant Green | Mai Grün | Weiß

Material:
Bleistift | Rundpinsel in Größe 0, 1, 3 | Fixierspray

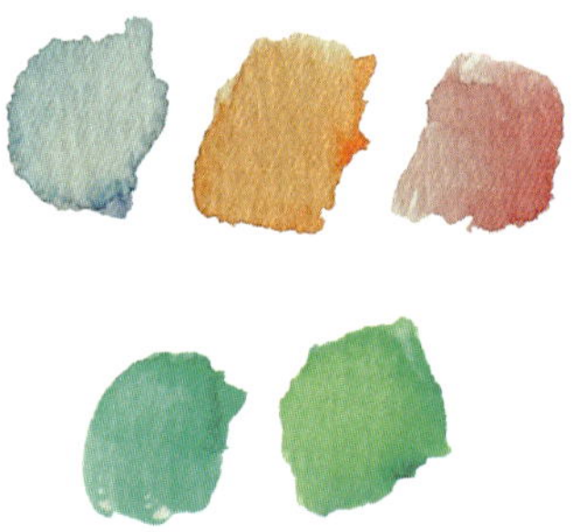

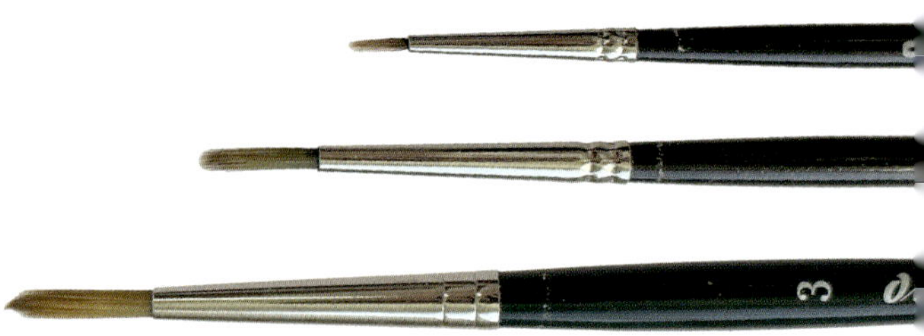

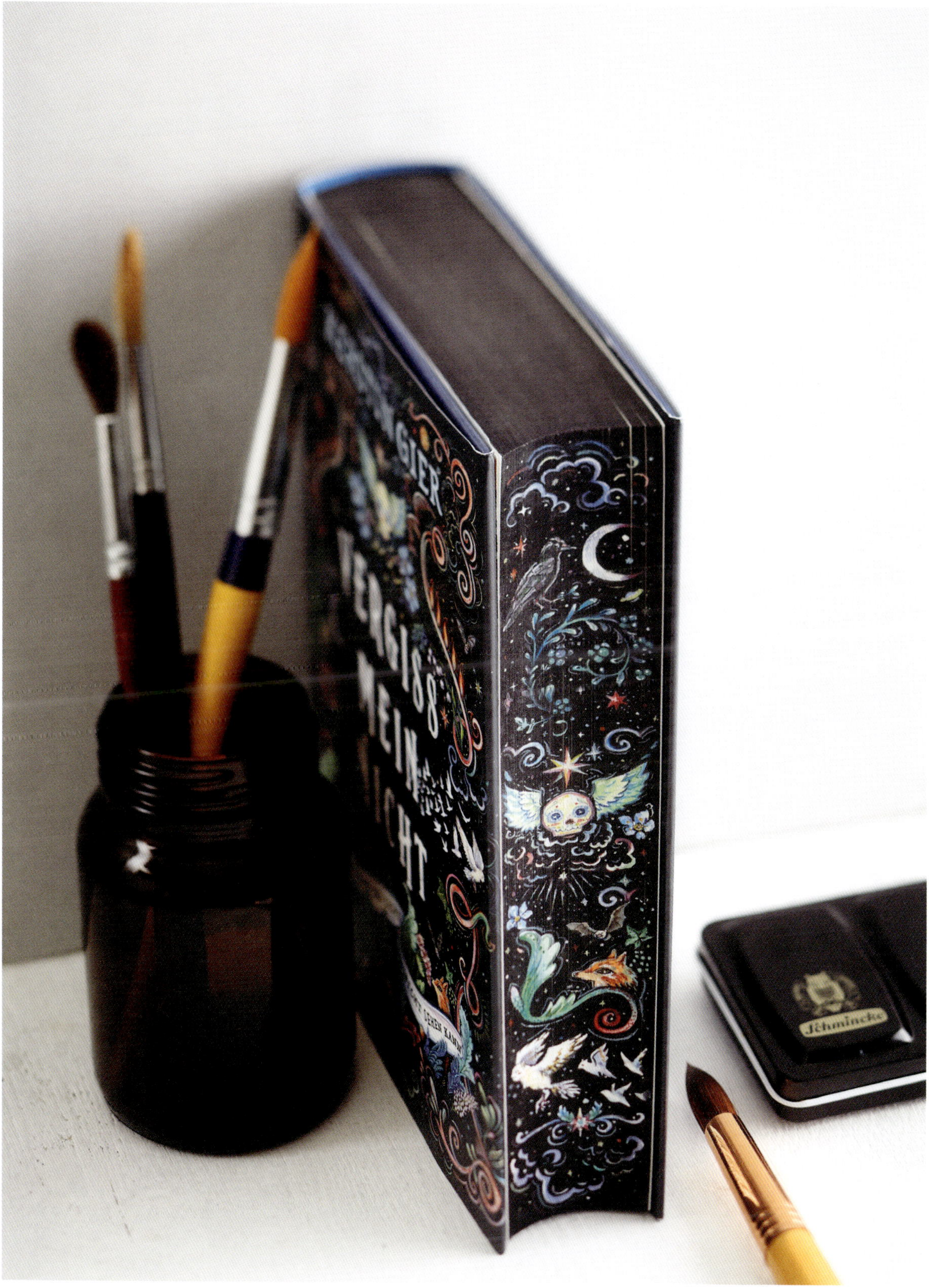
GIER
VERGISS
MEIN
Schmincke

Schritt 1

Da bei einem Cover-Match der Schutzumschlag fundamental ist, legst du ihn dir am besten in Reichweite, wenn du ihn vom Buch entfernt hast. So kannst du ihn während des Malprozesses immer wieder anschauen. Solltest du ein Buch bemalen, das keinen Schutzumschlag hat, fotografiere dein Cover vorher ab.

Schritt 2

Bereite dein Buch auf die Bemalung vor. Markiere vorher auf deinem Buchschnitt auf welcher Seite sich das Cover befindet. Fertige einen Papierumschlag für dein Buch an und spanne es in deine Presse ein, sodass deine untere Schraubzwinge als Stütze dient, um dein Buch hochkant aufzustellen.

TIPP

Bei vielen Büchern finden sich nicht nur auf dem Buchcover interessante Elemente, sondern auch auf dem Buchrücken, der Rückseite des Umschlags oder sogar auf dessen Innenseiten. Es lohnt sich also immer, sich das Buch vor der Bemalung sehr genau anzuschauen.

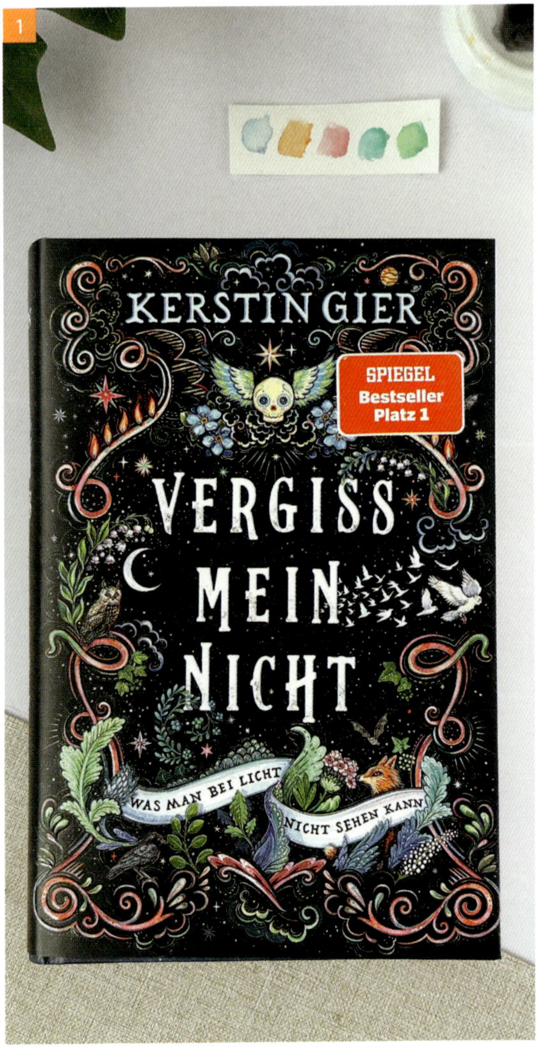

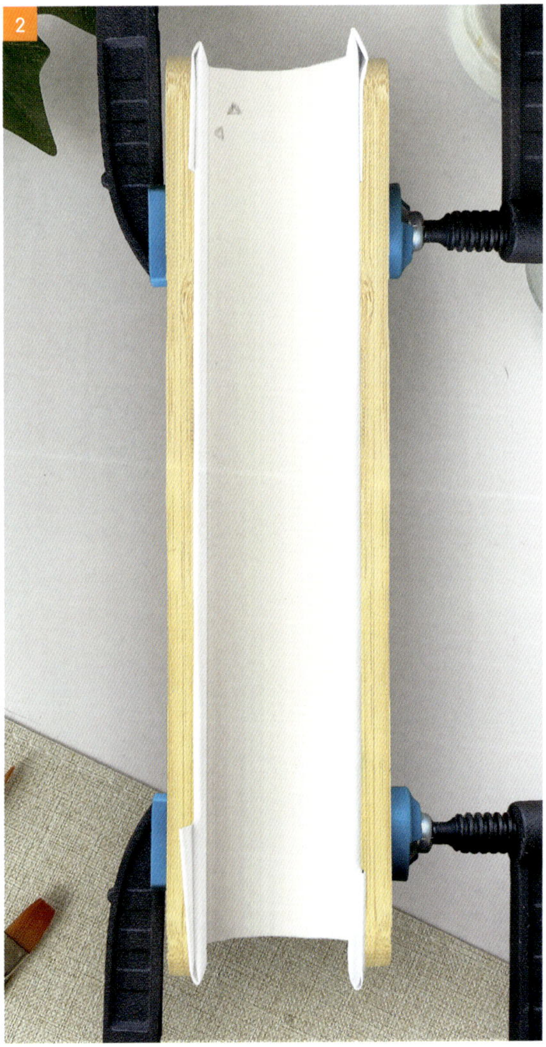

Schritt 3

Beginne im nächsten Schritt damit, einzelne Elemente vom Buchumschlag skizzenhaft mit Bleistift auf deine Buchkante zu übertragen. Wenn du dabei nicht zu fest aufdrückst, kannst du die Skizzen jederzeit wieder ausradieren. Kreiere auf diese Weise direkt auf dem Buchschnitt nach und nach einen Entwurf für deinen Bildaufbau. Möchtest du lieber auf Nummer sicher gehen, kannst du auch schon vorher ein Konzept auf Papier aufzeichnen.
Ich habe bei meinem Bildaufbau mit den Wolkenornamenten begonnen, denn sie runden oben und unten das Motiv ab. Den geflügelten Skelettkopf habe ich in der Mitte als Blickfang angeordnet. Im nächsten Schritt kamen dann für die Zwischenräume weitere Elemente vom Buchumschlag hinzu, sodass der gesamte Bildaufbau aus mehreren Reihen von Ornamenten zusammengesetzt ist. Die Objekte oberhalb des Mittelpunkts sind dabei alle nach rechts gerichtet, die Elemente unterhalb zeigen nach links. Die Flügel des Schädels zeigen in beide Richtungen. So ist das gesamte Motiv in mehrere Bereiche unterteilt, die aber zusammen ein ausgeglichenes Gesamtbild ergeben.

TIPP

Wenn du dir noch unsicher bist wie du die einzelnen Elemente auf deinem Buchschnitt anordnen möchtest, kannst du auch zuerst ein paar schnelle Skizzen auf Papier aufzeichnen. Dabei kannst du die Ornamente als sehr einfache Formen darstellen (zum Beispiel Kreise und Kringel). Eine andere Möglichkeit ist es dir die einzelnen Objekte schon etwas genauer zu skizzieren und sie dann auszuschneiden und neu anzuordnen, bis du mit dem Bildaufbau zufrieden bist.

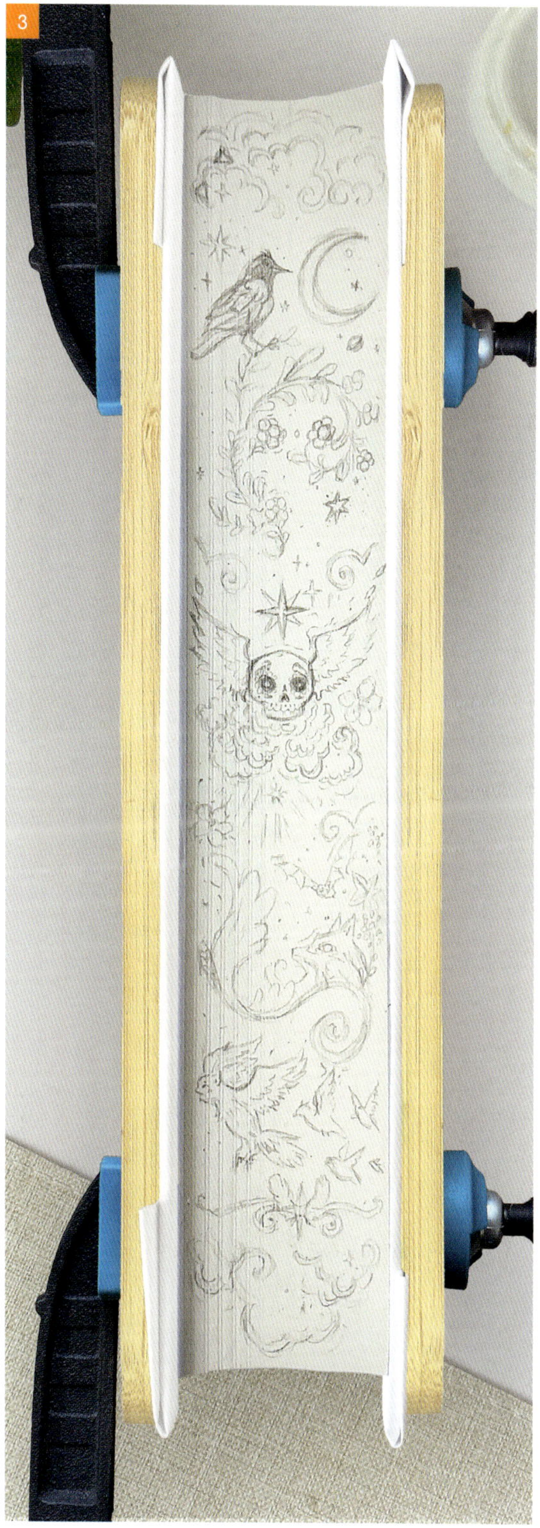

Schritt 4

Bist du mit deinem Entwurf zufrieden, kannst du nun beginnen, die Hintergrundfläche zwischen den einzelnen Elementen mit schwarzer Farbe auszumalen. Nimm dazu einen schmalen Rundpinsel, zum Beispiel der Stärke 1, und umrande deine Elemente erst einmal mit schwarzen Linien. Das macht es später einfacher, die Flächen zwischen den Linien einzufärben.

Schritt 5

Nun ist es an der Zeit, etwas Farbe ins Spiel zu bringen. Mische dazu die Grundfarben deiner Elemente an. Diese Mitteltöne bilden die Grundlage und lassen im späteren Prozess die Möglichkeit offen, Lichter und Schatten hinzuzufügen. Im Cover von „Vergiss mein nicht" finden sich überwiegend Pastelltöne wieder: ein heller Gelb-, Grün-, Blau-, Rot- und Orangeton. Diese Farbtöne kannst du auf verschiedene Stellen deiner Buchkante verteilen und auch schon hier und da miteinander verblenden. Durch den Kontrast zur schwarzen Fläche wirkt die Buchkante schon jetzt sehr farbenfroh.

4a

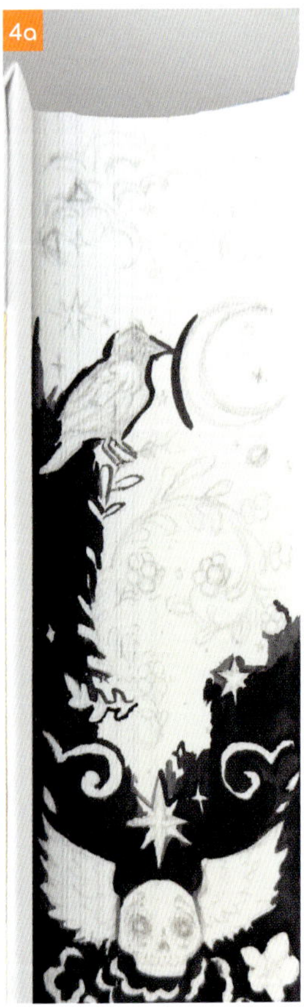

4b

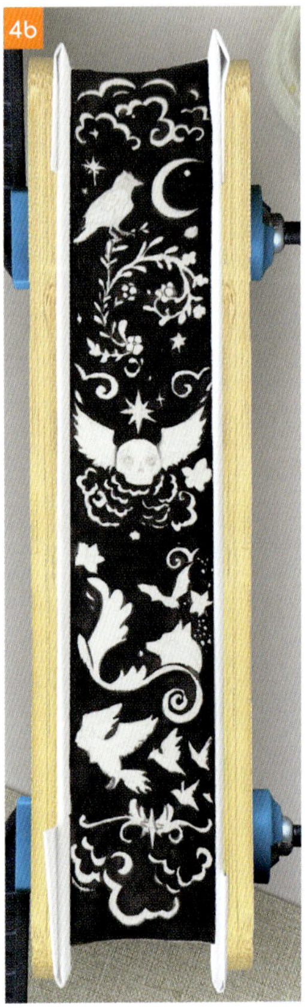

5

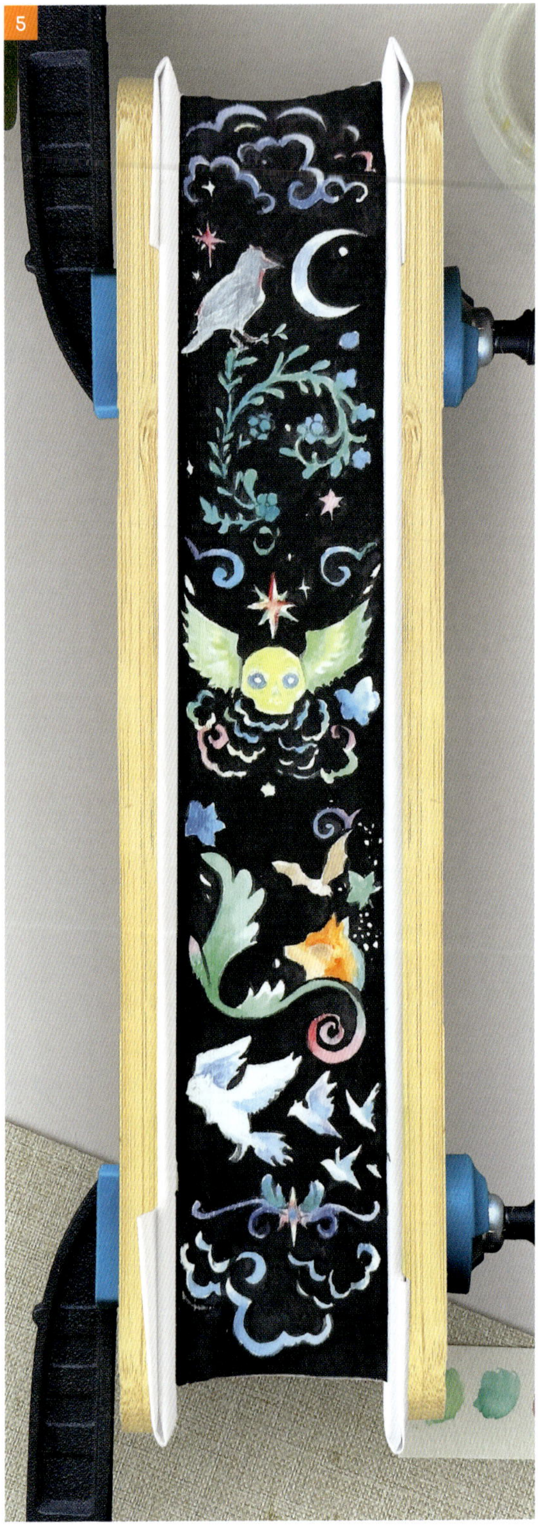

Schritt 6

Nun kannst du mit dunklen Farben und einem Detailpinsel der Größe 0 schon einige Linien und Details hinzufügen und deinen Elementen dadurch mehr Kontur geben. Male mit einem dunkleren Grünton Schattierungen in die Blätter. Kreiere beim Fuchs mit weinroter Farbe Texturen im Fell. Umrande die Federn des Raben mit schwarzer Farbe. Gib dem Skelettkopf und allen anderen Wesen des Motivs ein Gesicht.

Schritt 7

Im nächsten Schritt kannst du noch weitere Details hinzufügen und deinen Ornamenten somit den letzten Schliff geben. Ergänze in dunkleren Farben zusätzliche Schatten. Hebe hellere Stellen noch etwas hervor. Verblende an einigen Stellen deiner Objekte zusätzliche Farben mit den schon vorhandenen. Vergleiche deine Elemente dabei immer wieder mit den abgebildeten Illustrationen vom Cover. Durch diese Schritte erzeugst du immer mehr Tiefe und Kontrast und die Farben deines Buchschnitts bekommen noch mehr Strahlkraft.

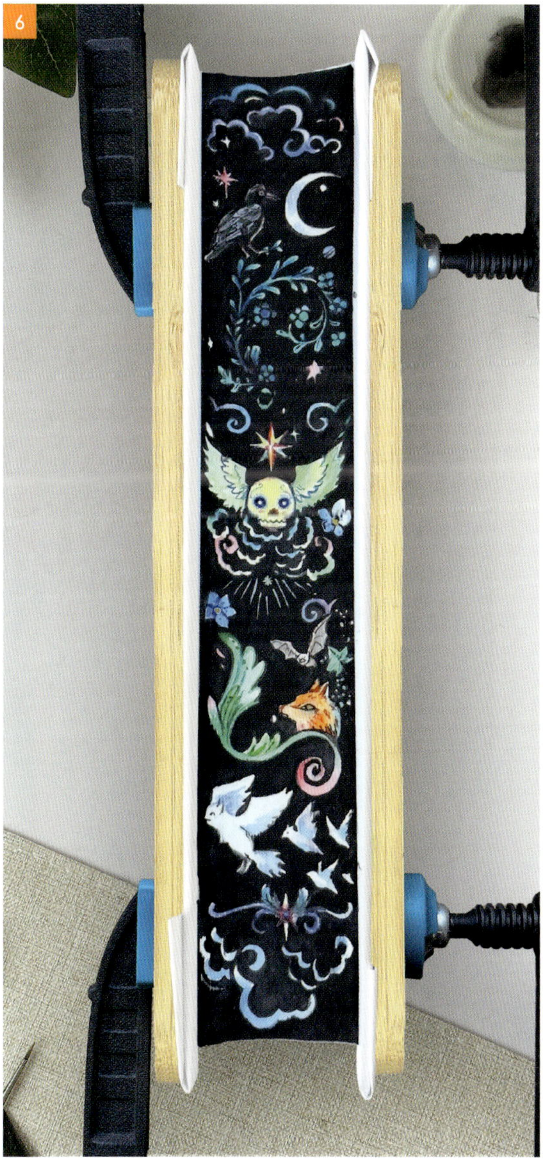

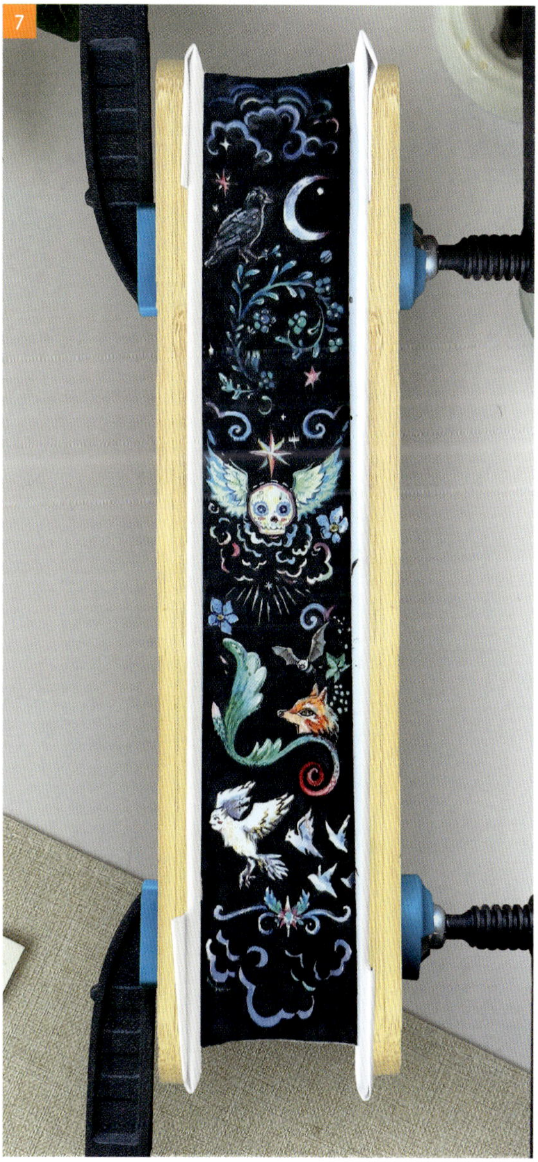

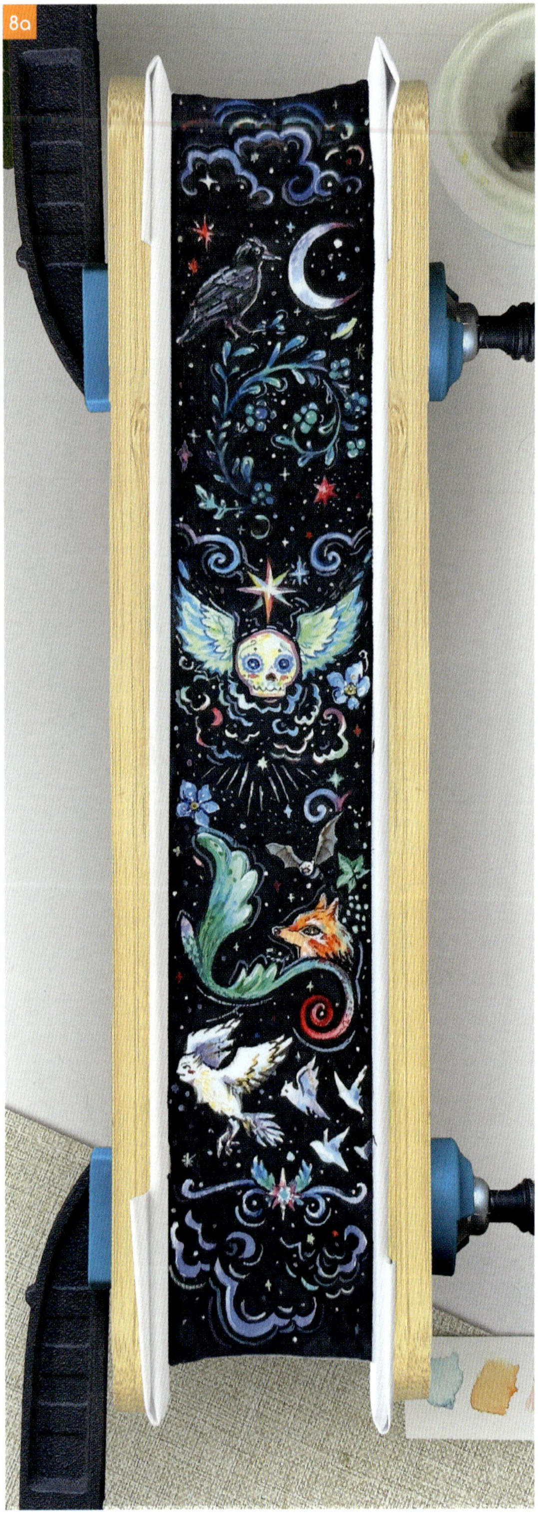

Schritt 8

Zum Schluss kannst du auch auf dem schwarzen Bereich noch viele kleine Details hinzufügen. Verteile überall kleine, helle Lichtpunkte und Sterne in verschiedenen Größen und in den Pastelltönen, die du bereits verwendet hast. Diese kleinen Details schaffen eine Verbindung zwischen den größeren Objekten. Zusätzlich kannst du noch partiell um deine Hauptelemente helle, schmale Linien malen. Nun ist der Schwarzraum zwischen den Illustrationen nicht mehr so einnehmend – dennoch hat jedes Objekt seinen eigenen Raum.

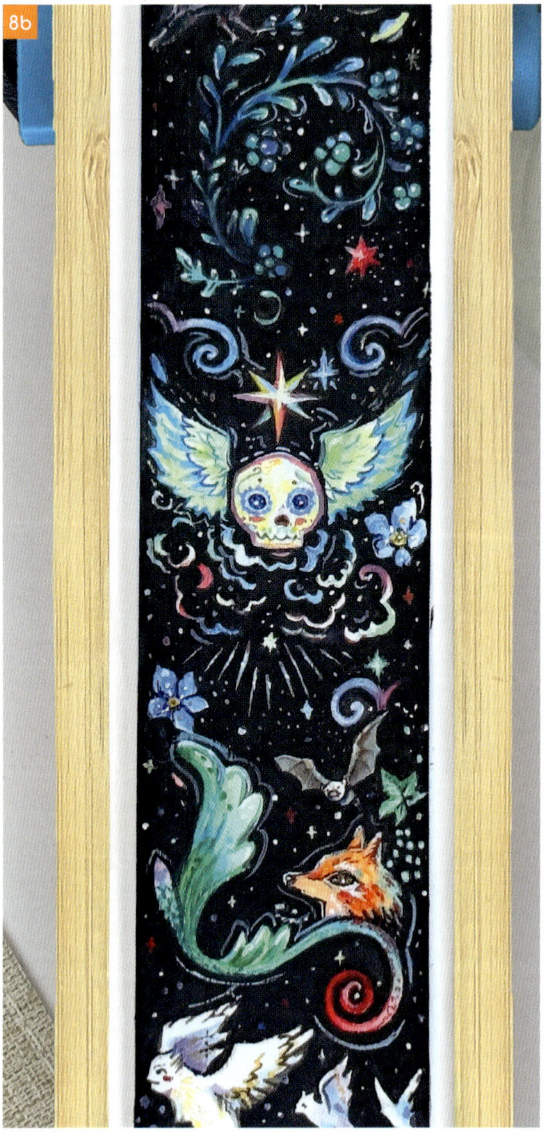

Schritt 9

Ist deine vordere Buchkante getrocknet, kannst du die Ober- und Unterseite schwarz bemalen. Nimm dazu einen breiten Flachpinsel, zum Beispiel in Größe 12, und den gleichen Schwarzton, den du schon in Schritt 4 verwendet hast. Streiche mit der Farbe in Richtung deiner Seitenlinien hin und her. Für den Bereich des Buchschnitts, der nahe an der Bindung ist, kannst du einen kleineren Rundpinsel benutzen, weil du damit präziser bist. Wenn das Ergebnis noch nicht dunkel und gleichmäßig genug ist, übermale die Seite noch einmal mit einer zweiten Schicht.
Wiederhole den Vorgang an der unteren Kante deines Buches.

Schritt 10

Wenn dein Buchschnitt komplett getrocknet ist, kannst du alle drei Kanten mit Fixierspray besprühen. Nimm als nächstes das Buch aus der Presse und trenne die Seiten vorsichtig voneinander. Löse den Papierumschlag vom Buch und lege den originalen Schutzumschlag wieder an. Fertig!

TIPP

Wenn du noch genug Geduld und Zeit hast, kannst du auch die Ober- und Unterkante mit Ornamenten des Buchcovers verzieren, statt sie vollflächig auszumalen.

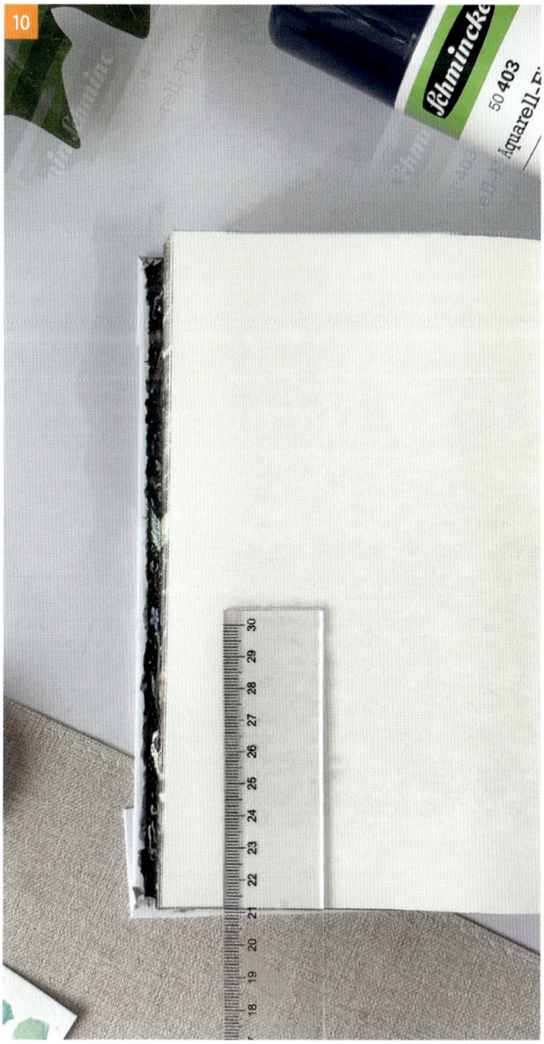

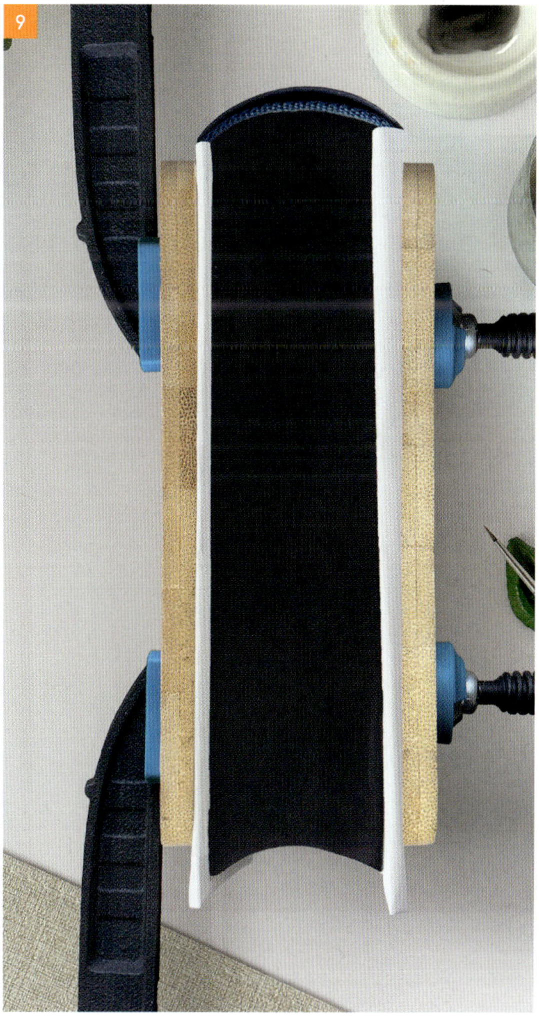

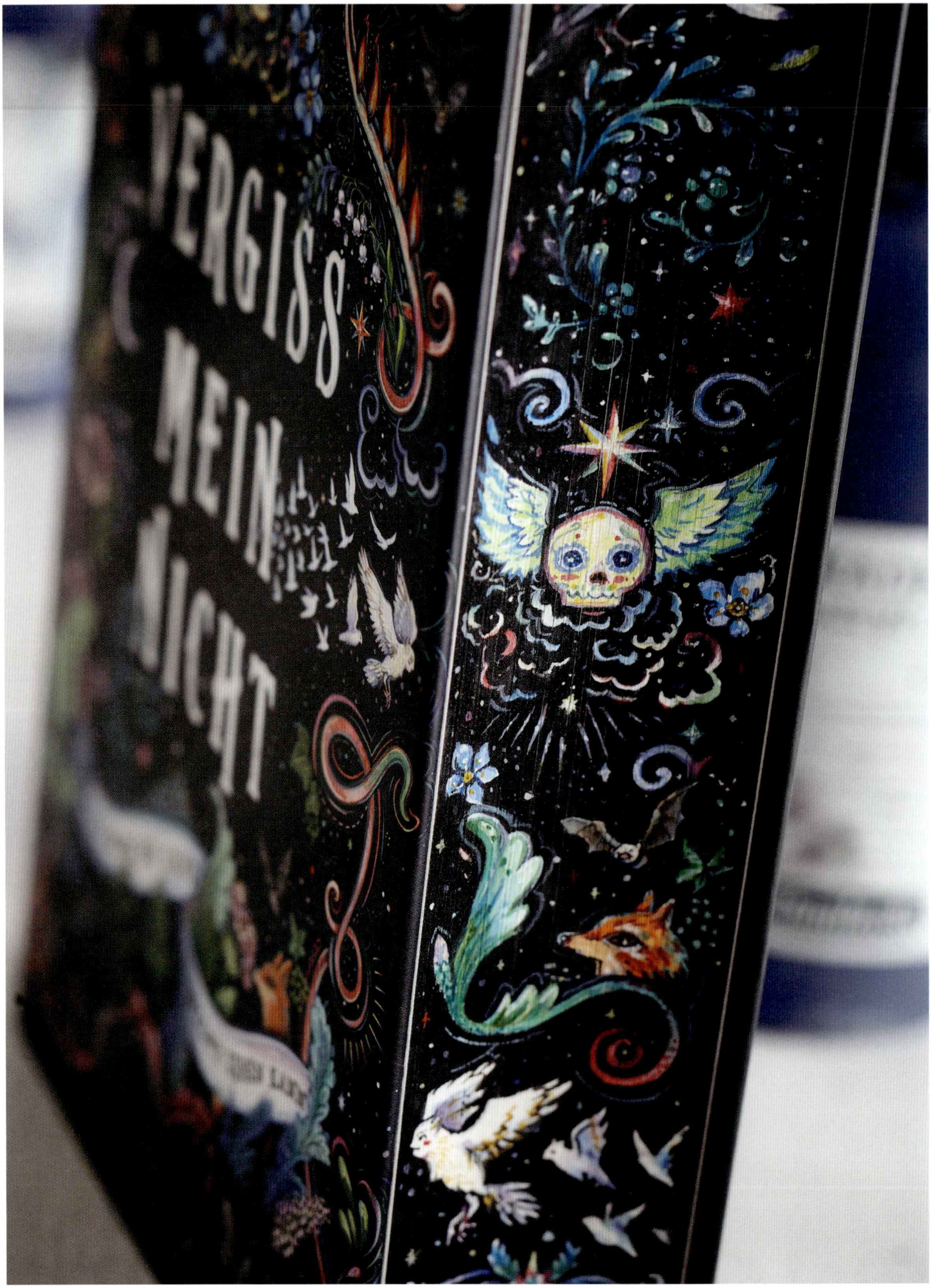
VERGISS
MEIN
NICHT

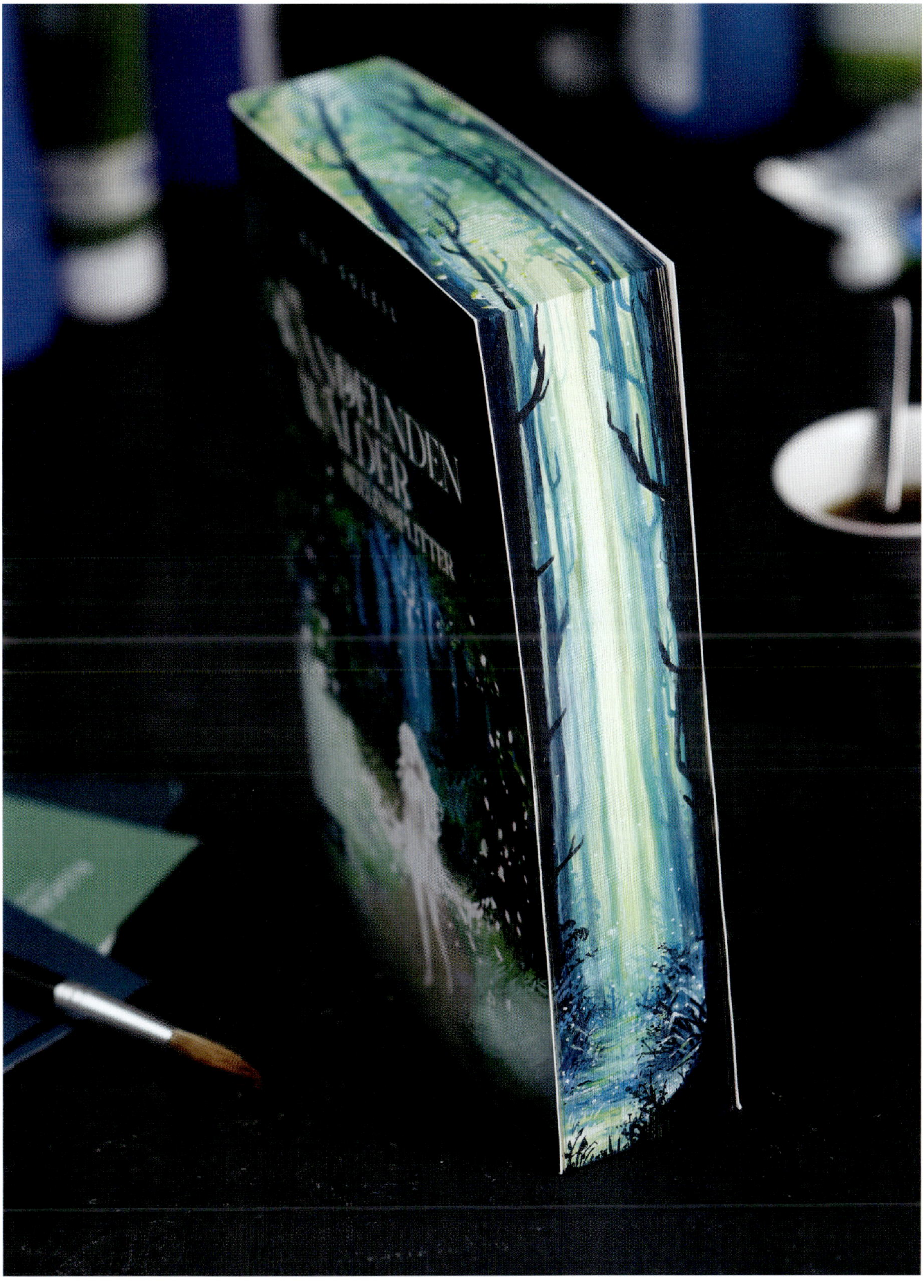

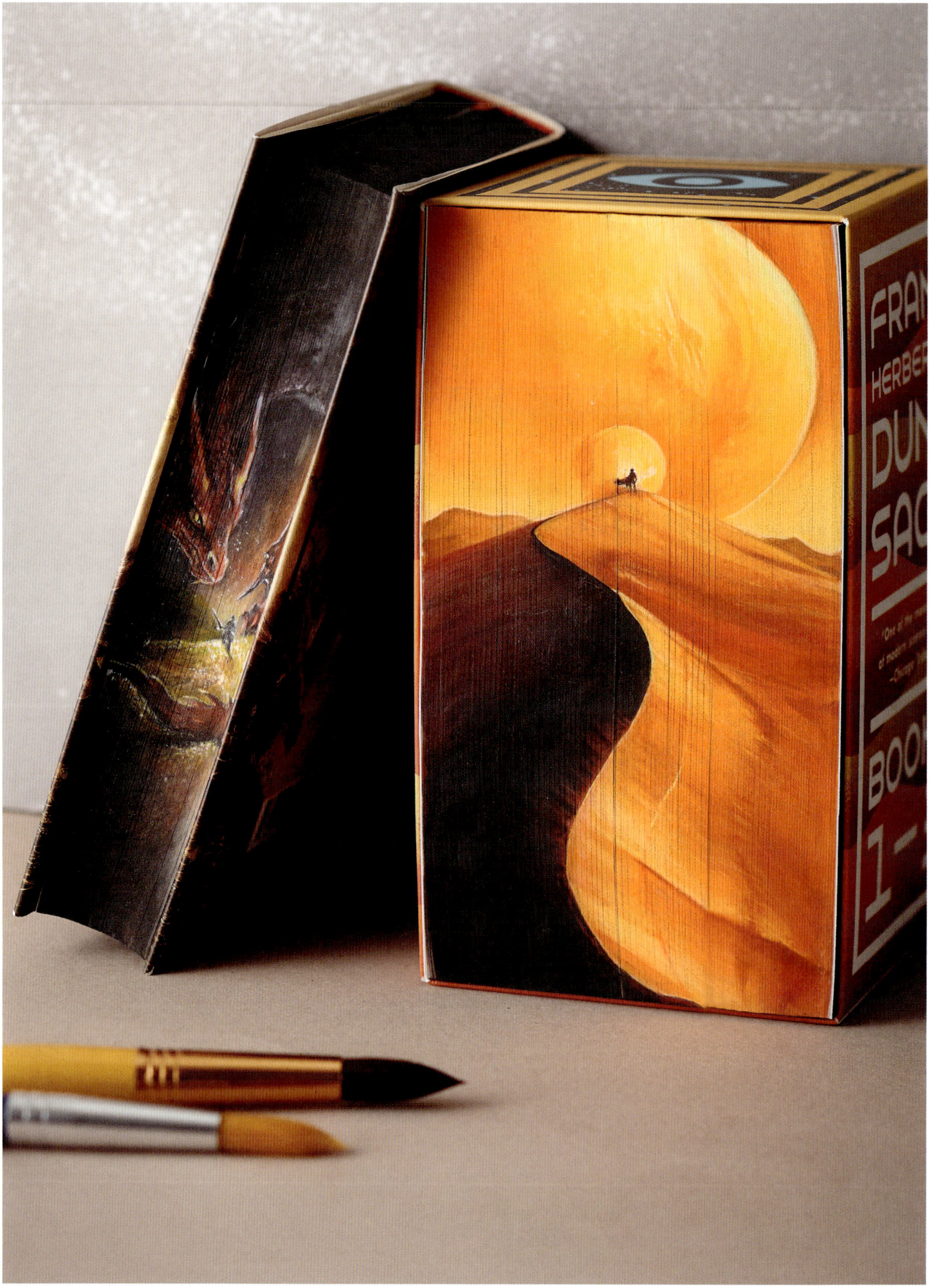

PROJEKTE

FÜR EXPERTEN

SCHWIERIGKEITSGRAD

PROJEKT 7

WÜSTENLAND-SCHAFT

Du hast nicht nur die Möglichkeit, die Buchkanten eines einzelnen Buchs zu bemalen, sondern du kannst auch eine ganze Buchreihe mit mehreren Bänden gleichzeitig mit einem Motiv verzieren. Auf diese Weise erhält jedes einzelne Buch eine schöne Bemalung, aber wie bei einem Puzzle ergibt sich nur zusammen mit den anderen Teilen das vollständige Motiv.

Ein großer Vorteil dabei ist, dass die Fläche des Malgrunds mehr Platz bietet und je nach Größe der Buchreihe eher mit üblichen Papierformaten vergleichbar ist. Auf der anderen Seite bedarf es je nach Motiv aber mehr Zeit, um die größere Fläche zu füllen.

An ein solches Projekt solltest du dich am besten erst heranwagen, wenn du schon mehrere einzelne Buchschnitte bemalt hast und einige Erfahrungen sammeln konntest. Die Vorbereitungen zum Bemalen einer Buchreihe bedürfen etwas mehr Aufwand als ein einzelnes Buch. Außerdem ist es ratsam, beim ersten Versuch Taschenbücher oder kartonierte Bücher zu verwenden. Bei einem Hardcover-Buch entsteht keine ebene Fläche, da der Einband zwischen den Büchern herausragt. Für dieses Projekt habe ich die „Dune"-Buchbox des Autors Frank Herbert aus dem Penguin Verlag ausgewählt.

Diese Farben habe ich verwendet:
Indischgelb | Orange | Englisch Rot | Umbra gebrannt | Karmin | Schwarz

Material:
Bleistift | Rundpinsel in Größe 0, 1, 3 | Flachpinsel in Größe 12 | Fixierspray

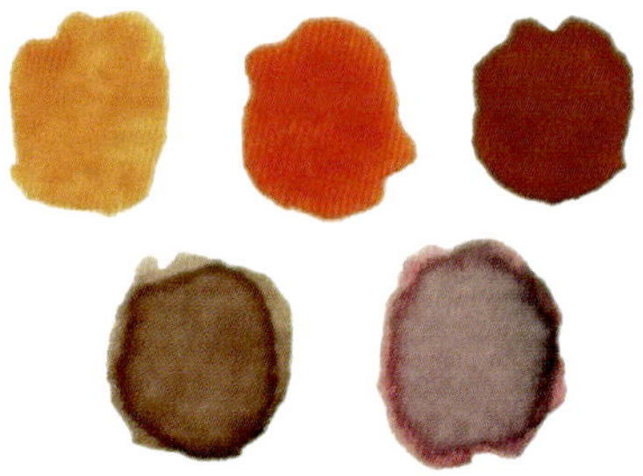

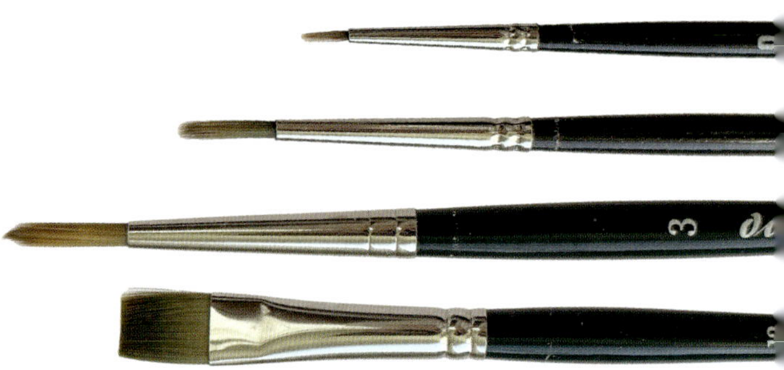

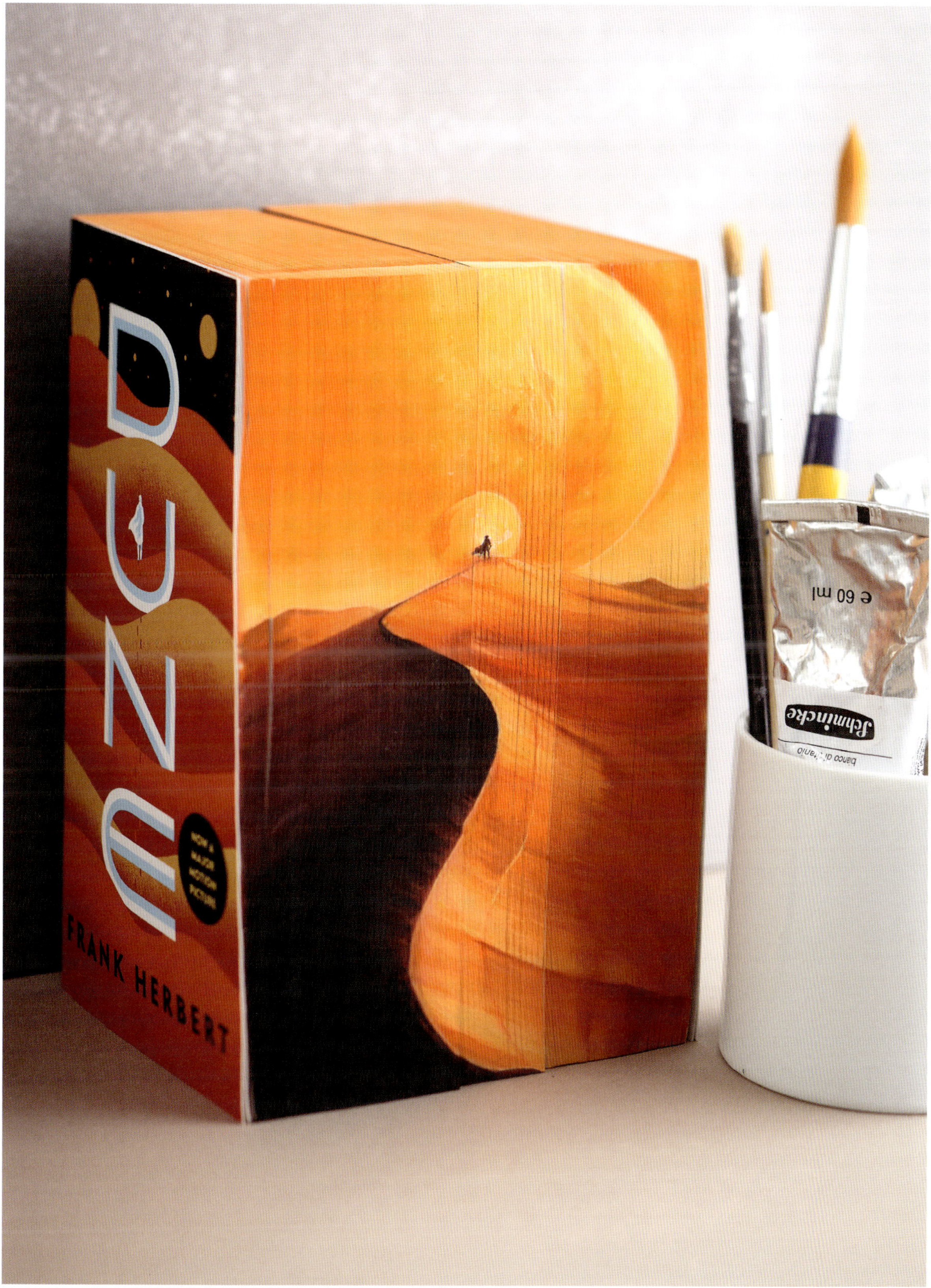
DUNE
FRANK HERBERT

Schritt 1

Setze wie immer auf jedem einzelnen Buch kleine Markierungen, damit du später noch weißt, auf welcher Seite das Cover ist. Außerdem kannst du die Bücher nummerieren, um die Reihenfolge der Bände nicht zu vertauschen.
Fertige als nächstes deine Papierumschläge an. Es ist nicht nötig, bei jedem Band die Vorder- und Rückseite mit einer Schutzhülle zu versehen. Du brauchst nur einen Umschlag für das Cover deines ersten Bandes und einen für die Einband-Rückseite des letzten Buchs. Schneide dann ein Papierblatt zu, das ungefähr dem Format deines Buchs entspricht und lege es zwischen deine Bücher. Wenn du eine Trilogie für die Bemalung verwendest, benötigst du zwei Blätter, die du jeweils zwischen Band 1 und 2 und zwischen Band 2 und 3 legst. Spanne deine Buchreihe in die Presse ein und achte darauf, dass die Schutzblätter genau mit deinem Buchschnitt abschließen. Sie sollten also weder zu weit hinausragen, noch zu tief zwischen die Bücher rutschen, sonst schützen sie die Bucheinbände nicht ausreichend oder stören bei der Bemalung. Auch die Bücher sollten in der Presse eine ebene Fläche ergeben. Es können einige Versuche nötig sein, bis alles seinen richtigen Platz hat und fest eingespannt ist.

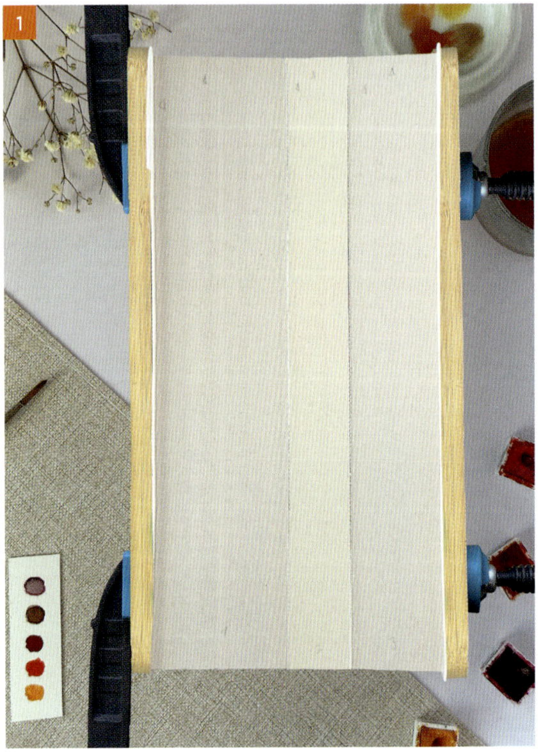

Schritt 2

Zeit für eine Bleistiftskizze!. Die winzige Silhouette des Hauptcharakters Paul steht bei diesem Motiv absolut im Fokus. Alle Linien führen zu diesem Punkt oder umkreisen ihn. Daher bietet es sich an, zuerst eine Markierung an diese Stelle zu setzen. Ich habe bei meiner Skizze Pauls Standort so gewählt, dass er sich mittig und ungefähr im oberen Drittel der gesamten Höhe befindet. Diese Anordnung entspricht ungefähr der Kompositionsregel des Goldenen Schnitts und wirkt dadurch besonders harmonisch auf die Betrachtenden. Als nächstes kannst du die Düne und die Monde auf den Buchschnitt skizzieren.

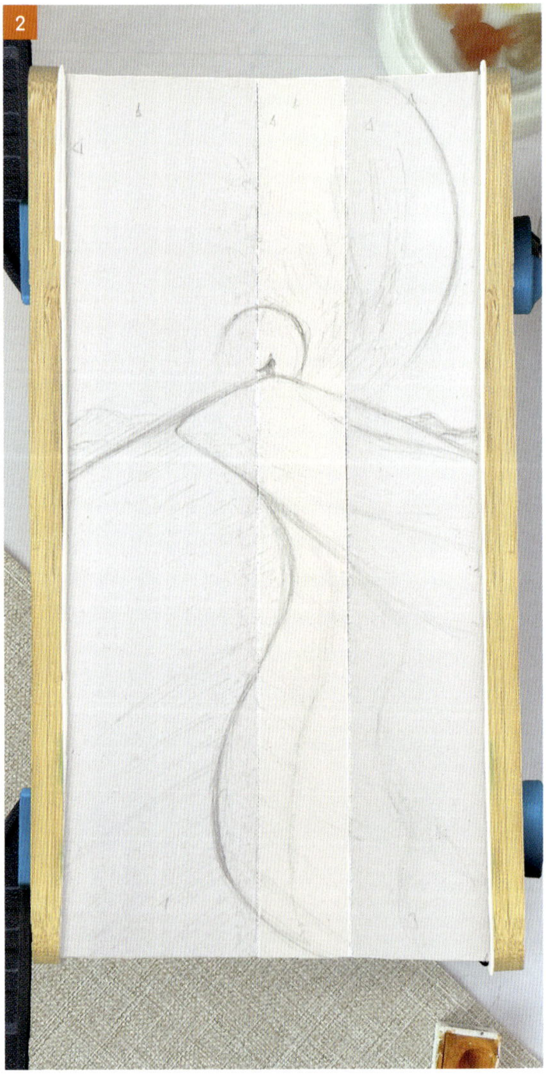

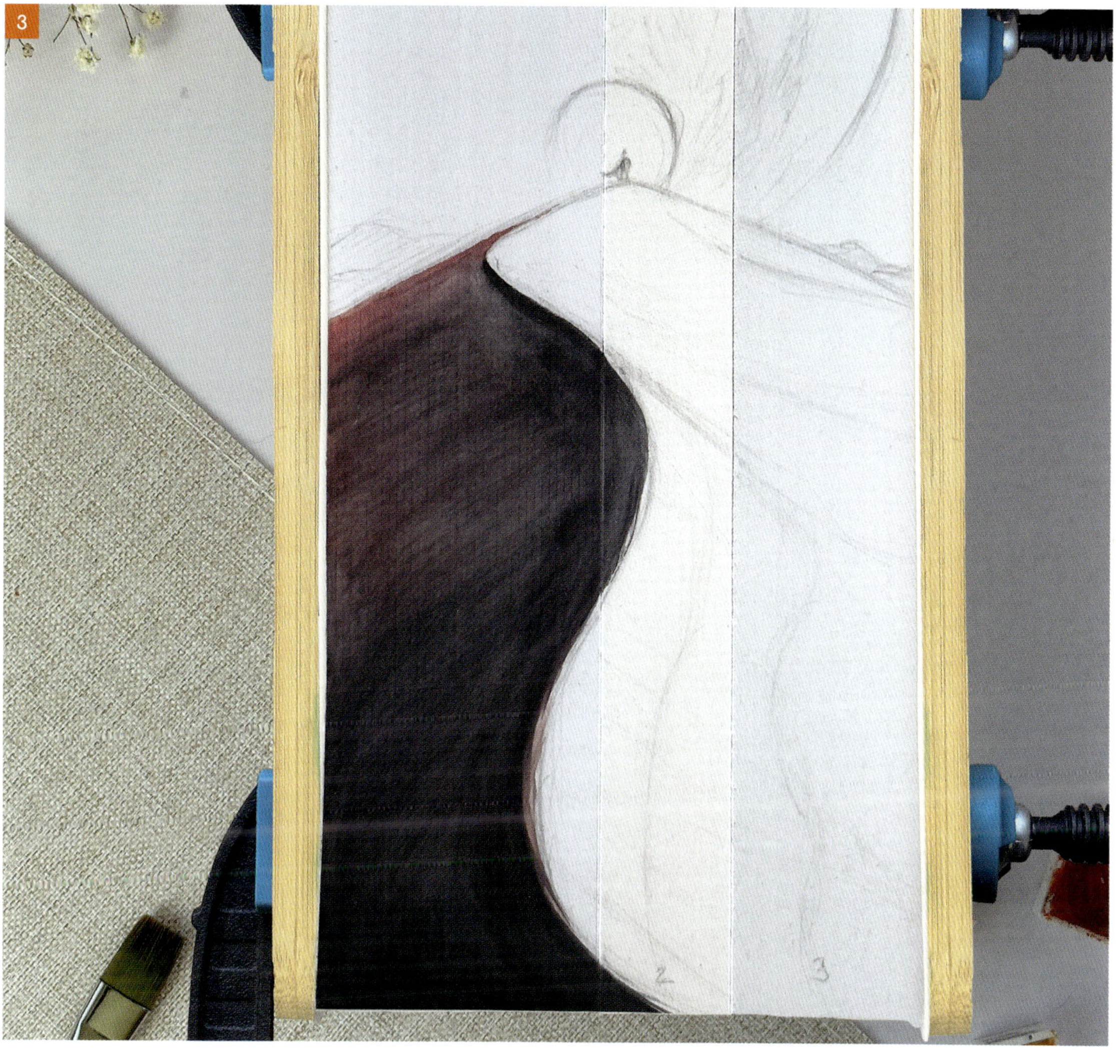

Schritt 3

Da sich das Motiv gut in wenige Flächen aufteilen lässt, kannst du dich erstmal auf die Bemalung des jeweiligen Bereichs fokussieren. Beginne zuerst mit der linken Seite der Düne. Diese Fläche besteht aus einem Verlauf, der unten mit schwarzer Farbe beginnt und oben mit einem Dunkelrot endet. Nutze für die Bemalung einen Flachpinsel. Seine Striche hinterlassen eine von Linien durchzogene Struktur. Achte darauf, dass du deine Pinselstriche parallel zum oberen Bleistiftstrich der Düne ziehst, denn die geschwungene Linie in der Mitte ist die höchste Kante der Düne, von der aus Sand links und rechts nach unten fließt. Durch diese einfache Textur und den Farbverlauf kannst du bereits räumliche Tiefe in deine Bemalung bringen. Beim oberen Bereich in Dunkelrot und für die grobe Definition der Wellenlinie in Schwarz kannst du einen schmaleren Rundpinsel nutzen, um mit mehr Präzision arbeiten zu können.

TIPP

Zum Skizzieren der beiden Monde kannst du eine Lochschablone oder einen runden Gegenstand verwenden, der ungefähr der Größe der Monde entspricht.

Schritt 4

Nun ist die rechte Seite der Düne an der Reihe. Diese Fläche besteht aus verschiedenen Orangetönen. Da sie das Licht der Sonne reflektiert, ist sie viel heller als die linke Schattenseite. Auch hier kannst du mit dem Flachpinsel eine Struktur, ausgehend von der gewellten Dünenkante, schräg nach unten erzeugen. Manche Bereiche des Sandes liegen etwas mehr im Schatten und bekommen daher einen dunkleren Orangeton. Es geht hier erst einmal nur darum, die Flächen grob einzufärben. Um die Details kannst du dich in einem späteren Schritt kümmern.

Schritt 5

Nun kannst du den Hintergrund mit den Sandbergen ausmalen. Damit sie sich farblich abheben, verwendest du hier einen blassen Braunton, der heller ist als die dunkle Seite und dunkler als die helle Seite deiner Düne im Vordergrund. Fülle anschließend mit den bereits genutzten Orangetönen den Hintergrund grob mit einem Verlauf von Dunkel zu Hell. Spare dabei die Monde größtenteils aus.

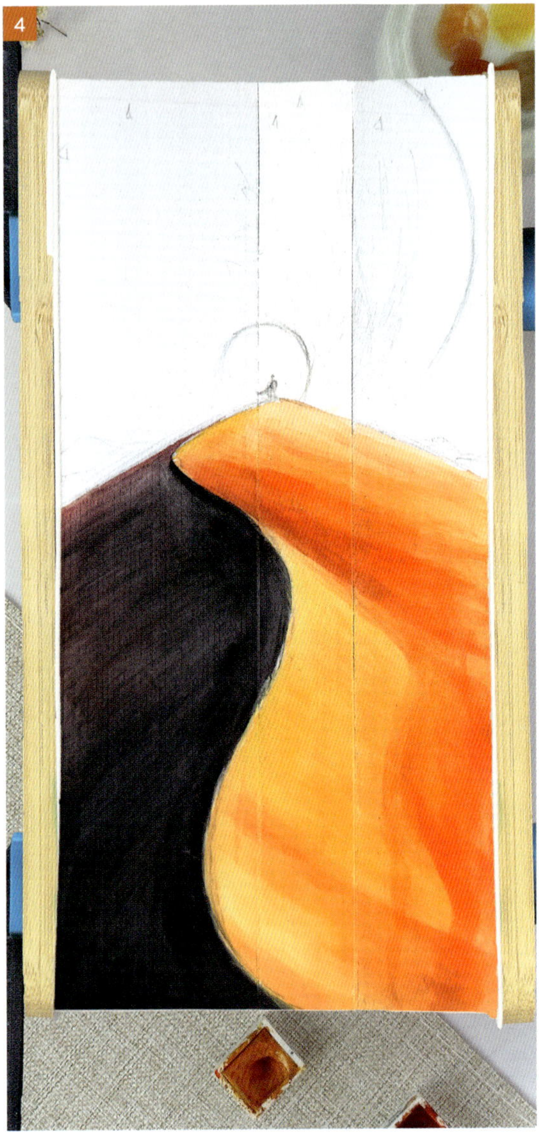

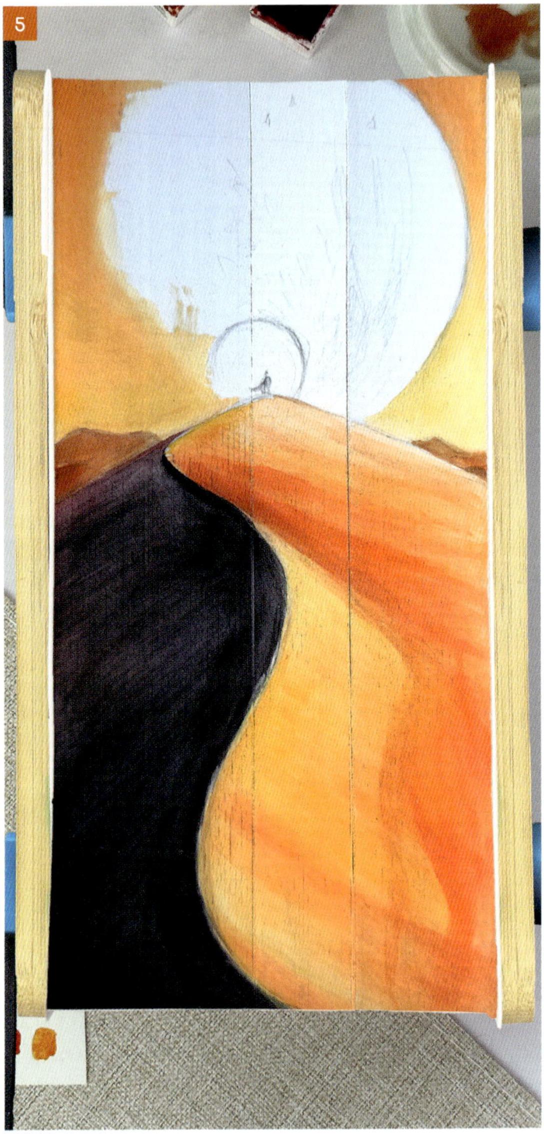

Schritt 6

Widme dich nun dem großen Mond. Färbe ihn zunächst mit einem hellen Gelb ein und verblende die Farbe dann im unteren und linken Bereich mit einem knalligen Orangeton. Achte darauf, dass die Pinselstriche und Strukturen der Form des Mondes folgen und ihm damit mehr Tiefe verleihen. Erzeuge zudem einen Übergang zwischen der linken Seite des Mondes und dem Hintergrund, um die Grenzen komplett verschwimmen zu lassen – dieser Teil des Mondes liegt im Schatten und nur die rechte Seite wird beleuchtet. Du kannst auch schon mit einem relativ trockenen Flachpinsel und etwas Orange eine grobe Textur auf den dunkleren Bereich des Mondes auftupfen, um ein paar Krater anzudeuten.

Schritt 7

Nun ist der kleine Mond an der Reihe. Folge dazu denselben Anleitungen wie in Schritt 6. Um zwischen den beiden Himmelskörpern eine klare Trennung zu schaffen, kannst du mit einem Detailpinsel und dem hellen Gelbton eine Kontur um den kleinen Kreis ziehen. Spare dabei aber den Großteil der linken Seite aus, denn der Mond soll an seiner Schattenseite ebenfalls mit dem Hintergrund verschmelzen.

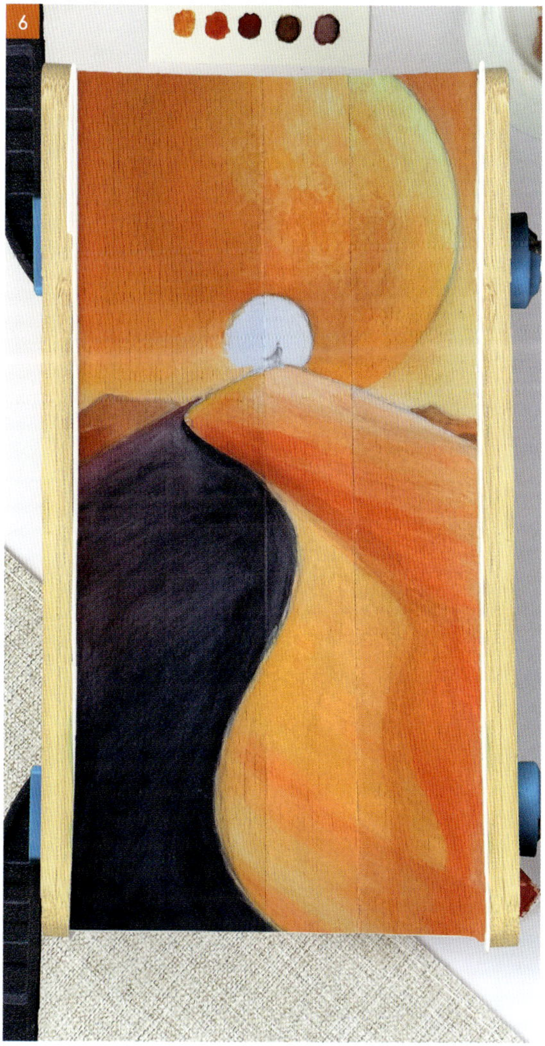

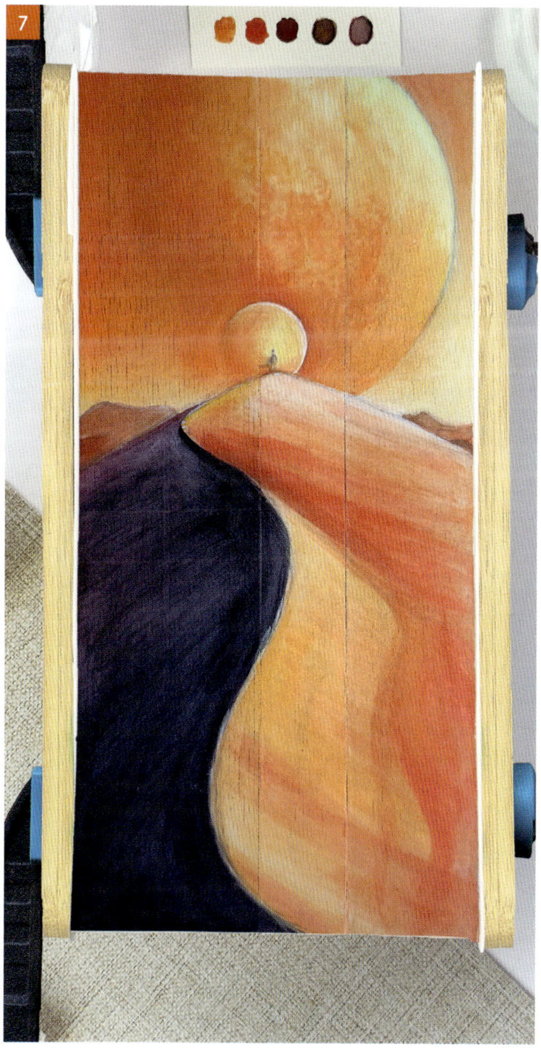

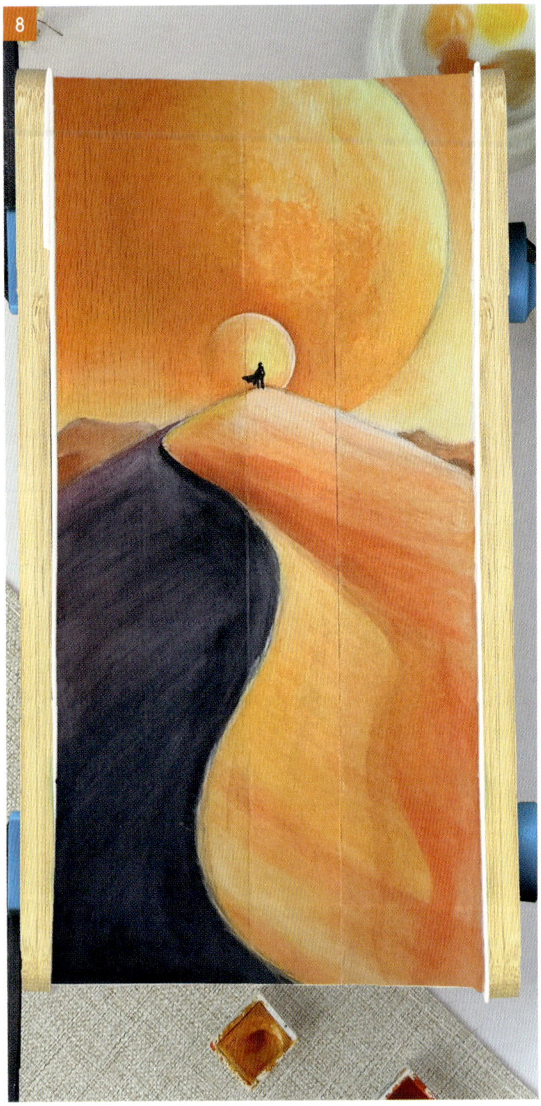

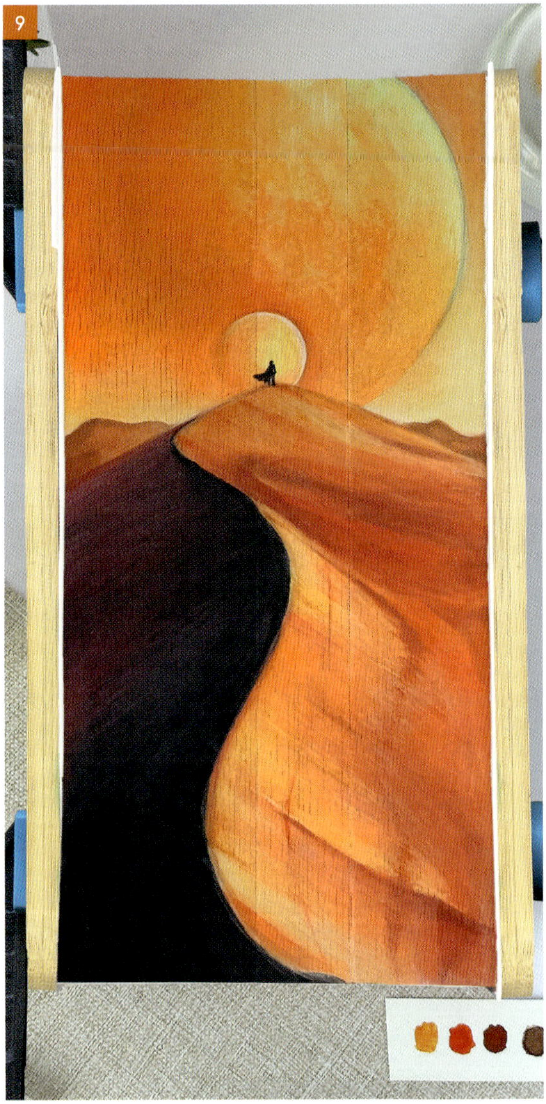

Schritt 8

Als nächstes kannst du die Silhouette von Paul entweder mit einem Detailpinsel und schwarzer Wasserfarbe oder mit einem dünnen Fineliner nachziehen und ihr stärkere Konturen geben. Sie muss noch nicht perfekt sein. Der Umriss kann im späteren Verlauf noch nachgebessert werden.

Schritt 9

Die grundlegende Farbgestaltung steht – bringe jetzt Details in deine Wüstenlandschaft ein. Trage dazu auf der linken Seite der Düne noch eine weitere Farbschicht von Weinrot und Schwarz auf, um die schattige Seite noch dunkler und ausdrucksstärker wirken zu lassen. Auf der rechten Seite kannst du auf dem Sand verschiedene Farbabstufungen auftragen. Male mit einem Detailpinsel hellere und dunklere Orange-, Rot-, Gelb- und Brauntöne in Form von Linien auf. Die Linien zeigen weiterhin in Richtung der höchsten Kante der Düne. Linien, die quer verlaufen, folgen parallel der Welle in der Mitte. Dadurch erzeugst du eine immer realistischere Textur. Gib den Bergen im Hintergrund mit einer zusätzlichen Farbschicht eine klarere Kontur.

Schritt 10

Nun sind die Details des oberen Bereichs deines Kunstwerks an der Reihe. An dieser Stelle kannst du die Silhouette von Paul noch verfeinern. Du kannst dem Umriss noch eine hellere Kontur geben, damit sie sich noch besser vom Hintergrund abhebt. Wenn du möchtest, kannst du mit Weinrot vorsichtig über die Silhouette malen, sodass sie nicht komplett schwarz ist, sondern die rote Farbe noch etwas durchblitzt.
Male anschließend mit einem dunkleren Orangeton einige Krater in verschiedenen Formen in den großen Mond. Gib den Umrissen an manchen Stellen mit weißer Farbe und einem Detailpinsel noch einige helle Konturen und verteile vereinzelt kleine, helle Punkte auf den beiden Monden. Durch diese ungleichmäßigen Krater erzeugst du ein authentisches Aussehen.
Ziehe beim großen Mond die weiße Kontur noch einmal mit heller Farbe und einem Detailpinsel nach, um restliche Bleistiftstriche zu überdecken, ihm eine exaktere Form zu verleihen und ihn stark vom Hintergrund abzuheben.

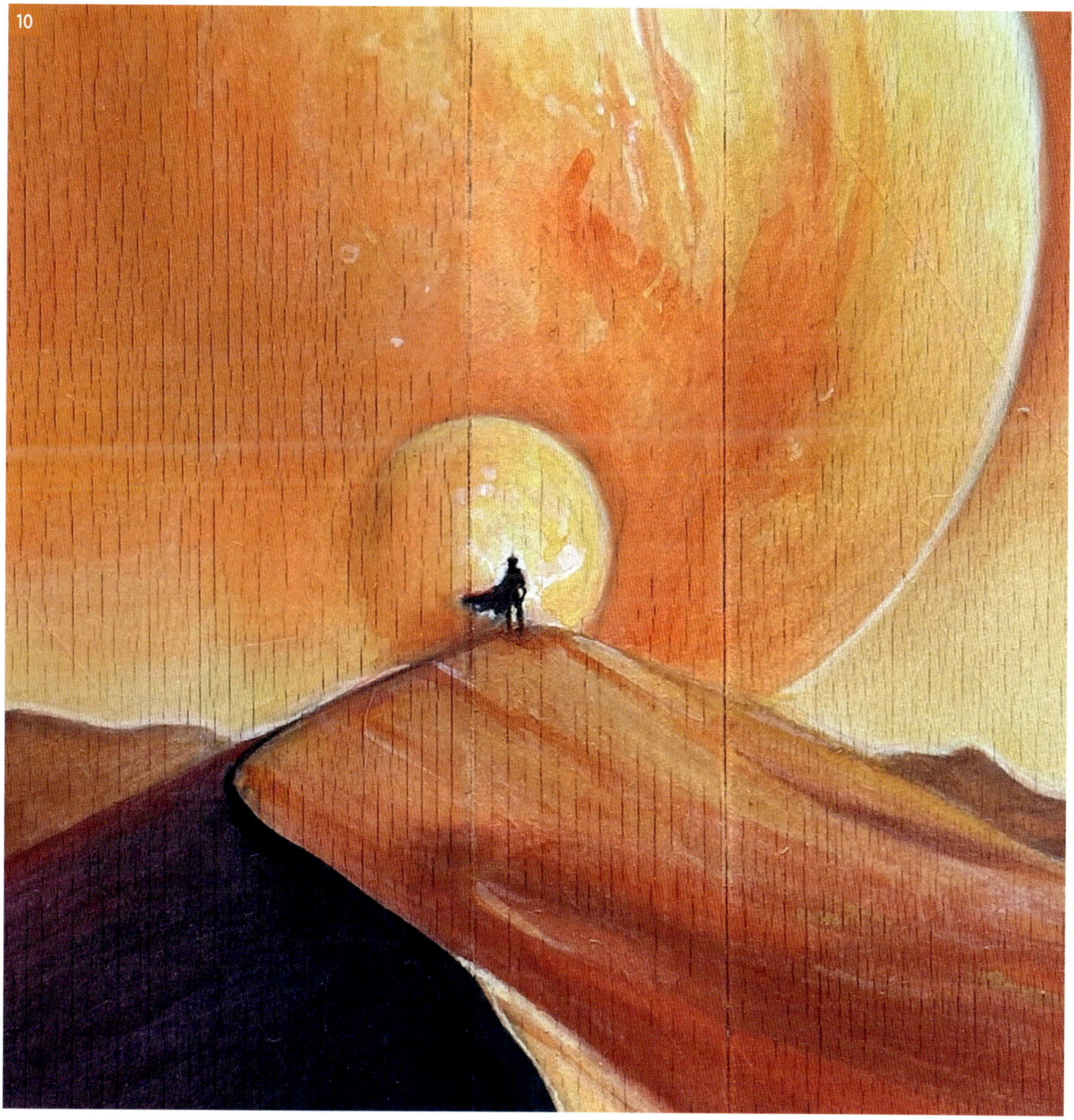

Schritt 11

Im letzten Schritt soll durch Wind noch etwas Sand von der hellen Seite des Sandbergs nach oben geweht werden. Schneide dazu eine Papierschablone aus, die ungefähr der Form der Wellenlinie in der Mitte folgt. Lege sie auf die helle Seite der Düne und streiche mit einem breiten Flachpinsel (Stärke 12) und roter Farbe von rechts unten nach links oben auf die dunkle Seite der Düne. Achte darauf, mit viel Farbe und wenig Wasser zu malen, damit die Farbe stark konzentriert ist und sich die Struktur des Pinsels gut auf dem dunklen Untergrund abzeichnet. Mit einem Detailpinsel kannst du die Linien an manchen Stellen noch verstärken oder sie noch einmal mit dunkler Farbe nachzeichnen.

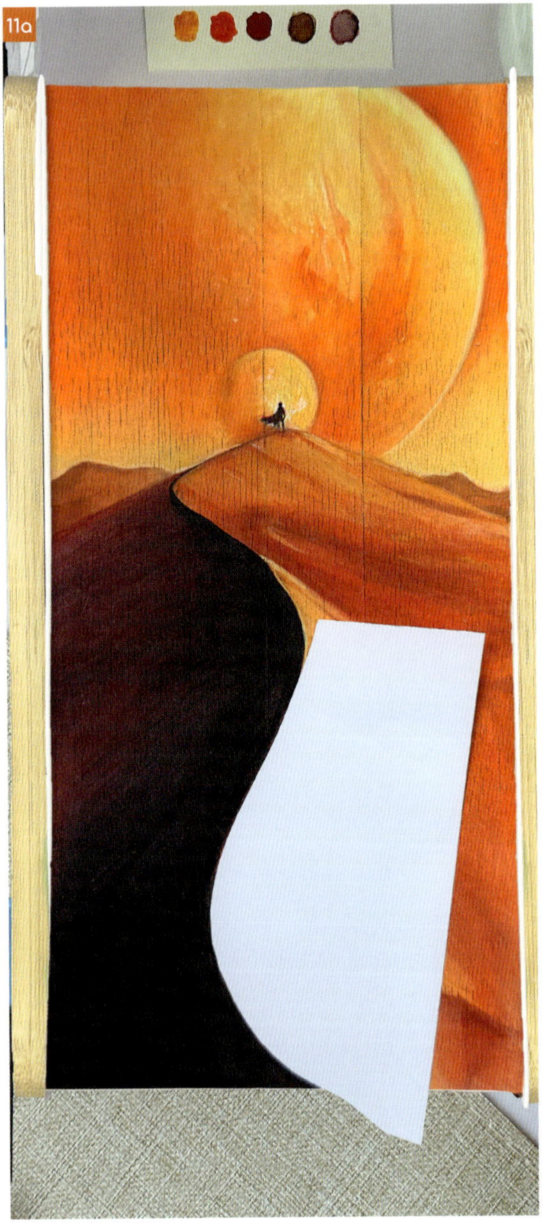

11a

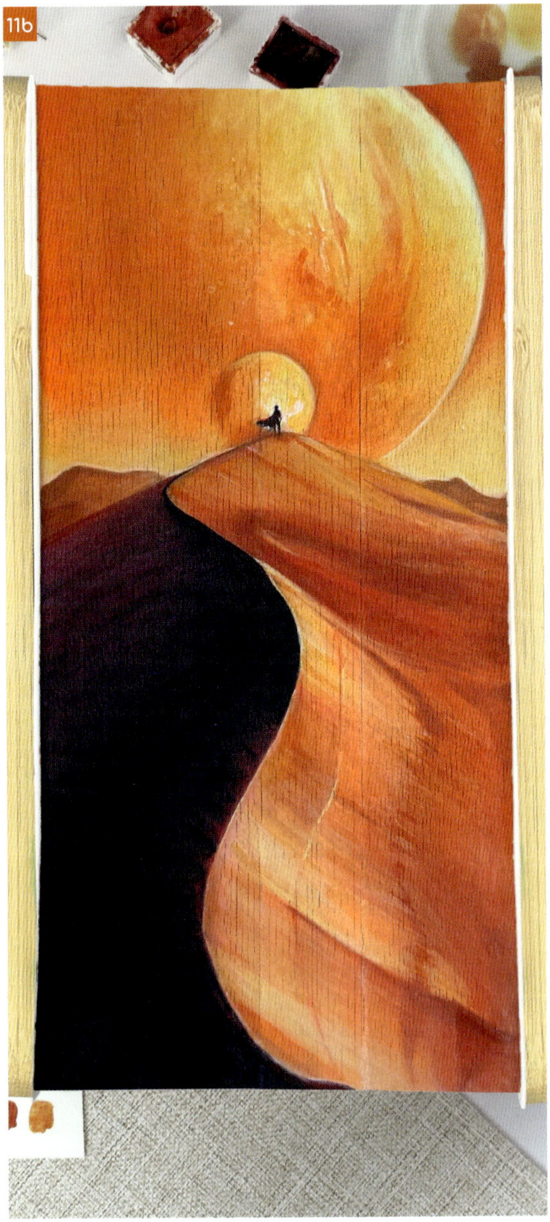

11b

Schritt 12

Nach dem Trocknen der Vorderseite kannst du den obenliegenden Buchschnitt auf die Bemalung vorbereiten. Achte auch hier gut darauf, dass sowohl die Schutzblätter als auch die Bücher exakt nebeneinander abschließen, um eine ebene Malfläche zu bekommen. Da der große Mond auf der Vorderseite angeschnitten ist, hast du nun die Option, ihn auf der oberen Kante weiterzuführen. Zeichne dazu mit Bleistift eine abgerundete Linie auf. Male dann den Hintergrund mit dem gleichen Orangeton aus, wie du ihn bereits auf der Vorderseite im oberen Bereich eingesetzt hast. Male zum Schluss den kleinen Bereich des Mondes mit einem hellen Gelbton aus. An der Kante zwischen oberem und vorderem Buchschnitt kannst du kontrollieren, ob du einen nahtlosen Übergang erzeugt hast.

Schritt 13

Wenn die obere Kante getrocknet ist, ist die Unterseite an der Reihe. Diese soll die gleiche Farbe bekommen wie die Schattenseite der Düne auf der Vorderseite. Male die ganze Fläche gleichmäßig aus und trage noch weitere Schichten auf, bis das Farbergebnis kräftig und dunkel ist.

Schritt 14

Ist dein Buchschnitt komplett getrocknet, kannst du alle drei Kanten mit Fixativ besprühen. Nimm anschließend das Buch aus der Presse und trenne vorsichtig die Seiten. Löse die Papierumschläge von den Büchern und schaue dir an, wie schön dein Buchschnitt in der Box aussieht.

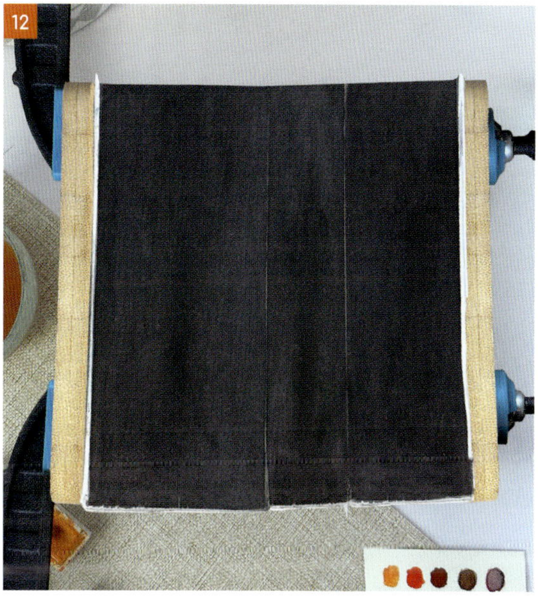

12

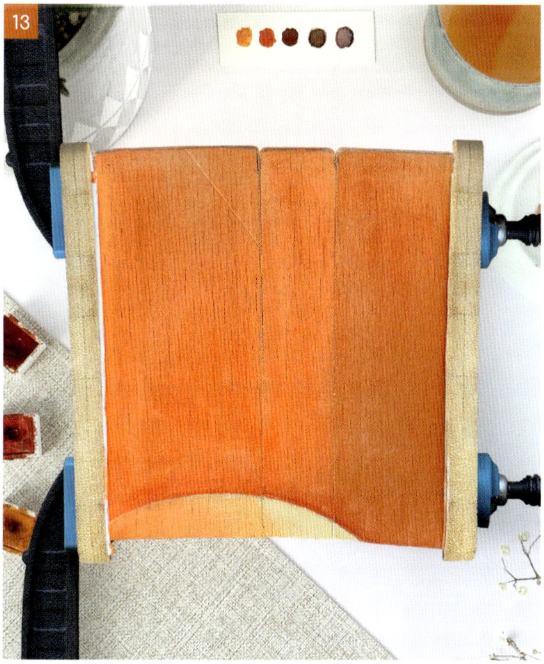

13

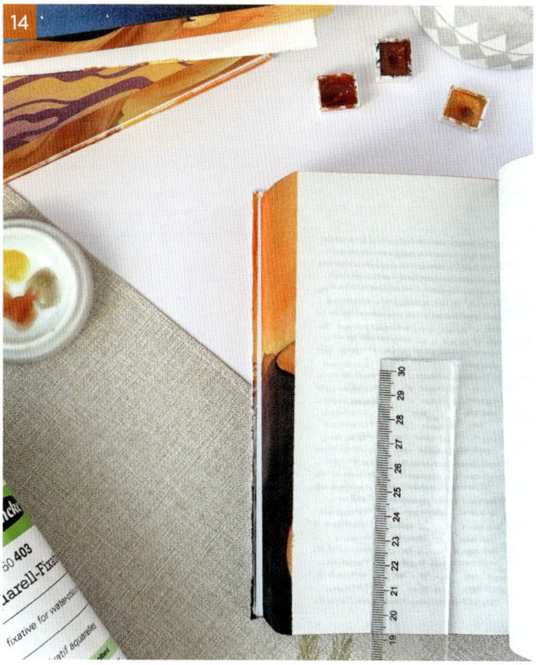

14

SCHWIERIGKEITSGRAD

PROJEKT 8

DIE DRACHEN-HÖHLE

Aus künstlerischer Sicht ist dieses Projekt die aufwendigste Arbeit, die du in diesem Buch findest. An einem solchen Werk arbeite ich etwa drei bis fünf Arbeitstage, weil es sehr viel an Detailarbeit erfordert.
Ausgewählt habe ich das Buch „Der Hobbit" von J. R. R. Tolkien. Auf dieser wunderschönen Edition des Klett-Cotta Verlags ist eine Illustration von Smaug, dem Drachen in der Höhle mit den Bergen voller Schätzen, abgebildet.
Ich entschied mich, den Buchschnitt mit Smaug und Bilbo, dem Hobbit, zu bemalen. Dabei ging es mir auch darum, die Farben des Covers in mein Motiv mit aufzunehmen. Besonders reizvoll fand ich es, den massiven Größenunterschied zwischen dem Drachen und dem Hobbit darzustellen.

Diese Farben habe ich verwendet:
Schwarz | Umbra gebrannt | Lichter Ocker | Zitronengelb | Indischgelb
Orange | Magenta | Kadmiumrot

Material:
Bleistift | Rundpinsel in Größe 0, 1, 3, 6 | Flachpinsel in Größe 12
weiße Wasserfarbe oder Gouache | Fixierspray

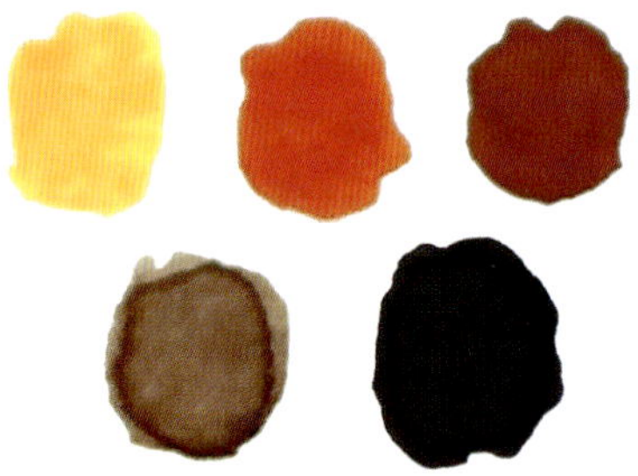

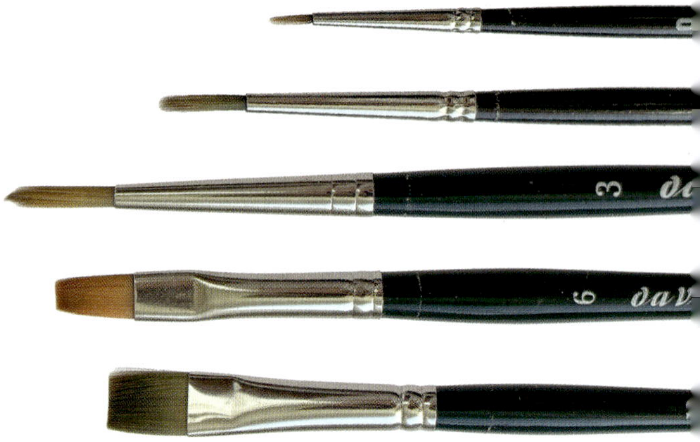

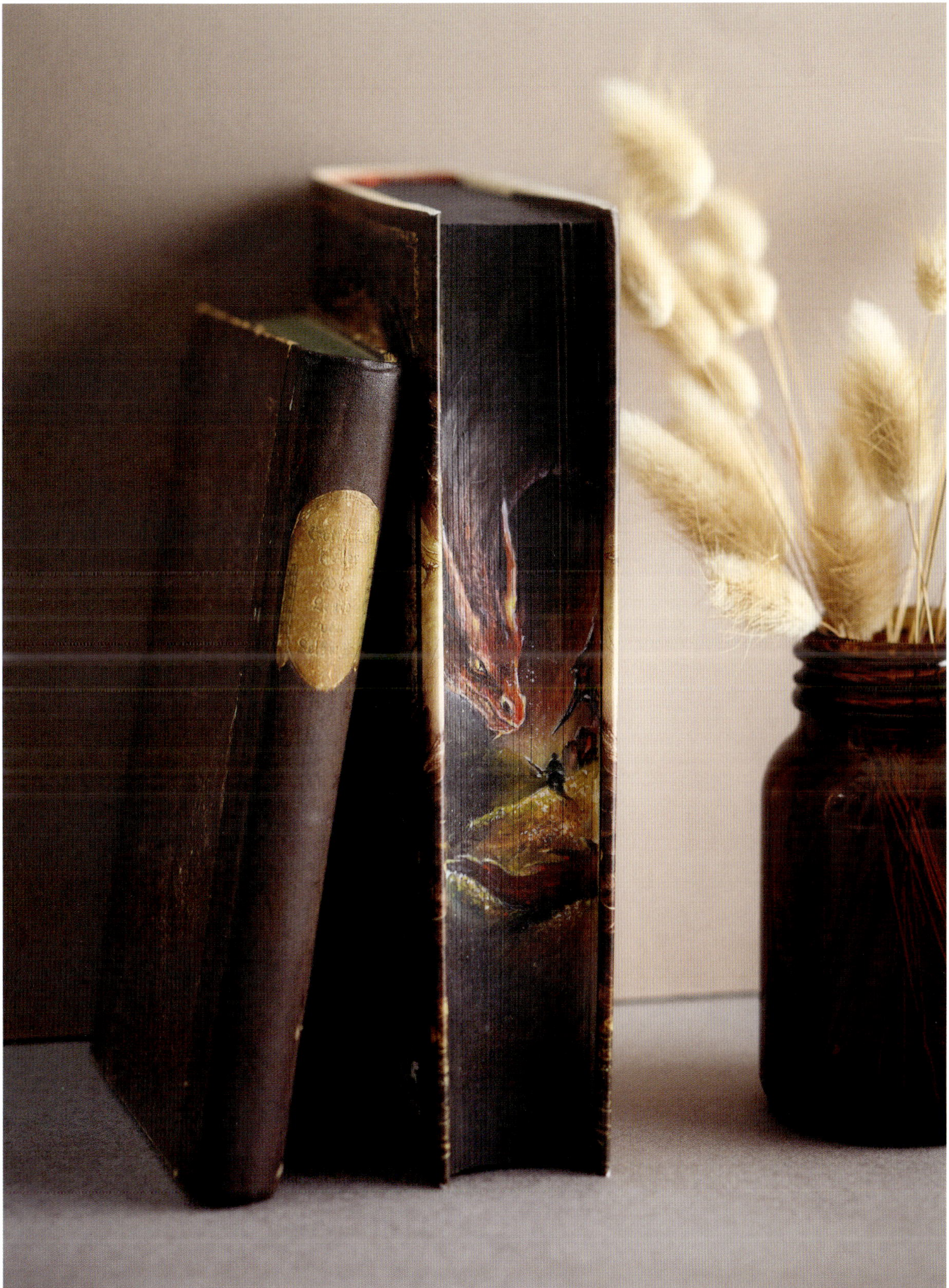

Schritt 1

Bei einer derart aufwendigen Gestaltung ist es wichtig, dir das Motiv für deinen Buchschnitt vorher gut zu überlegen. Ich verwende immer sehr viel Zeit mit Recherchearbeit, bevor ich mit dem Bemalen beginne. Zu diesem Buch gibt es bereits eine Filmadaption. Wenn du möchtest, kannst du dir die Szene, die dir vorschwebt, noch einmal anschauen und Screenshots abspeichern, um diese dann als Vorlage zu verwenden.
Ich habe mich dafür entschieden, eine eigene Komposition zu erstellen, weil ich vorher bereits eine Vorstellung vom Motiv im Kopf hatte. Ich recherchierte im Internet nach Bildern von Drachen, um mich von den Posen, Proportionen, Kompositionen und Lichtverhältnissen inspirieren zu lassen. Du kannst dir dazu auch ein Moodboard aus einer Auswahl an gesammelten Referenzen zusammenstellen.
Anschließend geht es darum, die Vorstellung und die gesammelten Inspirationen aufs Papier zu bringen. Eine Skizze ist in diesem Fall sehr sinnvoll, denn hierbei legst du bereits deine grundlegende Komposition fest. Du entscheidest, ob dein Motiv hoch- oder querformatig sein soll und welcher Teil der Vorlage auf das Format des Buchschnitts passt, ob du das Motiv erweitern musst oder ob es nötig ist, den Ausschnitt zuzuschneiden.

Ich selbst habe mehrere grobe Motivskizzen angefertigt und mich für ein Motiv im Hochformat entschieden. Der riesige Drachenkopf ragt dabei von oben aus der Dunkelheit heraus, den Blick auf den winzigen Hobbit gerichtet. Beide halten Blickkontakt. Durch das ungleiche Machtverhältnis zwischen den Protagonisten wollte ich ein Gefühl von Risiko und Gefahr erzeugen. Dazu kann der Bildaufbau bereits sehr gut beitragen. Wenn du möchtest, kannst du deine Skizze nun kolorieren, um ein grundlegendes Farbspektrum festzulegen. Ich lasse mich sehr gern erst beim Bemalen des eigentlichen Buchschnitts von meinem eigenen Farbgefühl und dem Prozess leiten. Dafür nehme ich auch mein vorher erstelltes Moodboard zur Hilfe.

1

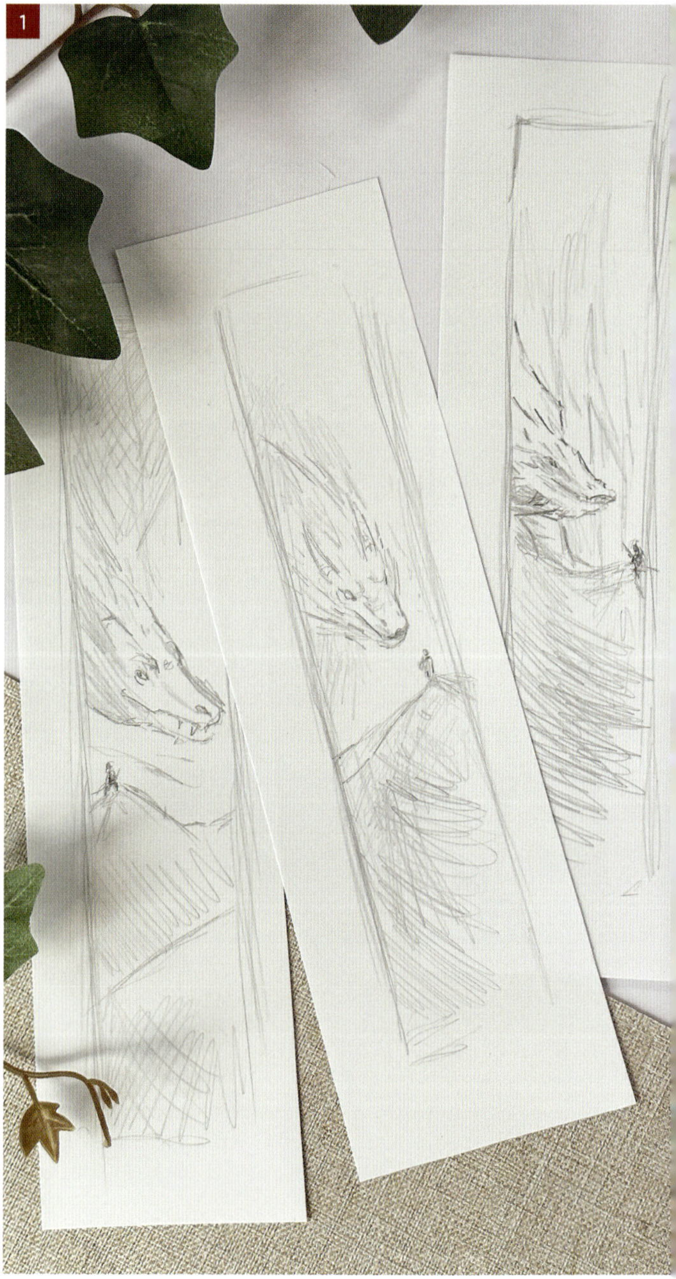

TIPP

Du kannst bereits mit Bleistiftlinien eine Schraffur in bestimmte Richtungen erzeugen und so eine gewisse Dynamik für den Bildaufbau festlegen.

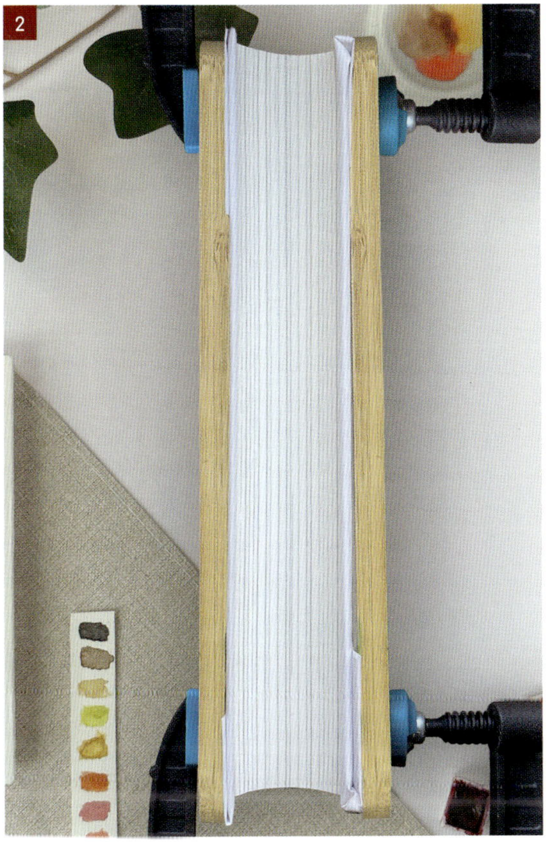

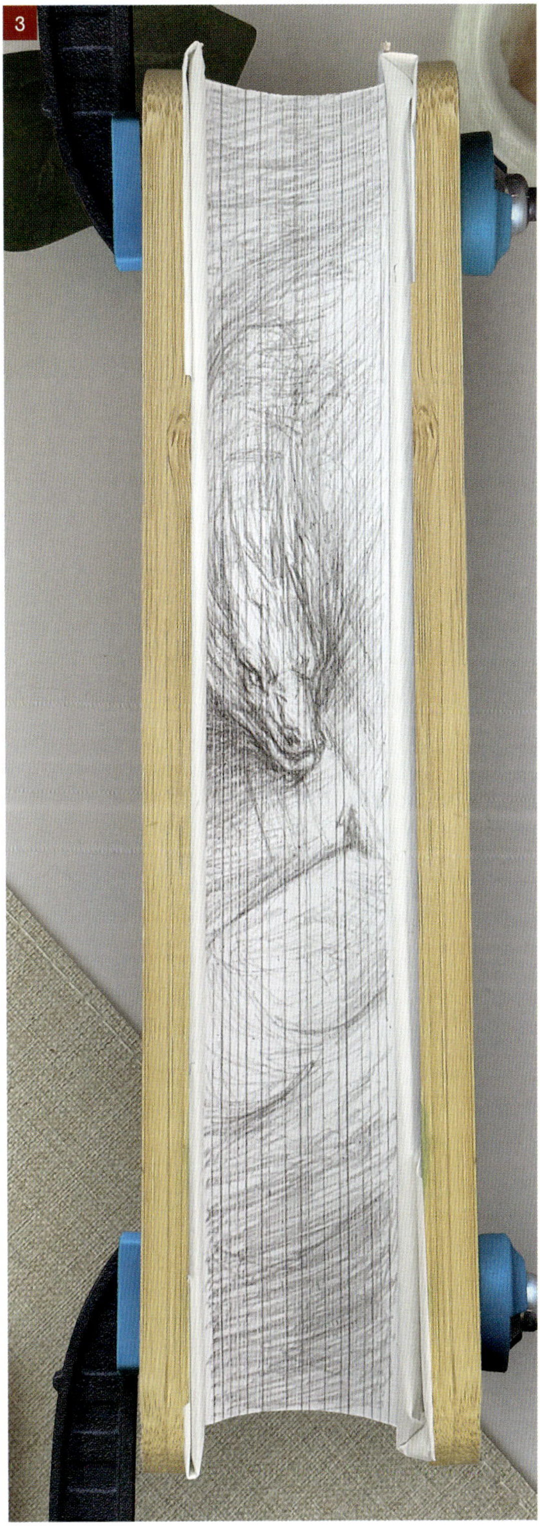

Schritt 2

Bereite dein Buch auf die Bemalung vor. Markiere vorher auf deinem Buchschnitt, auf welcher Seite sich das Cover befindet. Fertige einen Papierumschlag für dein Buch an und spanne es in deine Presse ein, sodass deine untere Schraubzwinge als Stütze dient, um dein Buch hochkant aufzustellen.

Schritt 3

Beginne nun damit, die Skizze mit einem Bleistift auf den Buchschnitt zu übertragen. Bei einem aufwendigen Motiv fällt meine Bleistiftskizze sehr viel detaillierter aus. Das hilft mir einzuschätzen, ob ich mit der Komposition zufrieden bin. Die Proportionen deiner Charaktere sollten hier schon stimmig sein, denn in diesem Stadium ist es noch sehr viel einfacher, sie zu verbessern, als bei einem fertig kolorierten Werk. Das bedeutet aber nicht, dass der gesamte Bildaufbau bereits perfekt sein muss und du daran im späteren Verlauf nichts mehr ändern kannst. Hochwertige Wasserfarben sind gut deckend – daher kann man Fehler auch im Nachhinein ausbessern.

Schritt 4

Bist du mit deiner Skizze zufrieden, mische die Grundfarben auf der Palette an. Meine Farbauswahl beschränkte sich vorerst auf fünf Farben: Orange, Gelb, Rot, Braun und Weinrot. Diese konnte ich dann frei untereinander mischen und auf diese Weise noch viel mehr Farbtöne erzeugen. Die Farben bilden deine Mitteltöne. Sie geben dir im späteren Prozess noch Luft nach oben, um Licht und Schatten in Form von noch dunkleren und helleren Tönen hinzuzufügen.
Du kannst nun anfangen, mit einem Pinsel in Größe 3 deine Objekte flächig auszumalen. Womit du startest, bleibt ganz dir überlassen. Bei meinem Motiv habe ich den Drachenkopf zuerst in einem Rotton ausgemalt und bin dann bei den helleren Stellen zu Gelb übergegangen. Da ich die Farbe bereits am Pinsel hatte, habe ich als nächstes die Schatzberge in verschiedenen Gelbtönen eingefärbt.
Um Farbflächen ineinander übergehen zu lassen, wäschst du deinen Pinsel aus und streichst mit ein wenig Wasser zwischen den Farben hin und her, bis sie miteinander verblendet sind. Das funktioniert auch noch, wenn die Farben bereits getrocknet sind.

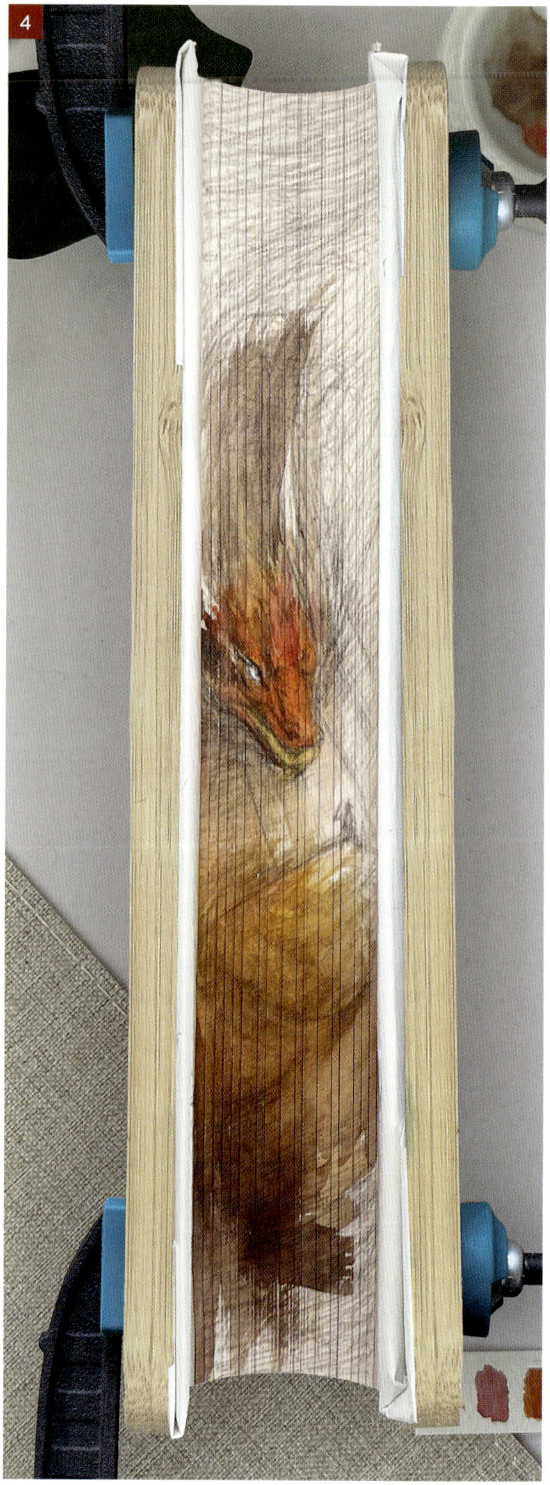

TIPP

Du kannst bei größeren Flächen einen Flachpinsel in Größe 12 benutzen, um eine Textur auf deinem Gemälde zu erzeugen. Nimm dafür mehr Farbe und wenig Wasser auf deinen Pinsel auf. Je trockener der Pinsel ist, desto besser kannst du die Strukturen, die er erzeugt, auf dem Buchschnitt sehen. Du kannst dafür natürlich auch andere Pinsel austesten.

Schritt 5

Als nächstes habe ich den oberen und unteren Bereich meines Motivs mit einem dunklen Braunton ausgemalt. Die Dunkelheit erzeugt eine geheimnisvolle Raumtiefe – man kann nur erahnen, wie groß der Körper des Drachens wirklich ist oder was sich in der Finsternis noch befindet. Auch die Schatzberge im unteren Bereich des Motivs wirken durch die dunklen Töne so groß und weitläufig, dass man nicht sehen kann, wo sie enden.
Den Hobbit kannst du an dieser Stelle mit dunkler Farbe als kleine Silhouette vor dem Hintergrund hervorheben.

Schritt 6

Jetzt kannst du deine Objekte etwas mehr ausmodellieren. Füge deinem Bild schon einige Details hinzu. Ich habe die erhöhten Stellen am Kopf des Drachens mit einem hellen Gelbton hervorgehoben, zum Beispiel die Nasenflügel und das Horn, das vom reflektierenden Licht der Schatzberge angestrahlt wird. Außerdem habe ich dunklere Rot- und Brauntöne benutzt, um die Stellen des Drachenkopfs, die im Schatten liegen, abzudunkeln.

Der Drache hat außerdem einige Schuppen bekommen und der Schatzberg ein paar weitere, grobe Details. Der Hobbit wird nun ebenfalls von Licht angestrahlt.
Den Hintergrund habe ich noch weicher verblendet und ihm nach oben hin einen rötlichen Verlauf gegeben. Mit einem zurückhaltenden Blaugrau habe ich in den schattigen Bereichen einen weiteren Farbton hinzugefügt, um den Drachen noch etwas mehr vom Hintergrund abzuheben.

TIPP

Wenn du Farbtöne angemischt hast, die eigentlich nur für eine bestimmte Stelle gedacht waren, kannst du trotzdem noch schauen, wo sie auf deinem Gemälde noch passen könnten. Auch wenn du sie nur auf kleine Bereiche aufträgst, kann am Ende eine große Variationsbreite der Farbtöne den Unterschied machen.

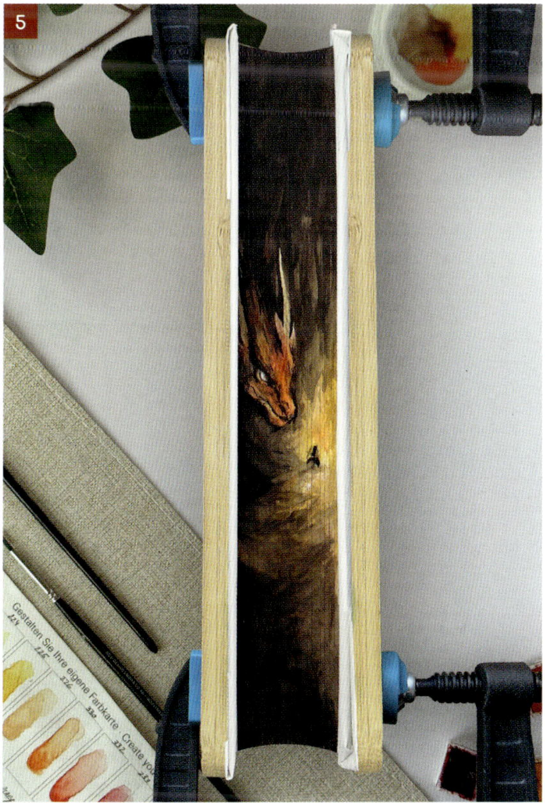

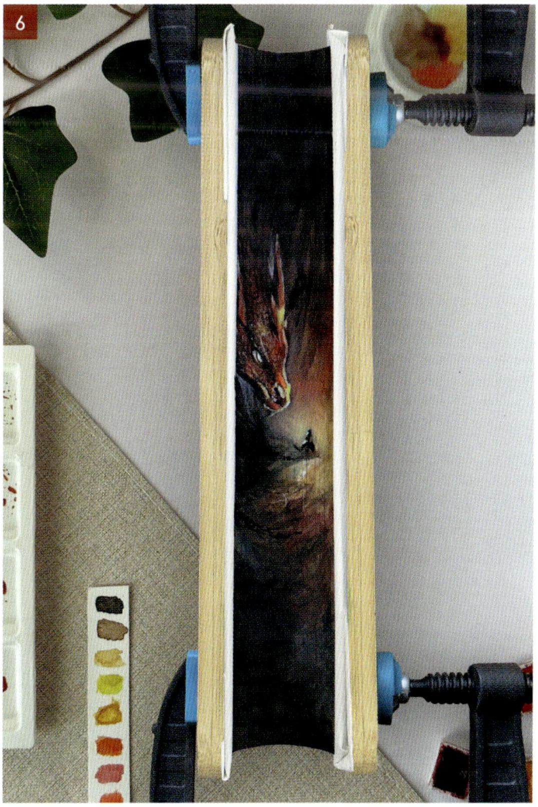

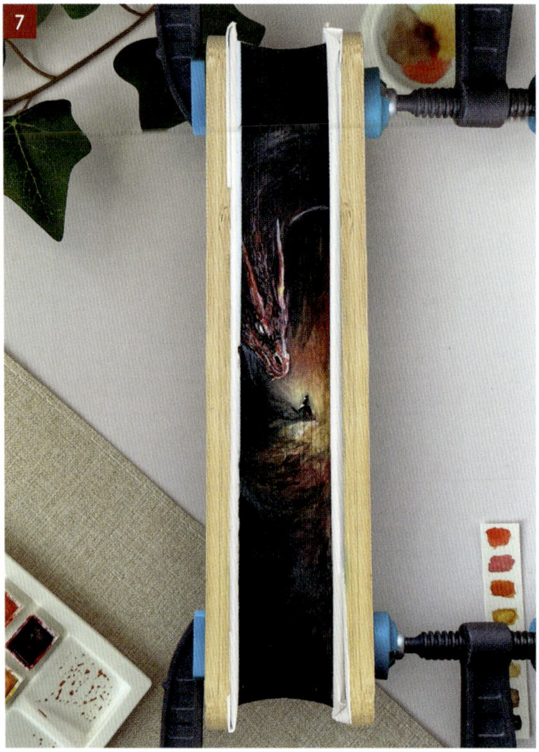

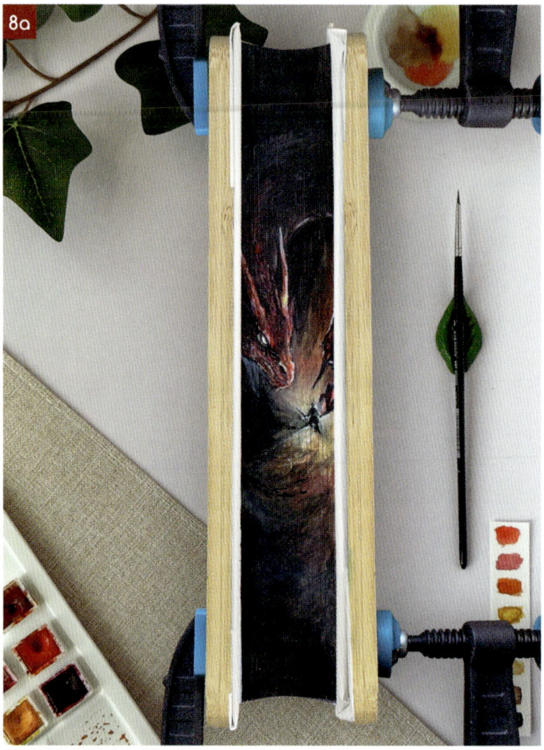

Schritt 7

Ein Großteil des Malprozesses bei einem aufwendigen Motiv besteht darin, noch mehr Details in das Gemälde zu bringen. Deshalb habe ich mit weißer Farbe und einem Detailpinsel eine blasse Schuppenstruktur am Kopf des Drachens aufgetragen. Diese Schicht dient als helle Grundlage, um in einem späteren Schritt darüber noch Farbe aufzutragen.

Nicht selten passiert es, dass während des Malprozesses noch Ideen für die Komposition entstehen. Meine ursprüngliche Intention war es, den Drachenhals von links in den Buchschnitt hineinragen zu lassen. Allerdings hätte man dann nichts mehr vom Körper des Drachens gesehen. Deshalb habe ich mich stattdessen entschieden, an dieser Stelle den Drachenhals von rechts hineinragen zu lassen. Zum einen verleiht das dem Gemälde mehr Tiefe, denn auf diese Weise gibt es im oberen Bereich ein zusätzliches Element, das mit Licht und Schatten hervorgehoben wird. Zudem kann man durch den riesigen Hals nun erahnen, wie gigantisch der Körper des Fabelwesens sein muss. Außerdem wissen die Betrachtenden nun, dass der Körper des Drachens auf der rechten Seite positioniert ist, wodurch der Hobbit keine Möglichkeit hat, nach rechts auszuweichen und ihm nun von zwei Seiten der Weg versperrt wird.

Schritt 8a

Im nächsten Schritt kannst du beginnen, die Silhouette des Hobbits noch weiter auszuarbeiten, indem du den Umrissen der Gliedmaßen eine deutlichere Form gibst. Male den Hobbit in Bewegung, indem du die Beine versetzt anordnest, so, als würde er gerade die Spitze des Schatzbergs erklimmen. Dabei versinkt er mit den Füßen im Gold, was ihm den Weg erschwert. Sein Schwert hat er mit der Spitze in Richtung des Drachens erhoben. Die Körperhaltung des Hobbits drückt zwar keine Angst aus, aber er ist in Alarmbereitschaft.

Um die Silhouette des Charakters dreidimensionaler wirken zu lassen, kannst du grüne Flecken auf der Kleidung und beige Farbtupfer auf dem Kopf des Hobbits hinzufügen. Mit einem hellen Umriss um den Körper erzeugst du ein hartes Licht, wodurch er sich deutlicher vom Hintergrund abhebt und mehr zum Blickfang wird. Außerdem kannst du damit ein paar Stellen der Silhouette noch genauer nachbessern.

Schritt 8b

In diesem Schritt kannst du außerdem noch etwas mutiger mit dem Farbauftrag werden. Füge ein paar knallige Rottöne auf dem Kopf und dem Hals des Drachens hinzu, damit die Farben nicht mehr so matt wirken.
An dieser Stelle habe ich mich dazu entschlossen, noch weitere Körperteile des Drachens von der rechten Seite ins Bild hineinragen zu lassen. Du kannst eine noch bedrohlichere Situation kreieren, indem du die Krallen des Drachens direkt rechts neben dem Hobbit andeutest und am Bildrand den Ansatz eines Drachenflügels hinzufügst. Die scharfe Spitze des Flügels zeigt dabei in Richtung des Hobbits, ebenso wie das Maul des Drachens und die obere Begrenzung des Schatzbergs. Somit steht der Hobbit im absoluten Mittelpunkt des Geschehens.

Schritt 9

Im nächsten Schritt kannst du noch ein weiteres Körperteil des Drachens auf dem Buchschnitt hinzufügen, um die Komposition komplett zu machen. Sein gezackter Schwanz soll von rechts unten in das Bild hineinragen. Damit schließt der Drache den Hobbit nun komplett ein. Es gibt keinen Fluchtweg mehr. Die Gefahr für den Hobbit könnte nicht größer sein.
Durch das zusätzliche Objekt im Vordergrund wird die Komposition noch interessanter. Der untere Bereich des Schatzbergs wirkt durch die neue Ebene nicht mehr so leer und flach.
Danach kannst du mit einem Detailpinsel finale Details hinzufügen. Der Schatzberg bekommt, mit weißer Farbe aufgetragen, noch viele funkelnde Goldmünzen und im Bereich zwischen Drachenkopf und Hobbit leuchten helle Staubpunkte auf.

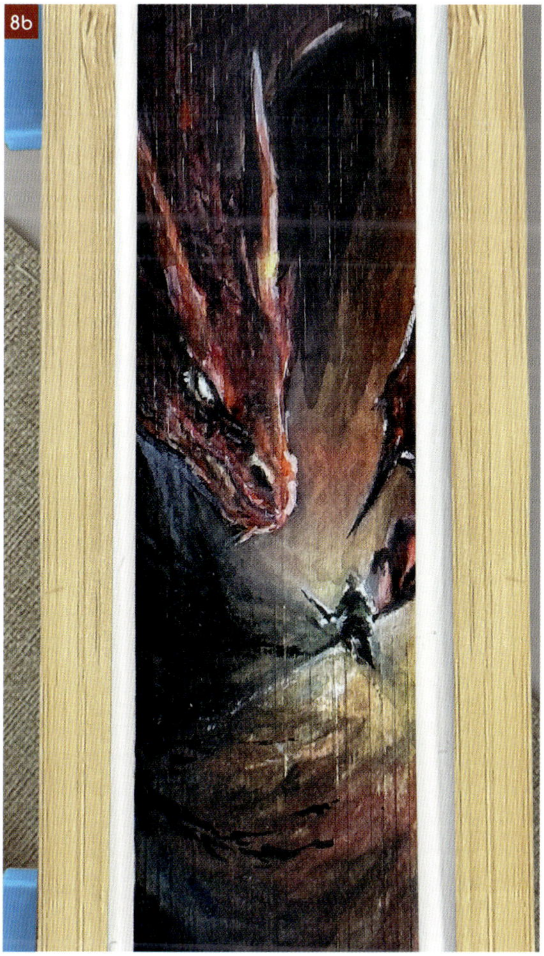

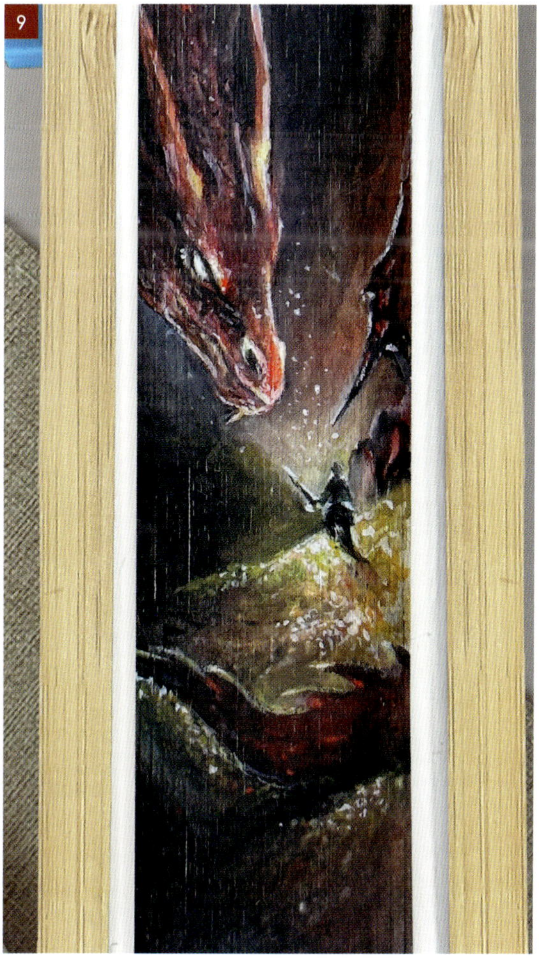

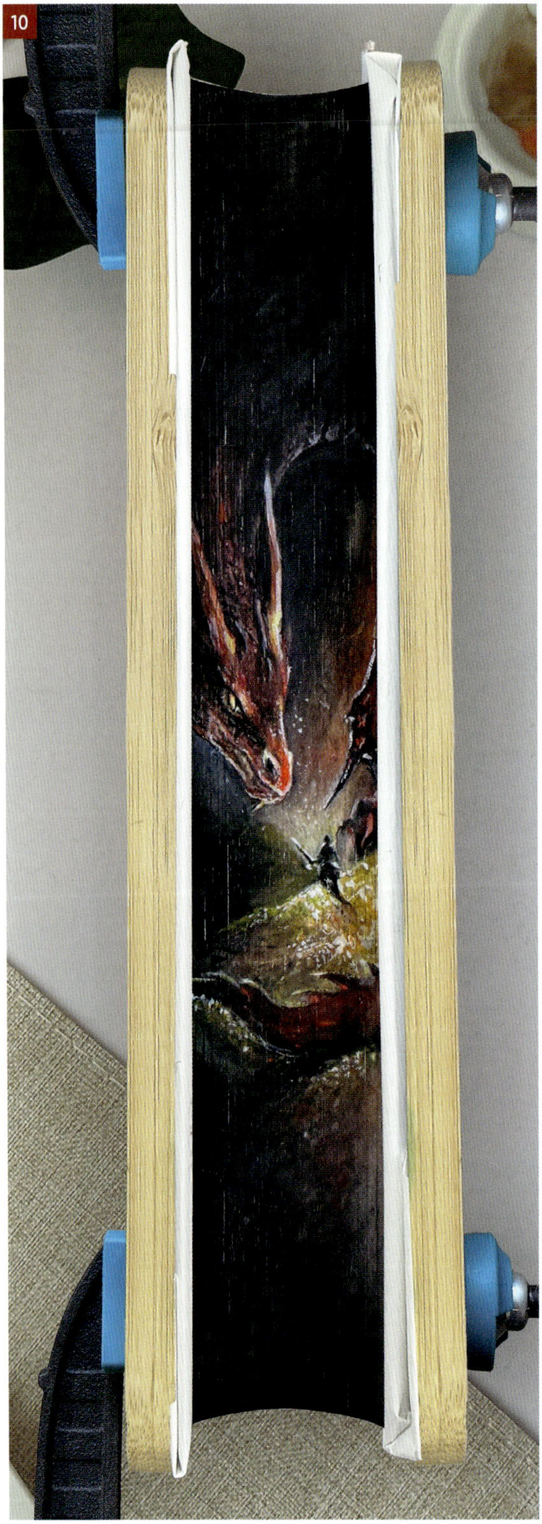

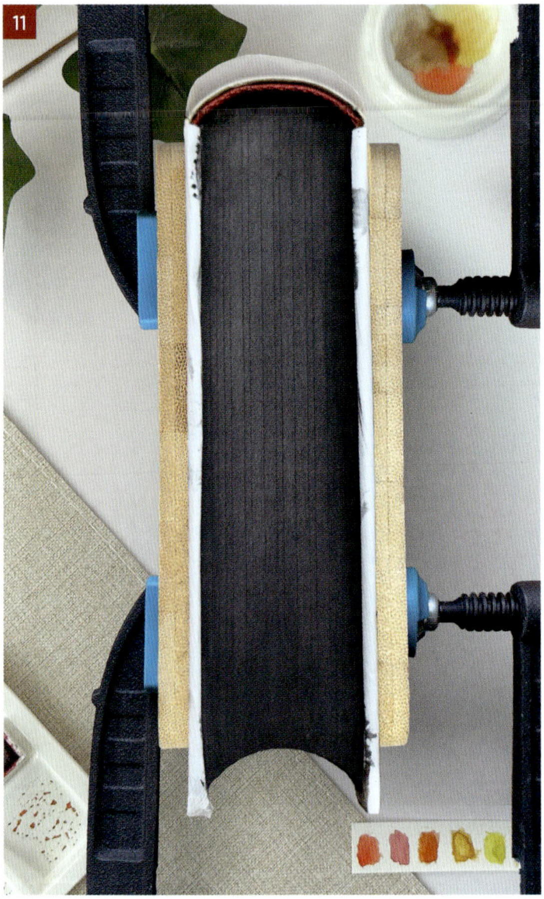

Schritt 10

Das Auge des Drachens habe ich mir bis zum Schluss aufgehoben. Es ist nun an der Zeit, diesem mit gelber Farbe noch mehr Leben einzuhauchen. Seine schlitzförmigen Pupillen visieren den Hobbit direkt an. Das Licht des Schatzbergs erzeugt eine weiße Reflexion im Drachenauge.

Schritt 11

Wenn dein Gemälde getrocknet ist, spanne dein Buch so in die Presse ein, dass du die obere Kante bemalen kannst. Streiche sie mit Hilfe eines Flachpinsel in Größe 12 vollflächig mit schwarzer Farbe an. Um eine gleichmäßig deckende Fläche und einen satten Schwarzton zu erzeugen, musst du möglicherweise mehrere Schichten Farbe auftragen. Lasse die Kante trocknen. Wiederhole den Schritt bei deiner unteren Buchkante.

TIPP

Wenn dir beim Besprühen der Seiten mit Fixierspray noch Bereiche auffallen die du bei der Bemalung deiner Buchkanten vergessen hast (zum Beispiel weiße Blitzer an den äußeren Rändern der Buchschnitte), dann ist das kein Problem. Du kannst auch noch nach dem Besprühen erneut über deine Buchkanten drüber malen und Fehler ausbessern.

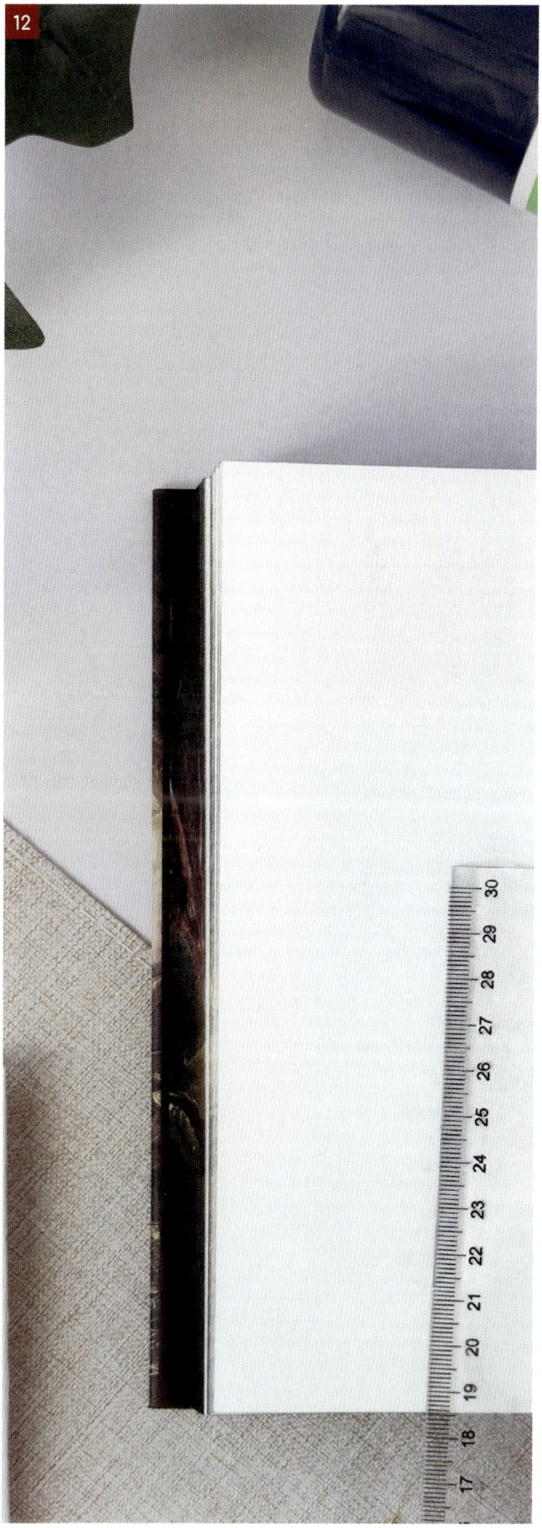

Schritt 12

Ist dein Buchschnitt komplett getrocknet, kannst du alle drei Kanten mit Fixierspray besprühen. Nimm als nächstes das Buch aus der Presse und trenne die Seiten vorsichtig voneinander. Löse den Papierumschlag vom Buch und lege den originalen Schutzumschlag wieder an. Fertig!

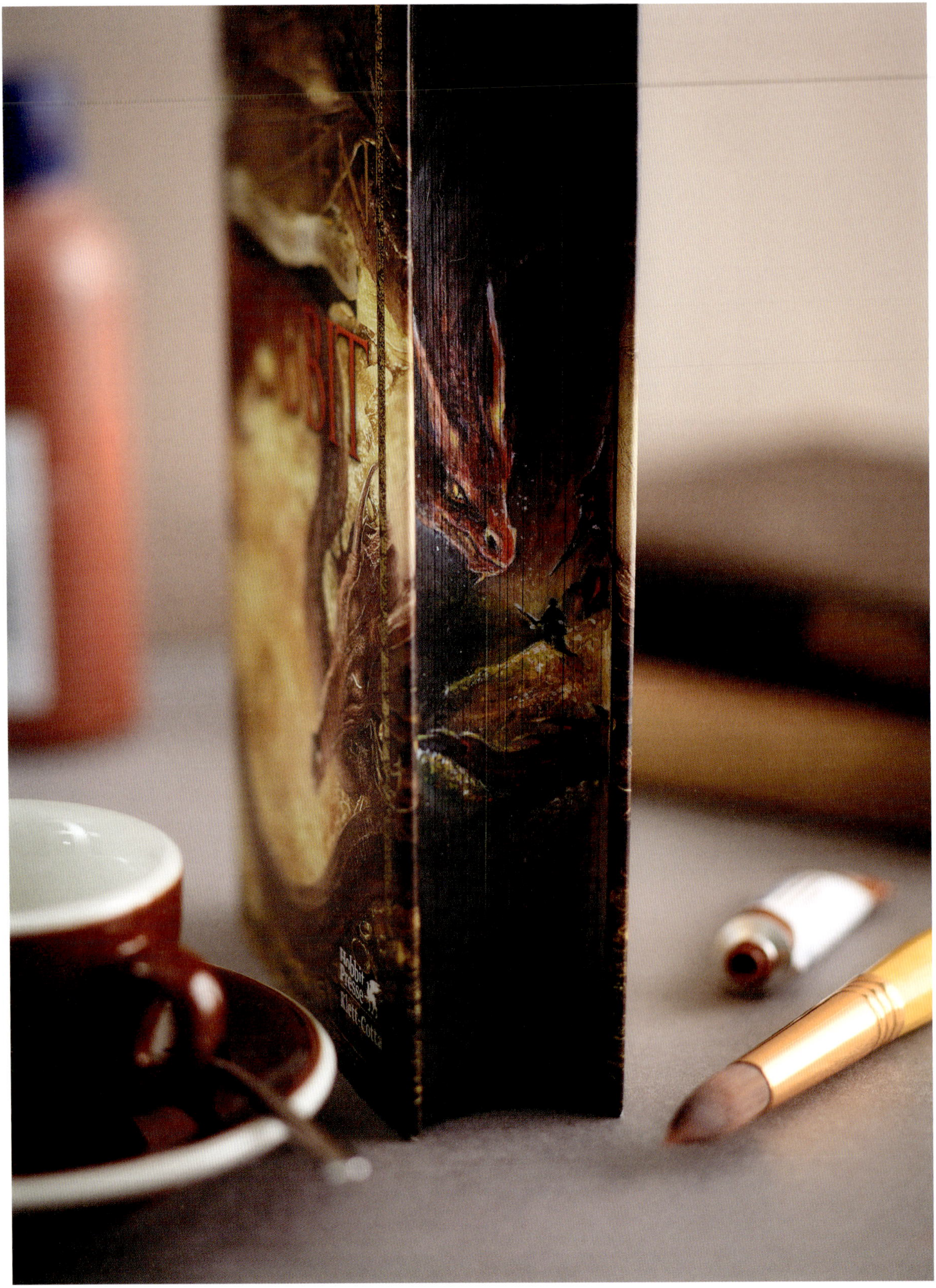
Hobbit Presse
Klett-Cotta

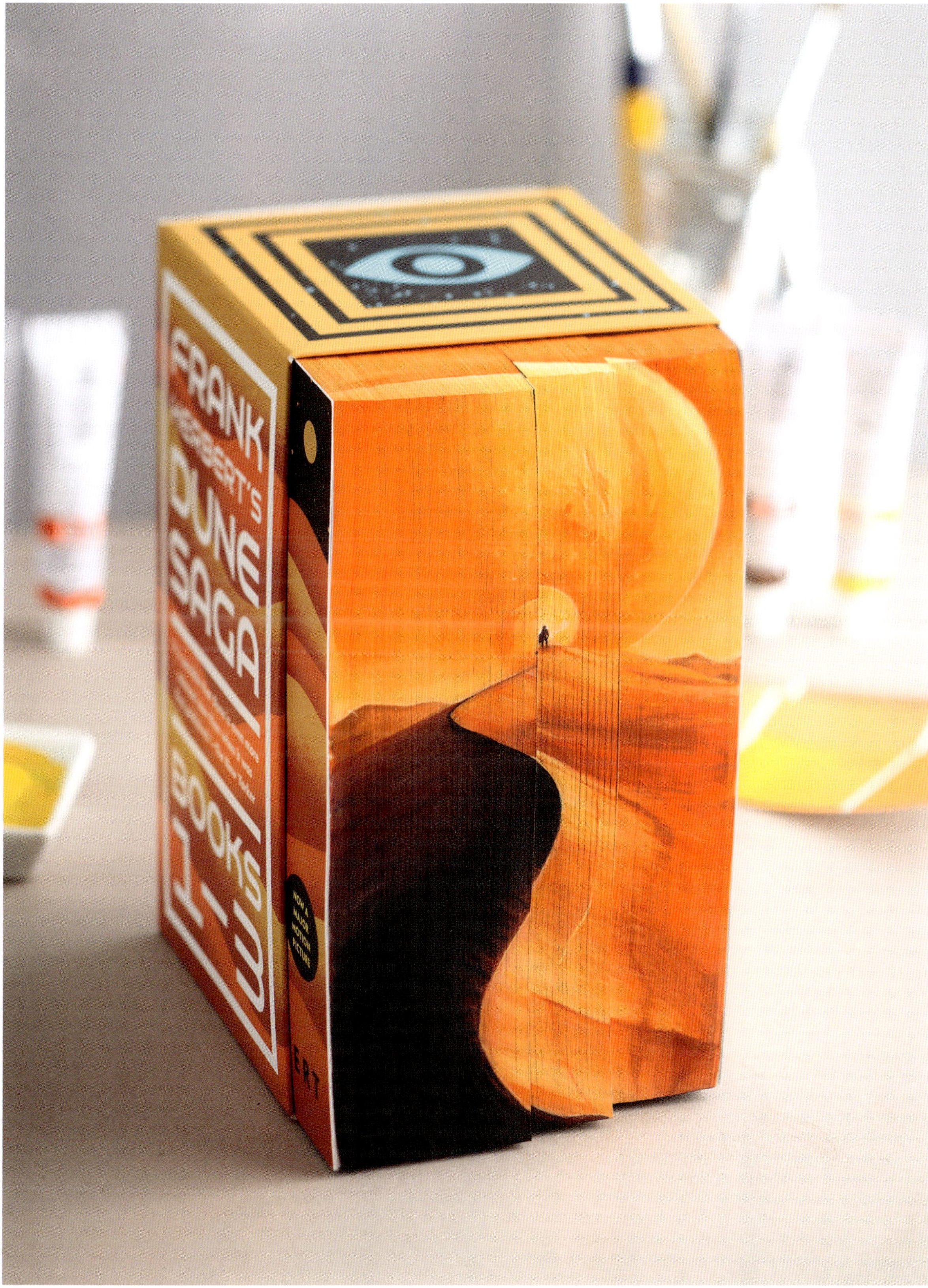
FRANK HERBERT'S
DUNE SAGA
BOOKS 1–3
NOW A MAJOR MOTION PICTURE

ZUM GUTEN SCHLUSS

Zum Schluss möchte ich dir noch etwas mit auf den Weg geben: Die Buchschnitt-Malerei kann zwar ein durchaus anspruchsvolles Hobby sein. Bleibst du aber beharrlich dran und steckst nicht gleich den Kopf in den Sand, wirst du mit einem solchen Glücksgefühl und so viel Stolz belohnt, wenn du dann dein eigenes, bemaltes Buch in den Händen hältst.

Aus eigener Erfahrung weiß ich, dass es anfangs beängstigend sein kann, zum ersten Mal ein Buch zu bemalen und der Buchpresse und sich selbst Vertrauen schenken zu müssen. Aber du wirst sehen, nach einiger Zeit gehst du entspannter an die Sache heran und dann kann der Malprozess sogar eine therapeutische und meditative Wirkung entfalten.

Und mal ganz ehrlich, was kann schon passieren? Im schlimmsten Fall hast du ein Second-Hand Buch „ruiniert" und Erfahrung dazugewonnen. Versuch es doch einfach noch einmal!

Wenn du Fragen hast, kannst du mir gern auf meinem Instagram-Kanal @hanna.bookpaintings eine Nachricht schreiben.

Außerdem würde ich mich sehr darüber freuen, wenn du die Ergebnisse deiner Übungen mit mir und den anderen Leser:innen dieses Buchs teilen möchtest. Verwende dazu den Hashtag #paintededges auf Instagram, damit wir deinen Post oder dein Reel sehen können.

Vielen Dank, dass du mein Buch gelesen hast. Das bedeutet mir sehr viel!

DANKSAGUNG

Ich möchte meiner Familie, meinen Freunden und ganz besonders meinem Lebenspartner danken, dass sie mich in der Wahl meines Berufs unterstützen und mir in unsicheren Zeiten immer mit Rat und Tat zur Seite stehen.
Mein besonderer Dank gilt Katharina Harwardt, mit der ich mich immer zum Thema der Buchschnitt-Bemalung austauschen kann und die mich mit ihren verschiedenen Experimenten immer wieder dazu inspiriert, neue Dinge auszuprobieren.
Vielen Dank auch an die Verlage und Autoren, die ihr Einverständnis gegeben haben, die Bücher für die verschiedenen Projekte bemalen und in diesem Buch abbilden zu dürfen. Danke an den S. Fischer Verlag, an die Penguin Random House- Group, Danke auch an Klett-Cotta und an LYX. Besonderen Dank auch an die Autorin Elouise Mahlo für die Erlaubnis, ihr Buch „Die wandelnden Wälder" zu bemalen und an die Illustratorin Eva Schöffmann-Davidov für die Erlaubnis, ihre Illustrationen für den Buchschnitt auf dem Buch „Vergiss mein nicht" zu verwenden.
Vielen Dank an die Firmen Schmincke, Faber Castell und da Vinci,, die mir einige Arbeitsmaterialien zur Verfügung gestellt haben, die ich für die verschiedenen Projekte in diesem Buch brauchte.
Vielen Dank an den Frechverlag für die Gelegenheit, mein Wissen in diesem Buch teilen zu dürfen.

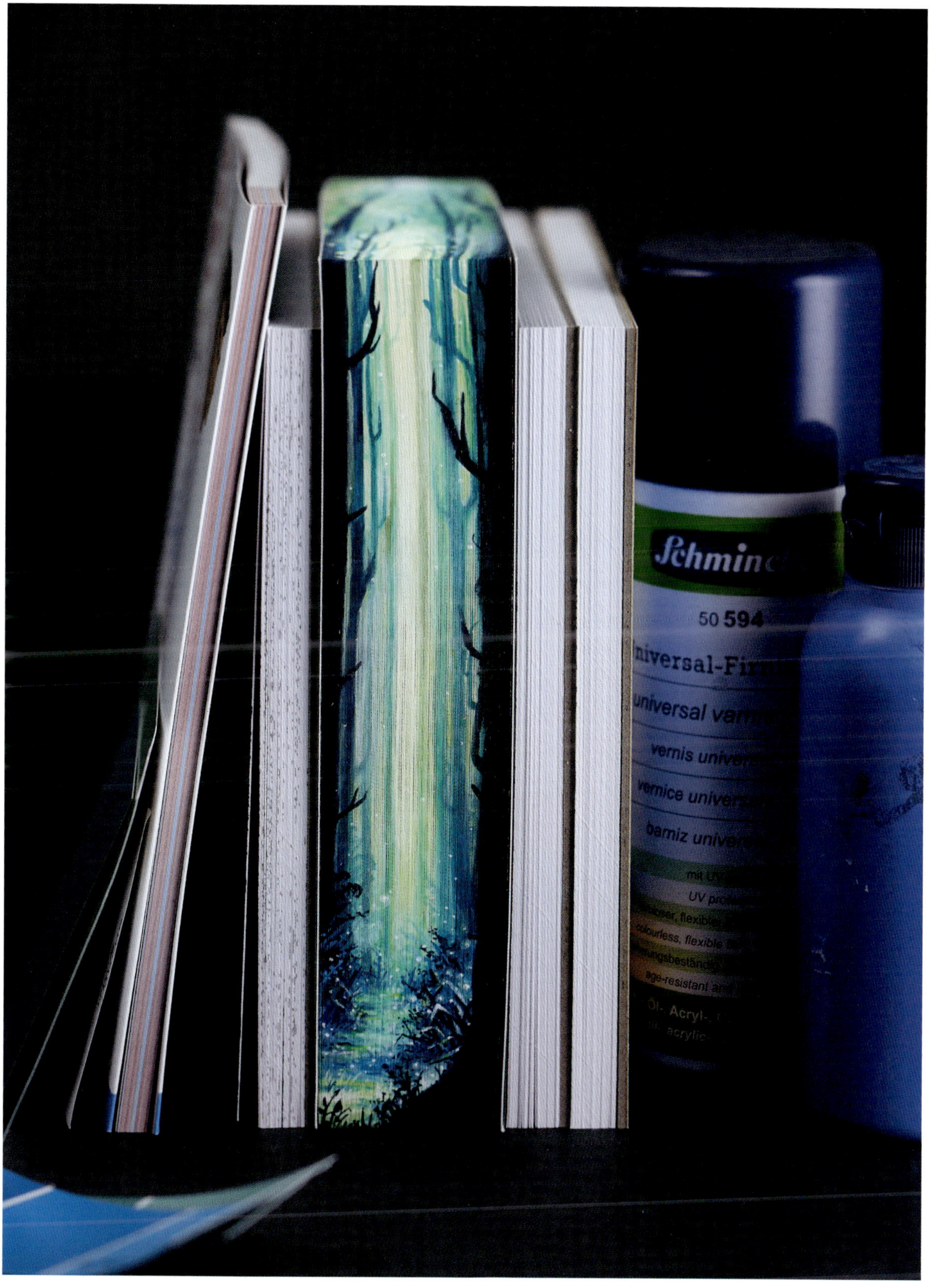
50 594

REGISTER

A

abpausen 60
abstrakt 17, 42, 46
Acrylfarben 12, 13, 30, 62
Akzente 65
Anordnung 78, 96
Anschnitt 76, 78
Aquarellfarbe 12, 13, 15, 29, 36, 40, 42, 54, 56, 60, 62, 66, 72
Aquarellmalerei Grundlagen, 15
Aquarellpapier 16, 17, 28, 40, 44, 74, 76
Arbeitsmaterialien 10, 11
Asymmetrie 76
Atmosphäre 78
auftragen 7, 29, 30, 40, 41, 100, 112
aufzeichnen 85
Auge 64, 112
ausmalen 58, 98
ausmodellieren 109
Ausschnitt 106
auswaschen 46, 75
Atlas Six 60

B

Baum, Bäume 29, 74, 75-80
Begrenzung 111
Bildaufbau 28, 85, 106, 107
blass 28, 47, 64, 98, 110
Blatt/Blätter 12, 16, 18, 20, 29, 44, 46-49, 57, 80, 87, 96, 103
bläulich 75
Blauton 38, 39, 41, 76, 78, 81
Bleistift 10, 11, 17, 21, 25, 54, 56, 57, 60, 82, 85, 96, 97, 103, 104, 106, 107
Bleistiftlinien 57, 65, 106
Bleistiftskizze 17, 96, 107
Blick 28, 85, 106, 110
Blickfang 85, 110
Blüten 42, 47, 48
Bohrmaschine 24
Braun 98, 100, 108, 109
Braunton 98, 100, 109
Buchkante 5, 6, 12, 15, 16, 27, 28, 30, 38-40, 41, 45, 49, 56, 57, 60, 62-66, 74, 80, 85, 86, 89, 94, 112
Buchrücken 20, 57, 84
Buchschnitt 5, Grundlagen, 10, 12, 13, 15, 16, 18, 20, 21, 22, 26-29, 36, 38-40, 42, 44-49, 54, 56, 57, 59, 60, 62-65, 72, 74, 76, 78, 81, 82, 84, 85, 87, 89, 96, 103, 104, 106-108, 110, 111, 113, 116
Buchseite 5, 16, 27, 31
Büsche 77

C

Charakter 16, 96, 107, 110
Cover 17, 18, 20, 26, 31, 38, 39, 44, 45, 49, 56, 62, 64, 72, 74, 82, 84, 86, 87, 89, 96, 104, 107
Cover-Match 82, 84

D

DaVinci 15, 116
deckend 13, 15, 28, 29, 38, 40, 58, 62, 74, 76, 107, 112
Deckkraft 12, 13, 15, 40, 56, 75, 76
Design 82
Detailpinsel 15, 40, 48, 58, 75, 87, 99, 100-102, 110
Detailreichtum 77
Drache 104, 106, 108-112
Drachenhöhle 104
Drachenkopf 106, 108, 109, 111
dreidimensional 28, 60, 76, 110
Dreidimensionalität 28, 76
Düne 94, 96-98, 100, 102, 103
Dynamik 106

E

Ebene 27, 46, 47, 72, 75, 76, 78, 81, 94, 96, 103, 111
Einband 18, 20, 26, 64, 94, 96
einspannen 22, 41
Entwurf 11, 17, 44, 64, 74, 85, 86
ergänzen 28
Ergebnis 15, 25, 28, 29, 57, 78, 89, 103, 116

F

Faber Castell 116
Fabelwesen 110
Farbabstufungen 100

Farbauftrag 13, 16, 28, 47, 74, 79, 111
farbenfroh 82, 86
Farbergebnis 28, 103
Farbgestaltung 100
Farbkasten 10, 15
Farbkonzept 17, 74
Farbpalette 74
Farbschicht 13, 15, 39, 62, 72, 100
Farbspektrum 106
Farbspritzer 36
Farbton 39, 41, 47, 76, 77, 86, 108, 109
Farbwahl 17
Fineliner 11, 54, 57, 60, 63, 65, 66, 100
Fixativ 7, 10, 13, 30, 49, 103
Fixierspray 30, 31, 36, 41, 42, 54, 59, 60, 66, 72, 81, 82, 89, 94, 104, 113
Fläche, flächig 13, 15, 16, 27, 28, 30, 56, 57, 58, 60, 62-66, 76, 86, 94, 96, 97, 98, 103, 108, 112
Flachpinsel 15, 29, 36, 38, 54, 60, 62, 72, 74, 81, 89, 94, 97-99, 102, 104, 108, 112
Flecken 45, 47, 110
Florale Elemente 7, 42, 45, 47, 48
Flügelmuttern 24, 26
Fokus, fokussieren 96, 97
Fore-Edge-Painting 5
Form 5, 15, 21, 28, 30, 44, 46-48, 64, 65, 79, 94, 96, 99, 101, 102, 106, 108, 110, 112
Fotovorlagen 44

G

Gelroller 40
Gelb 42, 86, 94, 99, 103, 104, 108, 109, 112
Gelbton 99, 103, 108, 109
Gesamtbild 85
Gesicht 87
Gestaltung 28, 78, 100, 106
Gewindespindel 22
Gewindestangen 24, 25
Glow-Effekt 78
Gold 5, 7, 60, 62, 63, 65, 66, 96, 110, 111
Goldpigmente 66
Goldschimmer 7, 60, 63, 65
Gouache 11, 13, 29, 36, 40, 42, 54, 56, 72, 104
Grashalme 77
Grün 31, 39, 42, 44-49, 72, 74, 75, 77, 79, 82, 86, 87
Grundfarben 45, 86, 108
Grundierung 66
Grünton 45, 46, 48, 49, 75, 77, 79, 87

H

halbtransparent 79
Hardcover 18, 94
harmonisch 96
hervorheben 109
Highlights 29
Hilfsmittel 12
Hintergrund 47, 74, 75, 86, 98,-101, 103, 109
Holzbretter 22, 29
horizontal 22, 77

I

Ideen 5, 6, 17, 44, 110
Illustrationen 56, 62, 82, 87, 88, 116
Innenseiten 21, 84
Inspiration 17, 72, 106

K

Kante 5, 6, 12, 15, 16, 21, 22, 26-30, 31, 36, 38-41, 45, 49, 56, 57, 59, 60, 62-66, 74, 79-81, 85, 86, 89, 94, 97, 98, 100, 103, 112, 113
kartoniert 94
Klappentext 17
Klebeband 10, 57
Kohlepapier 54, 57, 60, 64, 65
kolorieren 62, 106
Komposition 17, 44, 45, 48, 74, 96, 106, 107, 110, 111
Konsistenz 16, 38
Kontrast 49, 77, 86
kontrastreich 77
Kontur 57, 58, 87, 99-101
Kreativität 79
Kreis 46, 60, 63, 78, 96, 99
Kunstform 5, 15
künstlerisch 104

L

Lack 30
Leuchtpunkte 78
Lichtpunkte 88
Lichtsetzung 17
Lichtverhältnis 106
Lila 39, 44-47
Lilaton 44, 45
Lineal, flexibles 31, 44, 57, 65
Lochschablone 97
Look 16, 45, 64, 65, 75

M

Magie 78
magisch 28, 75, 78
Malprozess 7, 12, 13, 15, 22, 28, 84, 110, 116
Maluntergrund 6, 12, 13, 16, 28, 94
markieren 63
matt 13, 30, 39, 111
Metallschiene 22
mischen 29, 39, 46, 58, 72, 74, 108
Mischfarbe 39, 45
Mitteltöne 28, 86, 108
Moodboard 6, 17, 106
Motiv 17, 21, 22, 27, 28, 36, 41, 44, 45, 47, 54, 56, 57, 63, 64, 72, 74, 76, 80, 85, 87, 94, 96, 97, 104, 106-110
Motivskizzen 17, 106
Motivwahl 17
mystisch 72, 78

N

nachbessern 110
Näpfchen 12, 29, 38, 40, 56
nummerieren 96

O

Orange 82, 86, 94, 98-101, 103, 104, 108
Orangeton 86, 98, 99, 101, 103
Ornamente 82, 85, 89

P

Palette 10, 47, 74, 108
Papier 5, 10, 11, 16-18, 20, 26, 27-30, 38-41, 44, 45, 49, 54, 56, 57, 59, 60, 62, 65, 66, 74, 76, 81, 84, 85, 89, 94, 96, 102, 103, 106, 107, 113
Papierformat 94
Papierschablone 102
Papiertuch 28, 29, 38, 39, 74
Papierumschlag 10, 18, 26, 29, 30, 38, 39, 41, 45, 56, 59, 62, 66, 107, 113
parallel 25, 40, 97, 100
Pastelltöne 86, 88
Pauspapier 11
Perspektive 44, 80
Pflanze 30, 44, 46-48, 77, 78
Pigmentierung 15, 28
Pinsel 6, 10, 15, 28, 29, 36, 38-42, 45-48, 54, 58, 60, 62, 63, 72, 74, 75, 77, 81, 82, 86, 87, 89, 94, 97-100, 101, 102, 104, 108, 110-112
Pinselspitze 28, 40
Pinselstrich 39, 97, 99
Posen 106
Presse 5-7, 10, 16, 22-24, 26, 27, 29-31, 38, 41, 45, 49, 56, 57, 59, 62, 66, 74, 79, 81, 84, 89, 96, 103, 107, 112, 113, 116
Probezeichnungen 44
Proportionen 106, 107

Q

Querformat, querformatig 21, 106

R

radieren 85
Radiergummi 11
Rand 13, 22, 25, 29, 41, 44, 47, 63, 65, 74, 76, 78, 86, 87, 111, 116
räumlich 72, 78, 97
realistisch 75, 100
Recherchearbeit 106
Rechteck 44, 57, 64
Referenzen 106
reflektieren 109
Reflexion 112
Rosaton 49
Rot 16, 40, 45, 74, 76, 86, 87, 94, 97, 100-102, 104, 106, 108, 109, 111
Rotton 108, 111
Rückseite 84, 96
Rundpinsel 15, 36, 42, 45, 54, 60, 63, 72, 75, 81, 82, 86, 89, 94, 97, 104

S

Saugfähigkeit 16
senkrecht 65
Schatten 29, 46, 77, 79, 86, 87, 98, 99, 103, 108-110
Schattenseite 98, 99, 103
Schattierung 77, 87
schimmernd 65
Schleifpapier 11, 27, 29, 66
Schmincke 15, 116
Schraffur 106
Schraube 22, 25, 26
Schraubzwinge 10, 22, 29, 38, 56, 74, 84, 107
Schulfarbkasten 15
Schuppenstruktur 10
Schutzblätter 96, 103
Schutzumschlag 6, 18, 20, 31, 38, 84, 89, 113
Schwarz 11, 54, 57, 58, 60, 63, 65, 66, 76, 86-88, 94, 97, 100, 101, 104, 112

Schwarzton 89, 112
Screenshots 106
separieren 7
Silhouette 54, 56, 59, 77, 78, 96, 100, 101, 109, 110
Skizze 6, 11, 17, 45, 64, 65, 74, 85, 96, 106-108
Sterne 7, 28, 36, 38, 40, 41, 88
Sternenhimmel 7, 28, 36, 38, 40
Stil 17, 45, 75
Struktur 16, 29, 97-99, 102, 108, 110
Symbole 60, 63-65
Szene 74, 106

T

Tape 44
Taschenbuch 94
Tattoo 60
Textur 15, 16, 29, 87, 97, 99, 100, 108
Tonpapier 40
transparent 26, 28, 45, 47, 58, 76, 79
Tricks 7, 28
Trilogie 96
trocknen 12, 13, 15, 28-30, 39, 41, 72, 74, 76, 78-80, 103, 112
Tube 12, 29
tupfen 29, 45, 99
Türkiston 78

U

Überlagerung 77
übermalen 28, 29, 41, 76
Umriss 56, 57, 64, 100, 101, 110
Umschlag 6, 10, 18, 20, 26, 29, 30, 31, 38, 41, 45, 49, 56, 59, 62, 66, 74, 81, 82, 84, 85, 89, 96, 103, 107, 113
Untergrund 15, 16, 38, 39, 45, 46, 56, 58, 62, 66, 74, 102
Unterlegscheiben 24
Unterseite 20, 41, 89, 103

V

Variation 40, 109
verblenden 12, 13, 16, 28, 75, 77, 86
verdünnen 56
verfeinern 101
Verlauf 13, 28, 36, 40, 46, 47, 60, 75, 97, 98, 100, 107, 109
vertikal 22, 75
verwaschen 45, 47
vollflächig 36, 49, 59, 66, 74, 79, 89, 112
Vorbereitung 5, Grundlagen, 28
Vordergrund 76, 78, 79, 98, 111
Vorderseite 22, 41, 59, 63, 74, 78, 103
Vorlage 44, 54, 56, 57, 60, 64, 106, 122

W

Wald 7, 72, 74-78, 116
Wasser 10, 12, 13, 15, 16, 28-30, 38-40, 45-47, 56, 58, 60, 62, 74-77, 100, 102, 104, 107, 108
Wasserfarben 10, 12, 13, 29, 30, 39, 45, 56, 77, 107
Wasserfarbeneffekt 45
Weinrot 87, 100, 101, 108
Weiß 11, 12, 29, 36, 39, 40, 42, 45, 54, 56, 58-60, 62, 63, 65, 66, 72, 78, 82, 96, 101, 104, 110-112, 116
Wellenlinie 97
wischen 27
Wolken 85
Wüstenlandschaft 7, 94, 100

Z

Zwischenraum 63, 85

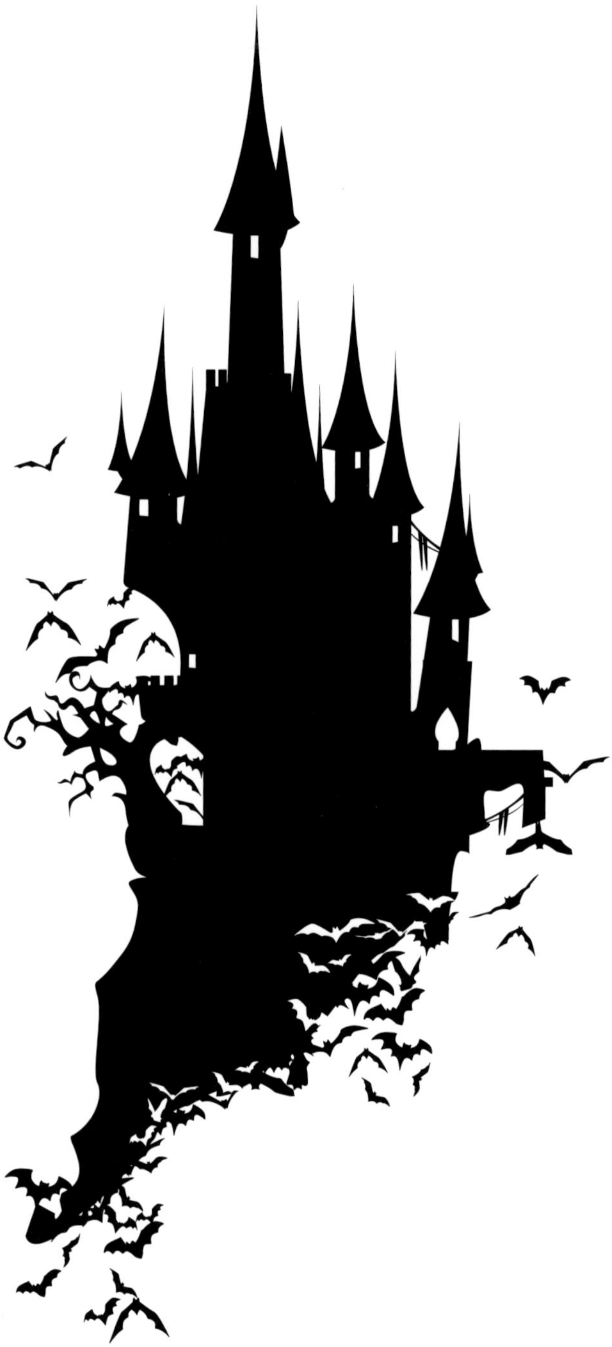

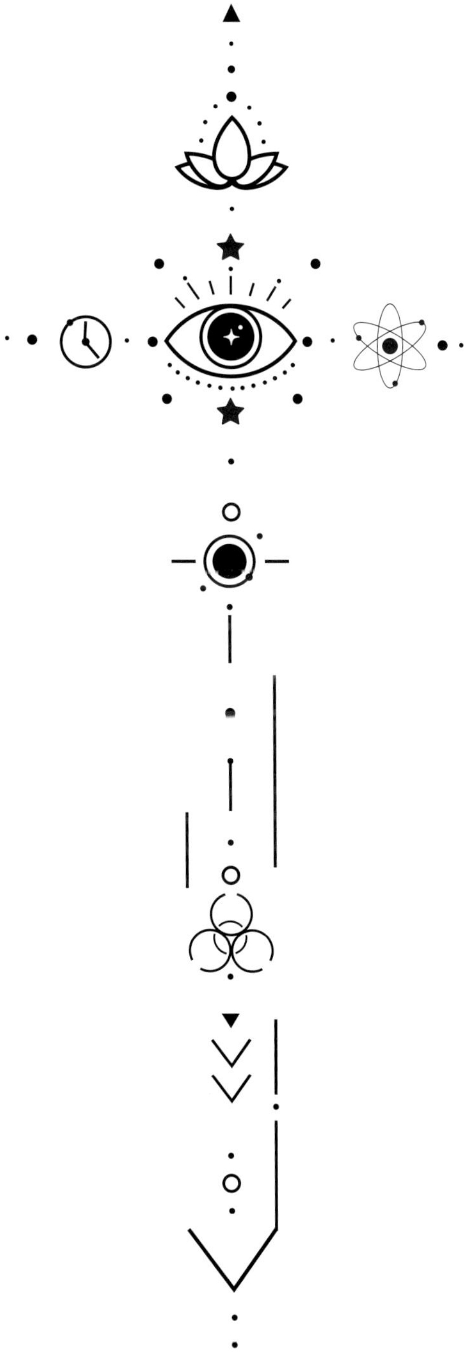

Buchempfehlungen für Dich

Noch mehr Kreativ-Bücher zum gleichen Thema gesucht?

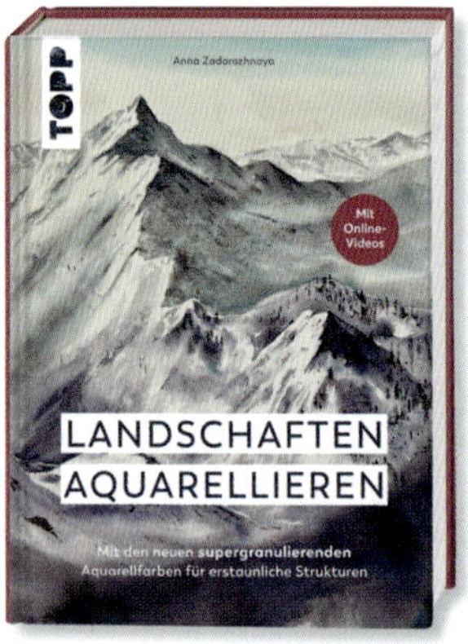

ISBN 978-3-7358-8037-6

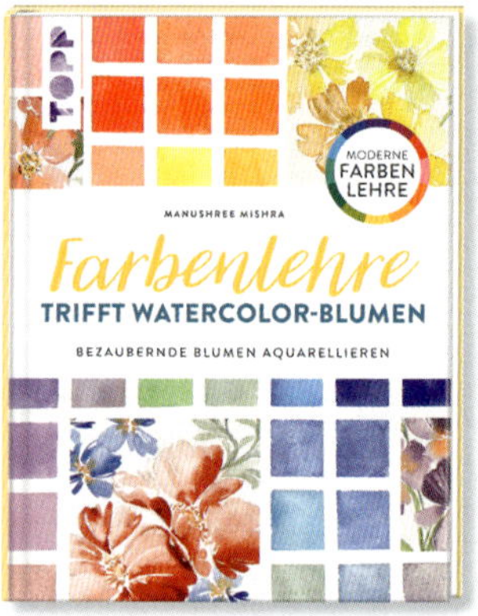

ISBN 978-3-7358-8038-3

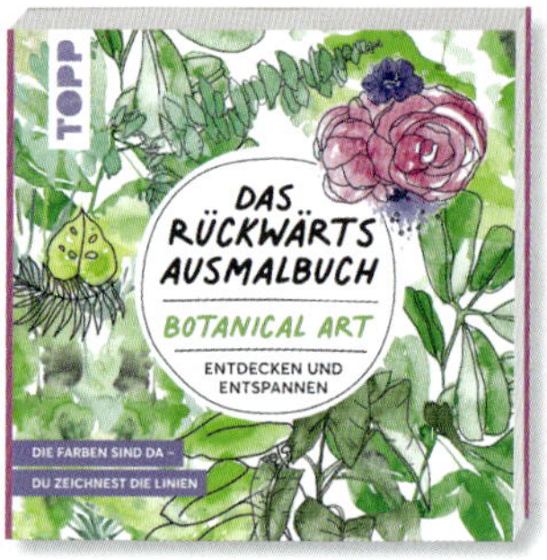

ISBN 978-3-7358-8053-6

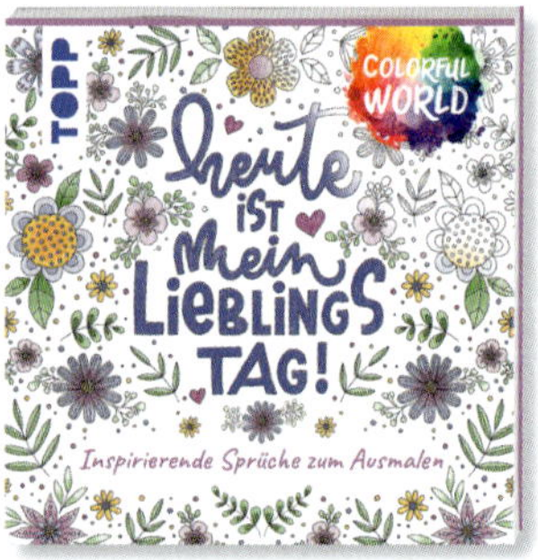

ISBN 978-3-7358-8056-7

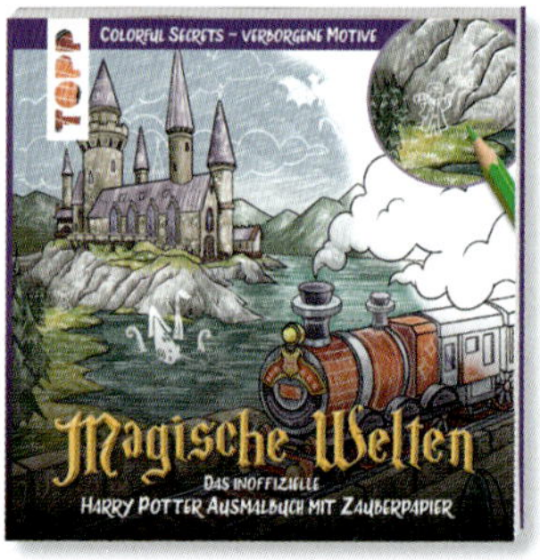

ISBN 978-3-7358-8008-6

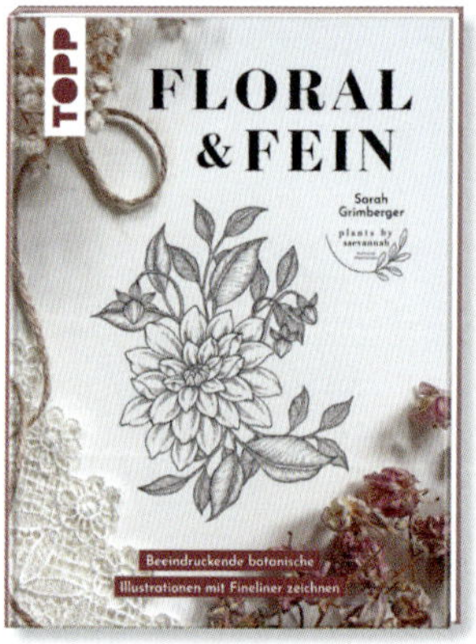

ISBN 978-3-7358-8048-2

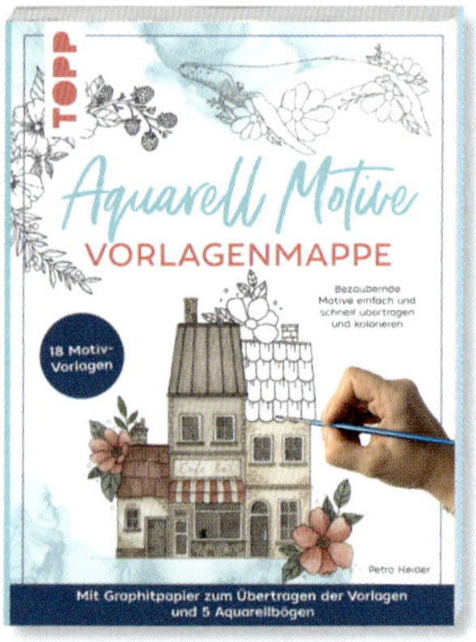

ISBN 978-3-7358-8062-8

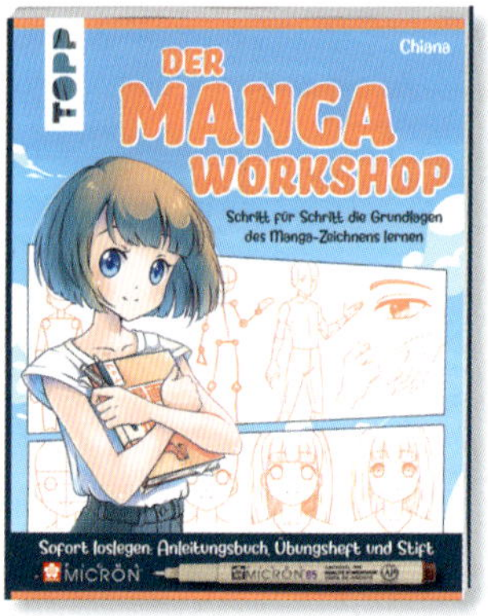

ISBN 978-3-7358-8050-5

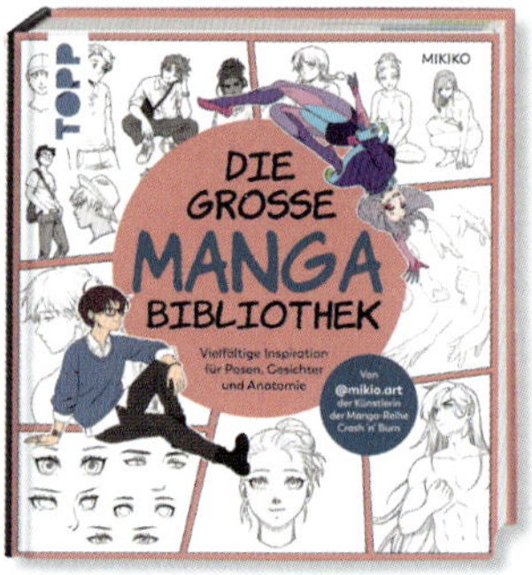

ISBN 978-3-7358-8061-1

Viele weitere Kreativ-Bücher findest du auf www.TOPP-kreativ.de

Entdecke auch unsere ....

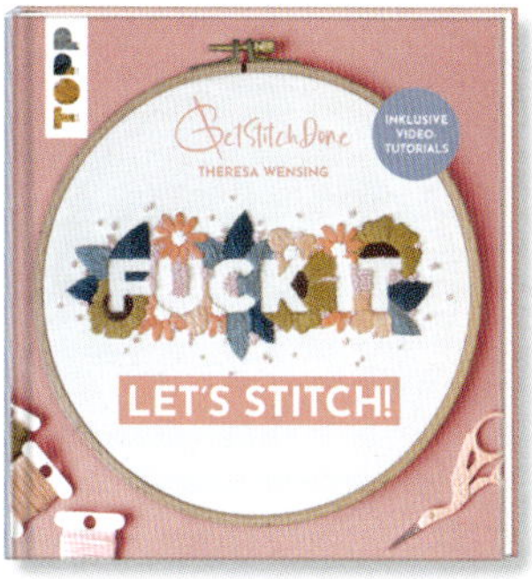

ISBN 978-3-7358-7035-3

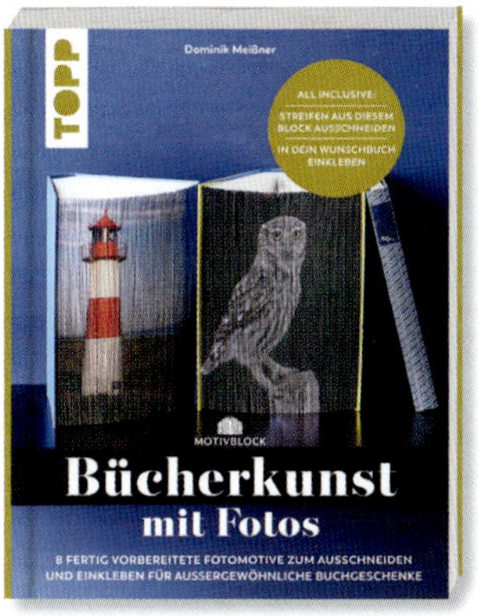

ISBN 978-3-7358-5117-8

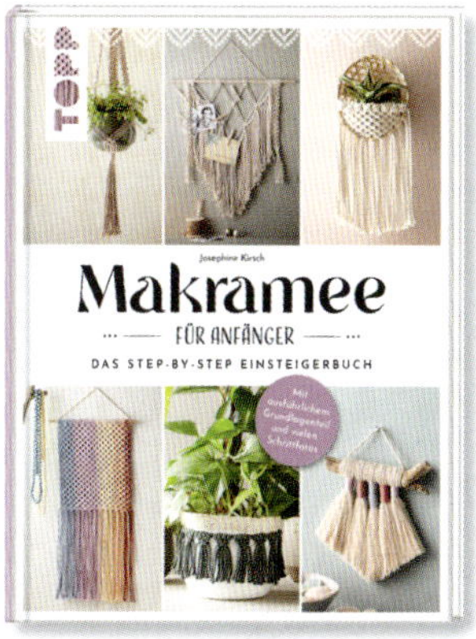

ISBN 978-3-7358-5119-2

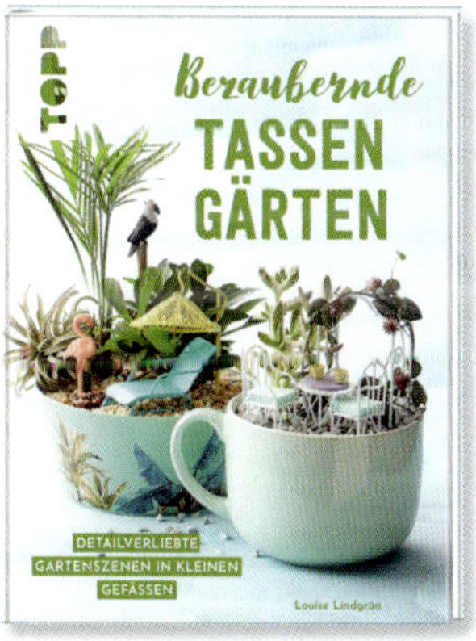

ISBN 978-3-7358-5094-2

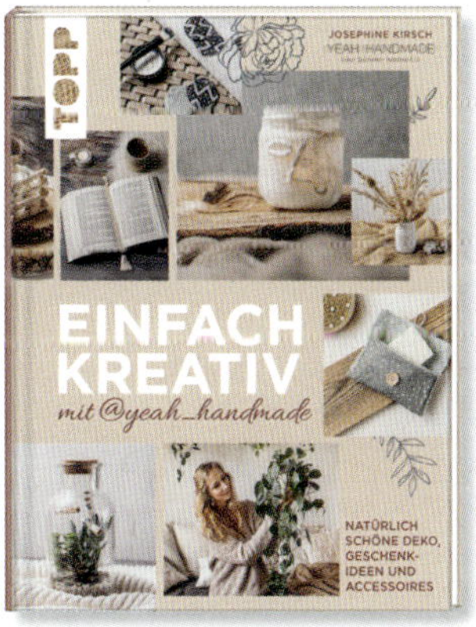

ISBN 978-3-7358-5125-3

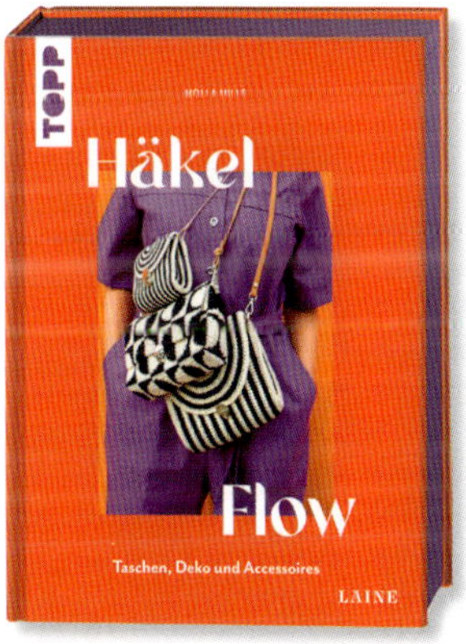

ISBN 978-3-7358-7031-5

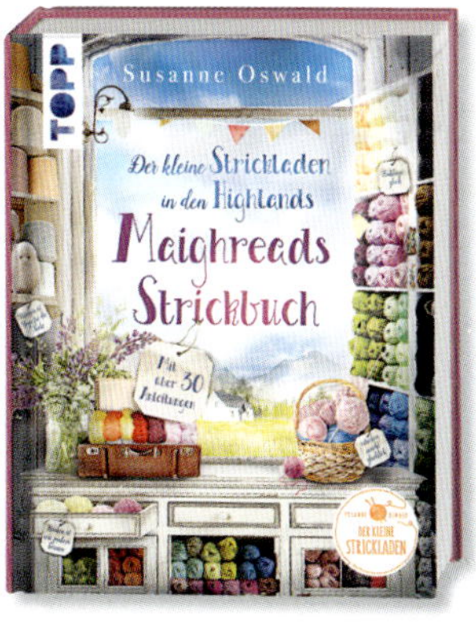

ISBN 978-3-7358-7032-2

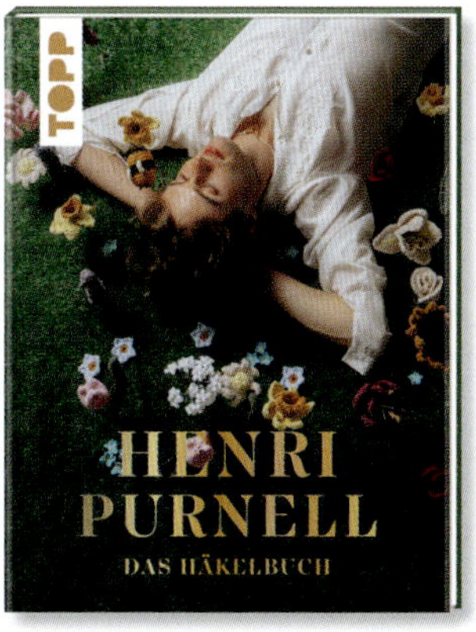

ISBN 978-3-7358-7047-6

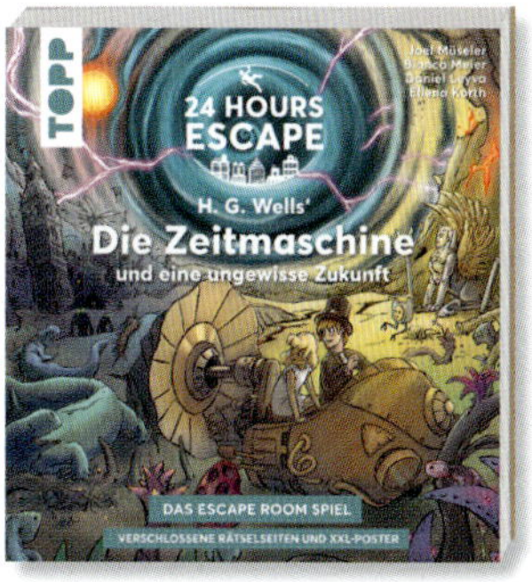

ISBN 978-3-7724-9399-7

Wer wir sind, wie wir arbeiten, was wir lieben ...

Auf Instagram, Facebook und Pinterest findest du mehr über uns und unsere Arbeit und wirst immer schnell und einfach mit den neuesten Infos versorgt.

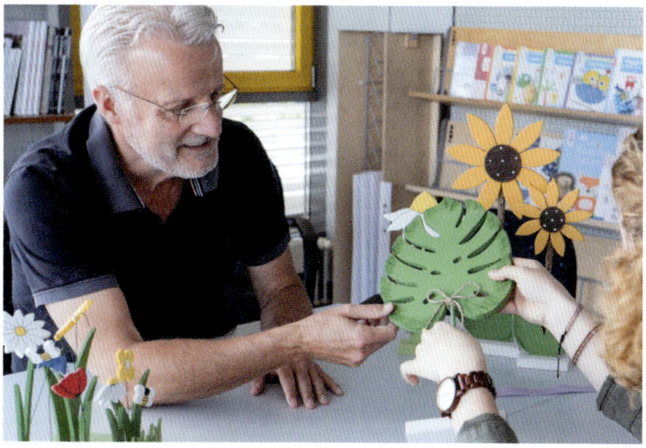

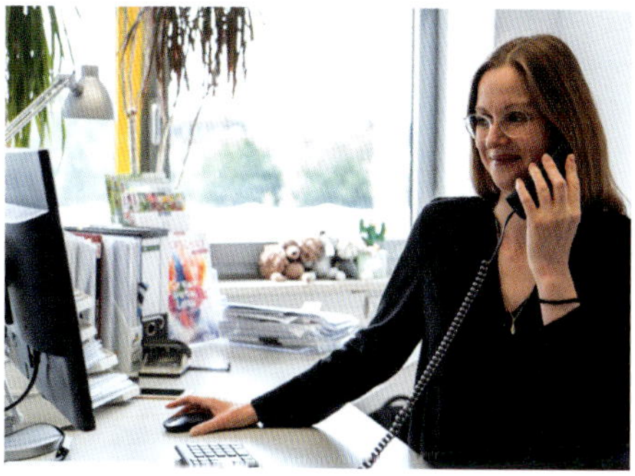

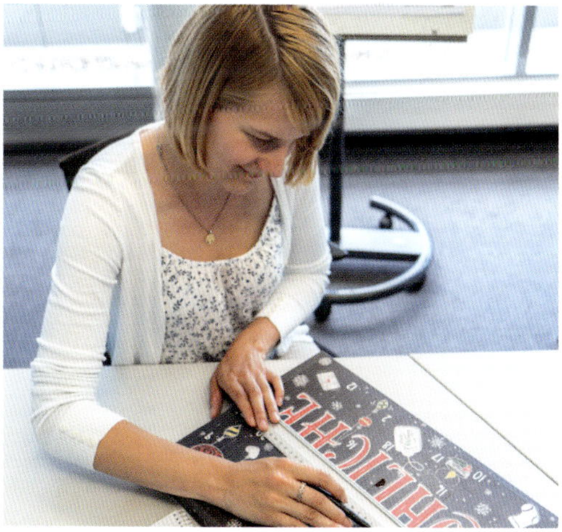

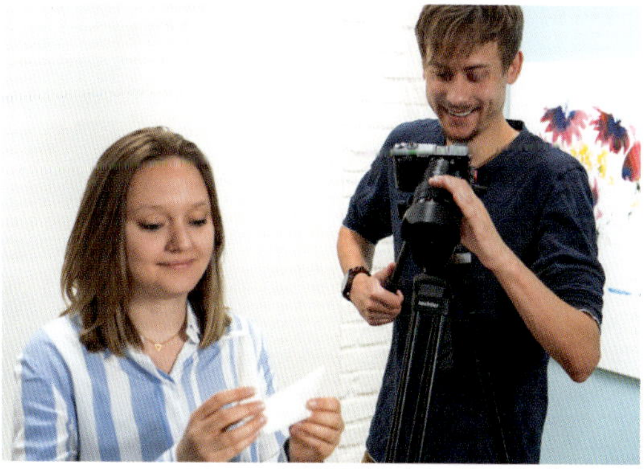

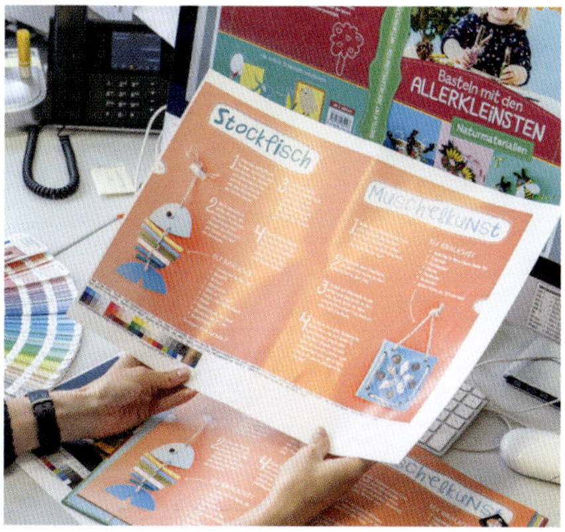

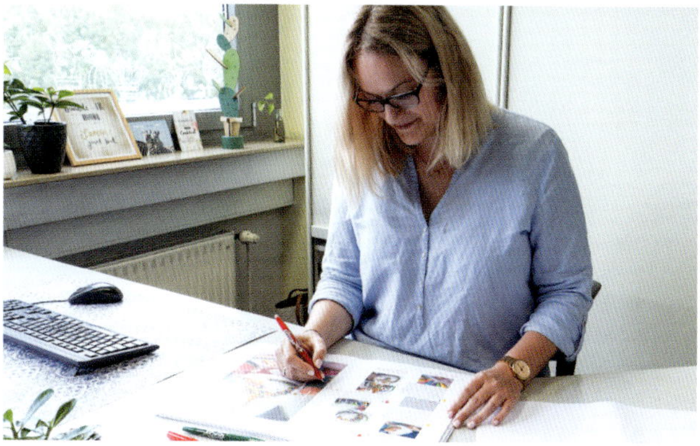

Alle News, alle Infos und alle Links findest du auf www.TOPP-kreativ.de

DIE AUTORIN

„Books are my Canvas."
Hanna Kiel

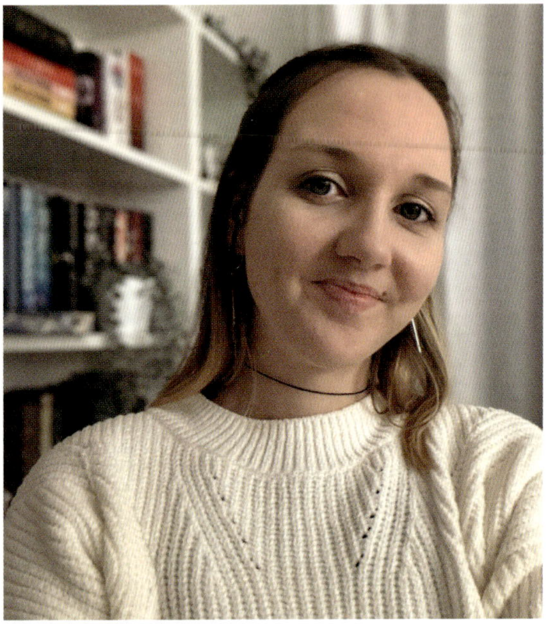

Solange sie denken kann, hält Hanna einen Stift in ihrer Hand. Das Zeichnen, Malen und Illustrieren haben sie schon ihr ganzes Leben lang begleitet. Als Mediendesignerin mit Master-Abschluss hat sie sich zunächst als Animatorin selbstständig gemacht, bis sie sich in die Buchschnittmalerei verliebt hat.
Durch ihr ausgeprägtes Farbgefühl und ein Auge für Bildkompositionen schafft sie es, jedem Buch einen einzigartigen Look zu verleihen. Und nicht nur das – sie erweckt ihre Paintings regelrecht zum Leben. Dabei ist ihre Liebe zum Detail unverkennbar. Jedes Werk bekommt einen Funken Magie und nimmt den Betrachter mit in eine traumhafte, fantasievolle Welt. Sie versteht es, mit ihrer Kunst Emotionen zu erzeugen und die Menschen zu berühren.

IMPRESSUM

Anleitungen: Hanna Kiel
Fotos: Hanna Kiel, Frankfurt; lichtpunkt, Michael Ruder, Stuttgart
Produktmanagement: Lisa Braunert
Lektorat: Betz Lektorat + Redaktion, Tübingen
Cover: Tatjana Weiß
Layout und Satz: Werbeagentur Rypka GmbH, Milena Ragger
Druck: PNB Print Ltd, Lettland

Der Freischaltcode für die Vorlagen lautet: 57362

2. Auflage 2023

ISBN: 978-3-7358-8064-7 Best.-Nr. 28064

MIX
Papier | Fördert gute Waldnutzung
FSC® C084698

Penguin Random House Verlagsgruppe FSC® N001967